일 오 겠 습 니 다

ZERTIFIKAT
DEUTSCH

독 일 어 능 력 시 험

실전모의고사

정은실 지음

B2

동양북스

일 단 합 격 하 고 오 겠 습 니 다

ZERTIFIKAT DEUTSCH

독일어능력시험

실전모의고사 **B2**

초판 인쇄 | 2020년 10월 05일
초판 발행 | 2020년 10월 15일

지은이 | 정은실
발행인 | 김태웅
기획 편집 | 김현아, 안현진, 이지혜
마케팅 | 나재승
제 작 | 현대순

발행처 | (주)동양북스
등 록 | 제 2014-000055호
주 소 | 서울시 마포구 동교로22길 14 (04030)
구입 문의 | 전화 (02)337-1737 팩스 (02)334-6624
내용 문의 | 전화 (02)337-1763 dybooks2@gmail.com

ISBN 979-11-5768-657-5 13750

이 도서의 국립중앙도서관 출판예정도서목록(CIP)은 서지정보유통지원시스템 홈페이지(http://seoji.nl.go.kr)와
국가자료종합목록 구축시스템(http://kolis-net.nl.go.kr)에서 이용하실 수 있습니다.
(CIP제어번호 : CIP2020039278)

Guten Tag! 안녕하세요!
Ich bin Dr. Deutsch. 독일어 박사입니다.

독일어능력시험 B2 단계를 준비하게 되신 것을 축하드립니다. 우선『일단 합격하고 오겠습니다 Zertifikat Deutsch 독일어능력시험』에 보내주신 관심과 성원에 진심으로 감사드립니다. 본 책은 A1 종합서와 실전 모의고사, A2 종합서와 실전 모의고사, B1 실전 모의고사에 이어 6번째 B2 시험 준비용 교재입니다.

B2는 Goethe-Zertifikat의 총 6단계 중 5번째 단계로 B2 단계를 위한 시험 준비용 교재는 이번이 국내에서는 처음입니다. 이 단계에는 4가지 영역인 읽기(Lesen), 듣기(Hören), 쓰기(Schreiben), 말하기(Sprechen)로 구성되어 있으며 전문인이 전문적으로 평가하기 때문에 영역별 유형을 정확하게 파악하고 전략적으로 접근할 필요가 있습니다.

이 책에서 여러분들은 실제 시험장에서 받아보는 시험과 최대한 유사한 유형의 시험지를 보게 될 것입니다. 이 책에는 3회 분량의 모의고사 문제들이 실려 있습니다. 수험생들의 독일어 실력을 탄탄히 해주고, 시험 합격은 물론 고득점을 받을 수 있도록 시험지 외에도 여러 가지 자료들이 준비되어 있습니다. 듣기 향상을 위한 빈칸 연습인 듣기 활동지, 850개의 B2 어휘 단어장을 마련했으며, 듣기 및 말하기 영역의 예시 답안을 연습하고 반복할 수 있도록 원어민이 녹음한 듣기와 말하기 MP3 음원을 첨부하였습니다.

독일어에 대한 수요와 인기가 날이 갈수록 높아지고 있습니다. 독일어는 유럽에서 가장 많이 사용되는 언어이기에 독일어를 할 줄 안다는 것은 글로벌 시대를 살아가는 여러분들에게 큰 강점이 될 수 있을 것입니다. 이 교재가 독일어능력시험을 준비하는 많은 분들께 큰 도움이 되었으면 좋겠습니다. 독일어 시험을 준비하는 수험생들이 보다 효율적이고 경제적으로 시험을 준비하고 원하시는 결과를 얻을 수 있도록 계속해서 최선을 다할 것입니다. 이 책을 이용하는 수험생 모두에게 좋은 결과가 있으시기 바랍니다. 마지막으로 이 책의 출판에 도움을 주신 동양북스 김태웅 대표님과 편집부 직원 분들께 이 자리를 빌어 진심으로 감사드립니다.

2020년 9월
저자 정은실

차례 Inhaltsverzeichnis

실전 모의고사 제1회

실전 모의고사 제2회

실전 모의고사 제3회

Goethe-Zertifikat 소개

괴테자격증은 Goethe-Institut(독일문화원)의 독일어 능력 시험으로, 전 세계적으로 공신력을 인정받는 독일어 능력 평가 시험입니다.

1. 종류

Goethe-Institut(독일문화원)의 독일어 시험은 언어에 관한 유럽 공통참조기준(CEFR)의 각 수준별 단계에 맞추어 초보자 수준인 A1 단계부터 가장 높은 수준인 C2 단계까지 편성되어 있습니다.

2. 원서 접수 및 결과 확인

1) 원서 접수

- 온라인 접수 → 접수 완료 메일 발송 → 수험료 입금 → 입금 확인 & 시험 안내 메일 발송 순으로 진행됩니다.
- A1 - C2 단계의 독일어 능력 시험 접수는 온라인으로만 가능합니다. 온라인 신청 시 모든 정보는 알파벳으로 작성해야 합니다. (주한독일문화원은 올바르게 작성되지 않은 응시 원서에 대한 책임을 지지 않습니다.)

2) 결과 공지

- 결과는 공지된 일자에 온라인으로 직접 조회할 수 있습니다.
- Goethe-Institut의 증명서는 유효 기한이 없습니다. 그러나 많은 기관에서 2년 미만의 증명서를 요구하고 있습니다.
- 시험 결과는 공지된 일자에 온라인으로 직접 조회할 수 있습니다.

3. 준비물

1) 유효한 신분증: 주민등록증, 운전면허증, 기간만료 전의 여권.
   (신분증 미지참시 시험 응시 절대 불가)
2) 수험표
3) 허용된 필기도구(흑색 또는 청색 볼펜, 만년필 또는 펠트펜)

Goethe−Zertifikat B2 소개

Goethe−Zertifikat B2는 성인을 위한 독일어 시험입니다. 기본적인 어학 능력을 전제로 하며, 유럽 공통참조기준(GER)이 정하는 총 6단계의 능력 척도 중 네 번째 단계(B2)에 해당합니다.

2019년 9월부터 신유형으로 바뀌었으며 Digital 시험도 시행되고 있습니다. 기존의 시험이 문법 중심의 기출문제였다면 신유형은 더 정확하고 분석적인 독해 능력과 상대방과의 자연스러운 소통 능력이 요구됩니다.

1. 응시 대상

Goethe−Institut(독일문화원)의 시험은 독일 국적 유무와 관계없이 누구나 응시할 수 있습니다. 독일에서의 대학 진학을 준비 중인 사람, 취업을 위해 독일어 중급 실력을 증명해야 하는 사람, 의학 분야에서의 활동을 계획하고 있는 사람, B2 과정을 성공적으로 이수했음을 증명하고자 하는 사람 혹은 세계적으로 인증된 공식 증명서를 원하는 사람을 대상으로 합니다.

2. 응시 요건

Goethe Institut의 시험은 관심 있는 모든 이들에게 열려 있고, 최저 연령 제한이 없으며, 독일 국적 유무와 관계없이 누구나 응시할 수 있습니다.

− 청소년용 Goethe−Zertifikat B2 시험에 응시하는 경우, 권고 연령은 만 15세 이상입니다.
− 성인용 Goethe−Zertifikat B2 시험에 응시하는 경우, 권고 연령은 만 16세 이상입니다.

Goethe−Zertifikat B2 시험은 언어에 관한 유럽 공통참조기준(GER)의 능력 단계 B2에 상응하는 언어 능력을 요구하는 시험입니다.

− 이 단계에 도달하기 위해서는 사전 지식과 학습 요건에 따라 약 600~800단위의 수업 (단위당 45분) 이수를 권장합니다.

3. 시험 합격증을 통해 인증되는 능력

− 구체적 혹은 추상적 주제에 대한 복잡한 텍스트의 주요 내용을 이해하며 자신의 특수 분야에 대한 전문적 토론을 이해할 수 있음
− 즉흥적이고 막힘없는 의사소통이 가능하며 모국어 사용자 간의 평범한 대화에서 큰 무리 없이 쌍방 간의 이해가 가능함
− 광범위한 주제에 대해 명확하고 자세하게 표현할 수 있으며, 특정 현안에 대해 입장을 설명하고 다양한 해결책에 내포된 장단점을 제시할 수 있음

Die Prüfungsteile B2

1. 시험 구성

Goethe-Zertifikat B2는 읽기, 듣기, 쓰기, 말하기로 구성되며, 시험은 전 세계 동일한 기준
으로 시행되고 채점됩니다.

Modul Lesen

Lesen	문항 수	점수	시간
Teil 1	9 문항	9점	18분
Teil 2	6 문항	6점	12분
Teil 3	6 문항	6점	12분
Teil 4	6 문항	6점	12분
Teil 5	3 문항	3점	6분
총계	27 문항	30점	60분+5분(답안지 작성)

읽기 영역 내용 및 주제

Lesen	내용	유형	빈출 주제
Teil 1	4개의 지문 개인적인 생각, 의도	주제에 따른 등장인물의 견해를 읽고 보기의 질문에 연결하기 (텍스트가 중복 가능하여 몇 번 사용될지 예측할 수 없다.)	의견 이해하기
Teil 2	1개의 지문, 기사	빈칸 추론 (상황의 문맥을 정확히 파악하고 이해해야 한다.)	기사
Teil 3	1개의 지문, 기사	3지선다 (텍스트의 요지를 정확히 파악해야 한다.)	기사

Teil 4	8개의 짧은 지문 간략한 의견	단락별 제목 찾기 (텍스트를 주요 키워드로 요약하는 능력이 요구된다.)	의견 이해하기
Teil 5	1개의 지문 규칙, 안내서	단락별 제목 찾기 (비슷한 단어로 이루어진 문장을 구별하는 능력이 필요하다.)	공고, 안내문 이해하기

Modul Hören

Hören	문항 수	점수	시간
Teil 1	10 문항	10점	
Teil 2	6 문항	6점	
Teil 3	6 문항	6점	35분+5분(답안지 작성)
Teil 4	8 문항	8점	
총계	20 문항	30점	

듣기 영역 내용 및 주제

Hören	내용	유형	빈출 주제	문제 읽는 시간
Teil 1	일상	독백	일상, 공고, 광고	15초
Teil 2	학술	대화	라디오, 인터뷰	90초
Teil 3	일상	대화	일상 대화, 토론	60초
Teil 4	학술	독백	강의, 연설	90초

Modul Schreiben

Schreiben	문항 수	점수	시간
Teil 1	1 문항	60점	50분
Teil 2	1 문항	40점	25분
총계	2 문항	100점	75분

쓰기 영역 내용 및 주제

Schreiben	내용	유형	빈출 주제	작문하는 시간
Teil 1	포럼 의견 제시하기	150 단어	온라인 커뮤니티 토픽	50분
Teil 2	이메일	100 단어	직장 생활 관련 토픽	25분

Modul Sprechen

Sprechen	문항 수	점수	시간
Teil 1	1 문항	44점	8분
Teil 2	1 문항	56점	5분
총계	2 문항	100점	13분

말하기 영역 내용 및 주제

Sprechen	유형	말하는 시간
Teil 1	발표, 질의응답	각각 4분
Teil 2	토론	총 5분

2. 채점 및 성적

시험 성적은 2인의 시험관/채점관에 의해 독립적으로 채점됩니다. 필기시험에서는 허용된
필기도구(흑색 또는 청색 볼펜, 만년필 또는 펠트펜)로 작성된 표시 및 텍스트만 채점됩니다.

＊본 책의 전체 해석은 독일어 지문의 어휘와 문법 구조를 최대한 살려 직역하였습니다.

이 책을 통해 독일어 배움의 즐거움을 느끼시고,

좋은 시험 결과가 있으시기를 바랍니다.

실전 모의고사 3회분

실제 시험을 연습할 수 있는 동형 모의고사가 3회분 수록되어 있습니다.
영역별로 시간을 재면서 풀어야 실전 연습에 도움이 됩니다.

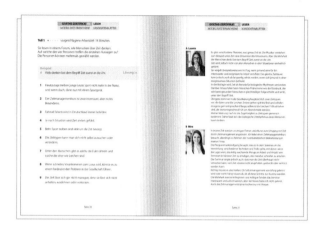

듣기 활동지 + 주요 단어 리스트

듣기 영역의 음원을 들으면서 빈칸을 채워 보는 듣기 활동지가 있습니다. 정확하게 듣고
쓸 수 있는 능력을 기르는 데 도움이 됩니다.
모의고사 각 회마다 주요 단어를 정리해 두었습니다. 문제에서 나온 단어들은 틈틈이 복습
하고 시험 보기 전 최종 점검용으로 활용할 수 있습니다.

정답 및 해설

문항의 정답과 한국어 해석, 독일어 단어가 정리되어 있습니다.
틀린 부분을 반드시 확인하고 이해해야 실력이 향상됩니다.

※ 이 책의 한국어 해석은 독일어의
어휘와 문법 구조를 최대한 살려
직역하였습니다.

별책부록

MP3 CD 원어민의 음성으로 녹음된 듣기, 말하기 영역 MP3 CD가 무료 제공됩니다.
동양북스 홈페이지 (www.dongyangbooks.com) 자료실에서도 다운로드 받을 수 있습니다.

미니 핸드북 듣기 Skript와 말하기 예시 답안, 모의고사 주요 단어 리스트가 정리되어 있습니다.
가볍게 가지고 다니면서 음원을 들으며 어디에서나 공부할 수 있습니다.

이 책은 B2 모의고사 3회분으로 구성되어 있습니다.
모의고사 문제를 풀고 해설을 공부한 후 플래너에 기록해 보세요.
체크 칸에는 점수나 성취도를 표시해서 부족한 부분을 확인하세요.

1회차 학습	1회			2회			3회		
	영역	날짜	체크	영역	날짜	체크	영역	날짜	체크
Lesen	Teil 1			Teil 1			Teil 1		
	Teil 2			Teil 2			Teil 2		
	Teil 3			Teil 3			Teil 3		
	Teil 4			Teil 4			Teil 4		
	Teil 5			Teil 5			Teil 5		
Hören	Teil 1			Teil 1			Teil 1		
	Teil 2			Teil 2			Teil 2		
	Teil 3			Teil 3			Teil 3		
	Teil 4			Teil 4			Teil 4		
	활동지			활동지			활동지		
Schreiben	Teil 1			Teil 1			Teil 1		
	Teil 2			Teil 2			Teil 2		
Sprechen	Teil 1			Teil 1			Teil 1		
	Teil 2			Teil 2			Teil 2		

복습
하기

복습은 선택이 아닌 필수!
틀린 문제를 다시 한 번 풀면서 공부해 보세요.
놓쳤던 표현과 단어를 꼼꼼하게 정리하면서 실력이 올라갑니다.

2회차 학습	1회			2회			3회		
	영역	날짜	체크	영역	날짜	체크	영역	날짜	체크
Lesen	Teil 1			Teil 1			Teil 1		
	Teil 2			Teil 2			Teil 2		
	Teil 3			Teil 3			Teil 3		
	Teil 4			Teil 4			Teil 4		
	Teil 5			Teil 5			Teil 5		
Hören	Teil 1			Teil 1			Teil 1		
	Teil 2			Teil 2			Teil 2		
	Teil 3			Teil 3			Teil 3		
	Teil 4			Teil 4			Teil 4		
	활동지			활동지			활동지		
Schreiben	Teil 1			Teil 1			Teil 1		
	Teil 2			Teil 2			Teil 2		
Sprechen	Teil 1			Teil 1			Teil 1		
	Teil 2			Teil 2			Teil 2		

제1회

실전
모의고사

B2

Kandidatenblätter

Lesen
65 Minuten

Das Modul *Lesen* hat fünf Teile.
Sie lesen mehrere Texte und lösen
Aufgaben dazu. Sie können mit jeder
Aufgabe beginnen. Für jede Aufgabe gibt
es nur eine richtige Lösung.

Vergessen Sie bitte nicht, Ihre Lösungen
innerhalb der Prufüngszeit auf den
Antwortbogen zu schreiben.

Bitte markieren Sie deutlich und
verwenden Sie keinen Bleistift.

Wörterbücher und Mobiltelefone sind
nicht erlaubt.

Teil 1 • • • • • •   vorgeschlagene Arbeitszeit: 18 Minuten

Sie lesen in einem Forum, wie Menschen über Zeit denken.
Auf welche der vier Personen treffen die einzelnen Aussagen zu?
Die Personen können mehrmals gewählt werden.

Beispiel

0   Viele denken bei dem Begriff Zeit zuerst an die Uhr.   **Lösung: a**

1   Heutzutage treiben junge Leute Sport nicht mehr in der Natur,
        und wenn doch, dann nur mit einem Sportgerät.

2   Der Zeitmanagementkurs ist zwar interessant, aber nichts
        Besonderes.

3   Fahrrad fahren wird in Deutschland immer beliebter.

4   Je nach Situation wird Zeit anders gefühlt.

5   Beim Sport treiben sind viele um die Zeit besorgt.

6   Die Zeittypen kann man sich nicht selbst aussuchen oder
        verändern.

7   Unter den Menschen gibt es solche die Eulen ähneln und
        solche die eher wie Lerchen sind.

8   Wenn schnelles Vorankommen zum Luxus wird, könnte es zu
        einem bedeutenden Problem in der Gesellschaft führen.

9   Die Zeit lässt sich gar nicht managen, denn sie lässt sich nicht
        anhalten, ausdehnen oder verkürzen.

A Leonie

Es gibt verschiedene Theorien, was genau Zeit ist. Die Physiker verstehen zum Beispiel unter Zeit eine Dimension des Universums. Aber die Mehrheit der Menschen denkt bei dem Begriff Zeit zuerst an die Uhr.

Zeit wird jedoch nicht von allen Menschen in allen Situationen einheitlich gefühlt.

Sie vergeht beispielsweise wie im Flug, wenn jemand eine für ihn interessante und ereignisreiche Arbeit verrichtet. Die gleiche Zeitdauer kann jedoch auch als langweilig erlebt werden, wenn sich jemand in einer ereignisarmen Situation befindet.

In der Biologie wird Zeit als Periode für biologische Rhythmen verstanden. Darüber hinaus fallen beim Menschen Phänomene wie der Blutdruck, der sich beim gesunden Menschen in gleichmäßiger Folge erhöht und senkt, unter den Begriff Zeit.

Übrigens kommen in der Bevölkerung hauptsächlich zwei Zeittypen vor: die Eulen und die Lerchen. Erstere gehen spät ins Bett und schlafen morgens gern entsprechend lange, während die Lerchen Frühaufsteher sind, die dementsprechend früh am Abend müde werden.

Meiner Meinung nach ist die Zugehörigkeit zu Zeittypen genetisch bestimmt. Daher lässt sich der biologische Zeitrhythmus eines Menschen kaum ändern.

B Mira

In letzter Zeit werden an einigen Firmen viele Kurse zum Umgang mit Zeit durch Zeitmanagement angeboten. Ich habe einen Zeitmanagementkurs besucht, allerdings im Rahmen der innerbetrieblichen Weiterbildung in meiner Firma.

Die Programmankündigung besagte, dass es in dem Seminar um die Vermittlung verschiedener Techniken und Tricks gehe, mit denen wir in der Lage seien, die stetig wachsende Menge an Arbeit und Anzahl von Terminen in kürzerer Zeit zu erledigen, also messbar schneller zu arbeiten.

Das Seminar zeigte jedoch auch, dass man die Zeit überhaupt nicht verwalten kann, weil Zeit sowieso nicht angehalten, gestreckt oder verkürzt werden kann.

Richtig müsste es also heißen: Ob Selbstmanagement von Erfolg gekrönt wird oder nicht, hängt davon ab, ob all diese Schritte zur Routine werden.

Die Mehrheit meiner Kolleginnen und Kollegen fanden das Seminar interessant und aufschlussreich, aber viel Neues habe ich nicht gelernt. Auch die Zeitmanagementtrainer kochen nur mit Wasser.

C Bernd

Schon als Jungspund bin ich mit meinen Freunden gern und oft über Berg und Tal gewandert. Auch wenn ich inzwischen über 60 bin, ist Sport zu treiben immer noch mein tägliches Hobby.

Die Bewegung in der freien Natur hat uns allen Spaß gemacht und preiswert war es auch. Heute ist das bei den jungen Leuten anders geworden. Sport treibt man ungern in der Natur, fast immer mit einem Mountainbike, Rollerskates usw. Möglichst schnell muss es dabei zugehen. Viele gehen in ein Sportstudio und strampeln sich dort ab. Das habe ich im vergangenen Jahr auch ausprobiert.

Aber ich habe dabei bemerkt, dass die Zeit auch im Sport jetzt eine immer größere Rolle spielt. Es kommt nicht mehr auf die sportlichen Übungen an, sondern in welcher Zeit man sie absolviert hat. Die Uhr überwacht den Sport. Ich finde es schade, dass der sportliche Erfolg so zeitabhängig geworden ist, und dass vor lauter strampeln gegen die Uhr so wenig Spaß auf den Gesichtern der Leute abzulesen ist.

Ich bedaure, dass Sport für die jungen Leute von heute so ernst geworden ist.

D Peter

Zurzeit können wir eine Veränderung bei der Wahl der Verkehrsmittel in Deutschland erkennen. Angesichts der knapper werdenden Ressourcen und des damit verbundenen Preisanstiegs an den Zapfsäulen geht der Trend wieder zu den öffentlichen Verkehrsmitteln. Denn Autofahren scheint für immer mehr Menschen zu teurem Luxus zu werden.

Betrachtet man dieses Phänomen genau, so erkennt man auch einen einsetzenden gesellschaftlichen Wandel: Die schnelleren Verkehrsmittel Flugzeug und ICE oder auch den leistungsstarken PKW leisten sich immer weniger Reisende, während die langsameren Verkehrsmittel Regionalbahn oder das Fahrrad sehr starke Zuwachsraten bei den Reisenden aufweisen. Einerseits ist diese Entwicklung zu begrüßen, besonders vor dem Hintergrund des drohenden Verkehrskollapses und des Umweltschutzes. Andererseits stellt sich die Frage, ob in Zukunft der Geldbeutel (Kosten) die Schnelligkeit einer Reise von A nach B (Geschwindigkeit) bestimmt. Das hätte gravierende Auswirkungen auf die Gesellschaftsstruktur (gesellschaftlicher Aspekt) in unserem Land. Denn wenn das Tempo zum Luxus und damit für immer weniger Menschen erschwinglich wird (Entwicklung der Kosten), wird das nicht ohne Folgen für den Arbeitsmarkt und überhaupt die Lebensorganisation großer Bevölkerungsteile bleiben.

Teil 2 ● ● ● ● ●   vorgeschlagene Arbeitszeit: 12 Minuten

Sie lesen in einer Zeitschrift einen Artikel über Märchen.
Welche Sätze passen in die Lücken? Zwei Sätze passen nicht.

Was können Märchen uns vermitteln?

Mit den ersten Zeilen eines Märchens betreten wir fantastische Welten, in denen es meist um Existenzielles geht: so etwa in „Rotkäppchen" der Gebrüder Grimm, den wohl bedeutendsten Märchensammlern der Welt. Hier sind Großmutter und Rotkäppchen zunächst Opfer, der böse Wolf ist der Verfolger und der Jäger der Retter. Dann die Wende: Rotkäppchen, Jäger und Großmutter tun sich zusammen und werden zu Verfolgern. Sie stopfen dem bösen Wolf Steine in den Bauch und töten ihn. Nun ist er das Opfer - das Gute siegt über das Böse. **[...0...]**

Gemeinsam mit Studierenden hat Prof. Dietrich Zimmermann, Sozialpsychologe an der Universität Mannheim, über 41 Märchen analysiert und die Ergebnisse in seinem Buch „Psychologie der Märchen" festgehalten.
Zimmermann zufolge erfordern Märchen ein Mitdenken und Mitfühlen. Sie geben uns Anregungen dafür, unser Handeln und die Rollen, die wir selbst einnehmen, zu überdenken. **[...10...]** Auch wenn sie vor Jahrhunderten entstanden, als es noch keine Vorstellung einer Gesellschaft gab, die auf Toleranz, Menschlichkeit, Offenheit und gegenseitiger Akzeptanz basiert - **[...11...]**

„Gerade Märchen sind dafür geeignet, ein tieferes Verständnis und Gespür für Menschen und Menschlichkeit zu entwickeln", denkt Prof. Zimmermann. Warum er Märchen faszinierend findet? Sie sind spannend und fesseln die Aufmerksamkeit. Märchen sind auch oft gruselig, haben aber dennoch einen Bezug zur Realität, da es stets um den Kampf zwischen Gut und Böse geht. **[...12...]** Die Auflösung folgt dann meist zum Schluss. Menschen erleben diese Spannung zwischen Gut und Böse täglich in der Familie, im Kindergarten, in der Schule oder im Beruf.

[...13...] Nehmen wir „Die Bremer Stadtmusikanten" mit vier Tieren, die alt sind, daher ausgedient haben, gemeinsam jedoch eine Strategie finden, um dem Tod zu entkommen: Von diesem Märchen werden wir an Werte wie Respekt vor dem Alter erinnert, an die Wichtigkeit einer Gruppe oder eines Teams. Das Märchen setzt sich mit Vorurteilen auseinander und mit Gerechtigkeit.

[...14...] Wie kann man sie sich zunutze machen?

Märchen sind insofern heilsam, als dass man Hintergründe zu verstehen lernt und lernt, Erkenntnisse daraus in das eigene Leben zu übertragen. Sie sind wie eine Art Krimi, in dem sich oftmals zunächst das Böse durchsetzt.
Man kann aber aus dem Märchen lernen, dass sich die Dinge auch immer zum Guten wenden können, wenn man kämpft, zusammenhält und den Optimismus bewahrt.
Außerdem können Märchen Menschen motivieren, die sich für das Gute einsetzen. Hierdurch haben Märchen das Potenzial, das sogenannte psychologische Kapital zu erhöhen. **[...15...]** Es heißt auch, bei Misserfolgen wieder aufzustehen und die Hoffnung nicht aufzugeben.

Teil 2 • • ○ ○ ○

Beispiel

0   Daher stimmt uns das Märchen letztlich positiv.

a   Nahezu jedes Märchen vermittelt eine Botschaft.

b   Märchen können Ansatzpunkte für ein besseres Miteinander liefern.

c   Man wird jedoch oft entmutigt, da das Böse gewinnt.

d   Märchen handeln von Ängsten und Konflikten, Gefühlen und Werten im
     Miteinander, die Menschen seit jeher beschäftigen.

e   Das heißt: optimistisch zu bleiben, nicht zu früh zu resignieren und sich selbst
     etwas zuzutrauen.

f   Man fiebert mit, ob sich das Gute doch noch durchsetzen wird.

g   Es ist schwierig, ein Märchen mit tieferer Bedeutung zu finden.

h   Inwiefern können Märchen psychologisch heilsam sein?

Teil 3 ● ● ● ● ●   vorgeschlagene Arbeitszeit: 12 Minuten

Sie lesen in einer Zeitung einen Artikel über das Verhalten von älteren Menschen in Zeiten des Internets.
Wählen Sie bei jeder Aufgabe die richtige Lösung.

Die Veränderung unserer Gesellschaft

Heutzutage liegt die Zielgruppe der Produktpaletten und der Werbung der großen Anbieter weiterhin vor allem bei den 14 bis 49-Jährigen. Dabei hat, laut den Berechnungen des Deutschen Instituts für Wirtschaftsforschung, die Generation der über 60-Jährigen aufgrund ihrer großen Anzahl schon heute eine Kaufkraft von mehr als 316 Milliarden Euro. Dies bedeutet, dass demnach zurzeit jeder dritte Euro aus dem Portemonnaie eines Senioren kommt.

Die Steigerung der Kaufkraft dürfte aber auf die demographische Entwicklung zurückzuführen sein. Denn eine große Steigerung der Renten ist nur schwer denkbar. Im Gegenteil werden die Renten im Osten tatsächlich eher sinken. Der Grund dafür ist, dass die Generationen, die in ihrer Erwerbsbiografie viele Jahre Arbeitslosigkeit aufzuweisen haben, in den kommenden Jahren in Rente gehen.

Der Einfluss der Senioren auf die Wirtschaft ist nicht zu unterschätzen und ist von großer

Bedeutung. Daher wird betont, dass sich eine erhöhte Kaufbereitschaft der Senioren auf vielfältige Bereiche auswirken würde.

Bei der Entwicklung von Produkten empfiehlt der Bundesverband der Verbraucherzentralen den Herstellern: Sie sollten sich an den Senioren orientieren und durch Senioren-Produkte auffallen wollen. Ihre Bedürfnisse sollten daher besser in bestehenden Produkten integriert werden. So könnten zum Beispiel Verpackungen seniorenfreundlicher gestaltet werden, indem sie leichter zu öffnen sind oder Verpackungshinweise in größerer Schrift geschrieben werden. Viele Anbieter haben bereits Schritte in diese Richtung unternommen, von denen ältere Menschen profitiert haben.

Auch die Wissenschaftlerin Ursula Knobloch argumentiert ähnlich. Wichtig sei, das Produktumfeld seniorengerecht zu gestalten. Sie spricht in diesem Zusammenhang von einfachen Gebrauchsanweisungen in Supermärkten.

Die ehemalige Familienministerin Alexandra Schwarzer denkt noch einen Schritt weiter. Ihrer Meinung nach würden auch viele andere Menschen davon profitieren, wenn Produkte altersgerecht werden. Zum Beispiel sind die Niederflurstraßenbahnen auf Wunsch von Älteren entwickelt worden, aber heute freuen sich auch Familien mit Kinderwagen und Fahrradfahrer über den erleichterten Zugang.

Teil 3 ● ● ● ● ●

Beispiel

0   Die Rentner...

☐a   wollen viel Geld haben.

☐b   wollen abends aktiv sein.

☒   sind ein großer Teil der Kaufkraft.

16   In der deutschen Gesellschaft

☐a   ist das Verhältnis zwischen Jung und Alt ausgeglichen.

☐b   leben mehr junge als alte Menschen.

☐c   leben überwiegend ältere Menschen.

17   Ostdeutsche Rentner

☐a   haben immer mehr Geld zur Verfügung.

☐b   waren nie arbeitslos.

☐c   müssen aufgrund von Arbeitslosigkeit mit niedrigeren Renten rechnen.

18   Wenn die Kaufkraft von Senioren steigt, wird es

☐a   die Gesundheits- und Pflegebranche beeinflussen.

☐b   vielen unterschiedlichen Branchen Nutzen bringen.

☐c   mit vielen Fragen verbunden sein.

19   Die Hersteller...

☐a   sollen spezielle Produkte für Senioren anbieten.

☐b   sollen sich nach den Bedürfnissen der Senioren richten.

☐c   sollen keine Produkte für Senioren entwickeln.

20 Als Beispiel, wie man das Produktumfeld seniorengerecht gestalten kann, spricht Ursula Knobloch davon,

    a dass es in Supermärkten einfache Gebrauchsanweisungen geben soll.

    b dass die Regierung eine höhere Rente auszahlen muss.

    c dass in Supermärkten mehr Informationsstände benötigt werden.

21 Seniorengerechte Produkte machen den Alltag

    a von Familien leichter.

    b für alle beschwerlicher.

    c für viele Menschen leichter.

Teil 4 • • • • •   vorgeschlagene Arbeitszeit: 12 Minuten

Sie lesen in einer Zeitschrift Meinungsäußerungen zu dem Lebensmodell „Fernstudium oder Präsenzstudium".
Welche Äußerung passt zu welcher Überschrift? Eine Äußerung passt nicht. Die Äußerung a ist das Beispiel und kann nicht noch einmal verwendet werden.

Beispiel

0   Die Finanzierung muss man nicht allein tragen.   **Lösung: f**

22   Im Fernstudium ist man unabhängiger.

23   Trotz Job und Familie kann man einen Abschluss machen.

24   Man erwirbt wichtige Fähigkeiten für das Berufsleben.

25   Im Präsenzstudium hat man mehr soziale Kontakte.

26   Negative und positive Aspekte gibt es bei beiden Studienformen.

27   Die Lebensqualität wird durch die Mehrfachbelastung gemindert.

Fernstudium oder Präsenzstudium

a Wer neben Beruf und Familie zum Studienabschluss gelangen möchte, kann sich zeitlich nicht so sehr auf das Studium konzentrieren wie Präsenzstudierende.
Deshalb dauert das gesamte Studium meistens länger. Studium, Arbeit und Freizeit überschneiden sich hier und überfordern den Fernstudierenden oft.

Leonie, Aachen

b Fernstudierende sind flexibel. Wie viel sie wo und wann lernen bleibt ihnen überlassen. Per Live-Stream oder in Online-Foren können sie sich mit ihren Kommilitonen austauschen und das Studienmaterial kommt per Post oder Internet.

Tim, Füssen

c Das größte Problem bei einer Fernhochschule sind wahrscheinlich die Kosten. Die können für die Studierenden sehr hoch sein, abhängig vom Abschluss und vom Institut. Darüber sollte man sich sehr gut informieren, bevor man ein Fernstudium beginnt.

Sara, Köln

d Ein Fernstudium ist vor allem für Berufstätige, die sich neben dem Job weiterqualifizieren wollen, geeignet. Es empfiehlt sich aber auch für Eltern, die während der Kindererziehung eine Auszeit vom beruflichen Leben genommen haben, und sich nun auf den Wiedereinstieg vorbereiten wollen.

Günter, Marburg

e Im Vergleich zum regulären Studium stellt das Fernstudium besondere Anforderungen an die Studenten: Sie müssen sich selbst motivieren, persönliche Ziele setzen und durchhalten, auch wenn es einmal schwierig wird. Ein gutes Zeitmanagement ist hier verlangt, um Privatleben, Beruf und Studium unter einen Hut zu bekommen. Das sind Schlüsselqualifikationen, die von Arbeitgebern sehr geschätzt werden.

Martin, Dortmund

f Da wird immer behauptet, die Kosten für ein Fernstudium seien zu hoch! Oft gewähren die Fernunis Rabatte beispielweise für Angehörige von Soldaten bzw. Bundesfreiwilligendienstlern. Außerdem gibt es staatliche Zuschüsse, wie z.B. das Meister-BAföG (Bundesausbildungsförder ungsgesetz) und Steuersparmodelle.den Wiedereinstieg vorbereiten wollen.

Maria, Dresden

g Das Direktstudium an einer Uni gehört zu einem unvergesslichen Lebensabschnitt vieler Akademiker. Vor allem die Kommilitonen und gemeinsam geteilten Erfahrungen auf dem Campus machen das studentische Sozialleben aus. Virtuelle Kontakte zu seinen Mitstudenten und Dozenten, wie man sie im Fernstudium hat, sind nicht das Gleiche wie Fachschaftspartys, Treffen im Studi-Café oder das Leben im Studentenwohnheim.

Lisa, München

h Der beste Schutz gegen Arbeitslosigkeit ist ein Studium. Dabei ist es nicht wichtig, ob man sich für ein Fern- oder Präsenzstudium entscheidet. Beide haben ihre Vor- und Nachteile. Die Hauptsache ist, dass man sich für ein Studium entscheidet, das zu einem passt und dass man es dann auch bis zum Ende durchzieht.

Dario, Lübeck

Teil 5 ● ● ● ● ●   vorgeschlagene Arbeitszeit: 6 Minuten

Lesen Sie den Praktikantenvertrag der Hans-Reisen GmbH.
Welche der Überschriften aus dem Inhaltsverzeichnis passen zu den Paragrafen?
Vier Überschriften werden nicht gebraucht.

Hans-Reisen GmbH
– Praktikantenvertrag –

Inhaltsverzeichnis

a   Geheimhaltung

b   Vergütung

c   Dienstverhinderung

d   Vertragsgegenstand

e   Widerrufsrecht

f   Schlussvorschriften

☒   Beendigung des Praktikumsverhältnisses

h   Besondere Vereinbarungen

§ 0

Dieser Vertrag endet nach Ablauf der in § 1 oder nach § 4 veränderten Frist. Während der ersten vier Wochen können beide Parteien ohne Angabe von Gründen den Vertrag mit sofortiger Wirkung kündigen. Ab dem Beginn der fünften Woche kann der Vertrag von beiden Parteien mit einer Frist von einem Monat beendet werden. Die Möglichkeit, den Vertrag aus einem besonderen Grund ohne Einhaltung einer Frist zu beenden, bleibt davon unberührt. Die Kündigung bedarf der Schriftform.

§ 28

Die Praktikantin ist verpflichtet, gegenüber Dritten, über sämtliche betriebliche Vorgänge, die der Geheimhaltung unterliegen, Stillschweigen zu bewahren und den Verhaltenskodex des Unternehmens (Dienstanweisung: Betriebs- und Geschäftsgeheimnisse) entsprechend einzuhalten. Die Praktikantin hat darüber hinaus Akten, Aufzeichnungen oder sonstige Dokumente des Unternehmens, die nicht öffentlich zugänglich sind, sorgsam zu verwahren und Dritten gegenüber zu schützen.

§ 29

Das Unternehmen wird der Praktikantin ihr Fachgebiet betreffende praktische Kenntnisse und Erfahrungen vermitteln, soweit dies im Rahmen der betrieblichen Möglichkeiten liegt. Dazu stellt das Unternehmen ihr kostenlos die erforderlichen betrieblichen Arbeitsmittel zur Verfügung.
Die Praktikantin wird bei dem Unternehmen für die Zeit vom 01.Mai bis zum 31. Juli in der Zentrale des Unternehmens eingesetzt und, falls nicht betriebliche Gründe anderes ergeben, von Herrn Wölke betreut. Die tägliche Arbeitszeit beträgt 7,5 Std.
Die Praktikantin erhält nach erfolgreicher Beendigung des Vertrages eine Praktikumsbescheinigung, die den Vorgaben der Fachhochschule entspricht, sowie ein Zeugnis.

§ 30

Im Falle jeder Verhinderung hat die Praktikantin das Unternehmen unverzüglich zu unterrichten. Bei krankheitsbedingter Verhinderung ist dem Unternehmen innerhalb von drei Tagen ab Beginn der Erkrankung eine ärztliche Arbeitsunfähigkeitsbescheinigung vorzulegen. In beiderseitigem Einvernehmen kann sich die Praktikumsdauer nach § 1 um die Krankheitstage verlängern.

MP3 00_00

Kandidatenblätter

Hören
circa 40 Minuten

Das Modul *Hören* hat vier Teile.
Sie hören mehrere Texte und lösen Aufgaben
dazu.

Lesen Sie jeweils zuest die Aufgaben und
hören Sie dann denn Text dazu.

Für jede Aufgabe gibt es nur eine richtige
Lösung.

Vergessen Sie bitte nicht, Ihre Lösungen auf
den **Antwortbogen** übertragen.
Dazu haben Sie nach dem Modul Hören fünf
Minuten Zeit.

Bitte markieren Sie deutlich und
verwenden Sie keinen Bleistift.

Am Ende jeder Pause hören Sie dieses
Signal: ♬

Wörterbücher und Mobiltelefone sind nicht
erlaubt.

Teil 1 ● ○ ○ ○

MP3 01_01

Sie hören fünf Gespräche und Äußerungen.
Sie hören jeden Text **einmal**. Zu jedem Text lösen Sie zwei Aufgaben. Wählen Sie
bei jeder Aufgabe die richtige Lösung. Lesen Sie jetzt das Beispiel. Dazu haben
Sie 15 Sekunden Zeit.

Beispiel

01 Die Frau fragt nach Freizeitaktivitäten im Sommer.   Richtig   ~~Falsch~~

02 Für die Angebote, die etwas kosten,   a im Internet anmelden.
    muss man sich...   b vor dem 1. Juni anmelden.
                                             ☒ persönlich anmelden.

vom Goethe-Institut

1   Ein Mann spricht, warum er sich für Musik interessiert.   Richtig   Falsch

2   Welche Meinung hat der Mann über   a Man sollte in der Freizeit Musik
    die Freizeit?   hören.
                                          b Er findet, dass man sich durch
                                             Musik erholen kann.
                                          c Er hat oft zu wenig Zeit, Musik
                                             zu hören.

3   Der Journalist berichtet über die Wettervorhersage.   Richtig   Falsch

4   Die Bergungsarbeiten...   a sind nicht mehr möglich.
                                 b sind wegen der
                                    Windgeschwindigkeit noch
                                    schwieriger geworden.
                                 c dauern an.

5 Es geht darum, was eine Hausarbeit ist.   Richtig   *Falsch*

6 Man...
- a kann durch Mind-Mapping das wesentliche Thema nicht verfehlen.
- b braucht die Methode, bevor man das Thema aussucht.
- c sollte Mind-Maps nach der Gliederung zeichnen, um gut zu hierarchisieren.

7 Eine junge Frau will ihr Praktikum nicht machen.   Richtig   *Falsch*

8 Die Frau...
- a findet das Medizinstudium sehr interessant.
- b wollte ein Vorpraktikum machen, damit sie in die Praxis hineinschnuppern kann.
- c möchte etwas anderes studieren.

9 Eine junge Frau hat zufällig Hunde gefunden.   Richtig   *Falsch*

10 Die Frau...
- a wollte seit Langem einen Hund haben.
- b hat Freunde, die zwei Hunde haben wollen.
- c möchte jemanden finden, der die zwei Hunde bei sich aufnimmt.

Teil 2 ● ● ● ●

MP3 01_02

Sie hören im Radio ein Interview mit einer Persönlichkeit aus der Wissenschaft. Sie hören den Text **zweimal**. Wählen Sie zu jeder Aufgabe die richtige Lösung. Lesen Sie jetzt die Aufgaben 11 bis 16. Dazu haben Sie 90 Sekunden Zeit.

11 Was bedeutet „Influencer-Marketing"?

[a] Unternehmen machen Werbung für Influencer.

[b] Ein Influencer macht täglich Werbung für sein eigenes Produkt.

[c] Firmen kooperieren mit Influencern, damit diese Werbung für ihre Produkte machen.

12 Wie arbeitet die Marketingabteilung mit Influencern zusammen?

[a] Die Influencer bezahlen die Firmen, damit sie deren Produkte benutzen dürfen.

[b] Influencer machen Werbung für ein Produkt der Firma und werden dafür entschädigt.

[c] Influencer bewerben ihre eigenen Produkte und teilen den Gewinn mit der Firma.

13 Was findet die Marketingexpertin besonders gut daran, mit digitalen Influencern zu arbeiten?

[a] Influencer sind billiger als herkömmliche Werbung.

[b] Follower vertrauen den Influencern und sind so geneigter, die Produkte zu kaufen.

[c] Sie arbeitet nicht gerne mit Influencern zusammen.

14 Was ist der Unterschied zwischen traditioneller Werbung und Influencer-Marketing?

- a Bei Influencer-Marketing erfährt der Anbieter sofort die Reaktion der Konsumenten, ohne extra Geld und Zeit dafür aufzuwenden.
- b Influencer-Marketing ist so aufwändig wie traditionelle Werbung
- c Influencer-Marketing erreicht keine andere Zielgruppe als traditionelle Werbung.

15 Was passiert denn, wenn Schleichwerbung gemacht wird?

- a Dann wird gegen das Gesetz verstoßen.
- b Dann passiert nichts, denn Schleichwerbung ist in Deutschland erlaubt.
- c Dann kann man die Werbung nicht erkennen.

16 Wie findet Frau Kiene, dass viele Jugendliche Influencer werden wollen?

- a Sie findet es schrecklich, da nicht jeder einfach so erfolgreich werden kann.
- b Sie findet es gut, weil so die Vielfalt gewährleistet wird.
- c Sie findet es schrecklich, da immer nur die Schokoladenseite des Berufs gezeigt wird.

Teil 3 ● ● ● ○

MP3 01_03

Sie hören im Radio ein Gespräch mit mehreren Personen. Die Personen sprechen über das Thema „Tier und Mensch".
Sie hören den Text **einmal**. Wählen Sie bei jeder Aufgabe: Wer sagt das?
Lesen Sie jetzt die Aufgaben 17 bis 22. Dazu haben Sie 60 Sekunden Zeit.

Beispiel

0 In der Urlaubszeit haben viele Besitzer von Haustieren einige Probleme.

☒ Moderator   b Sabine Lauren   c Studentin

17 Mir ist es nicht möglich, tagsüber ein Tier bei mir zu haben.

a Moderator   b Sabine Lauren   c Studentin

18 Tiere können bei der Erziehung der Kinder helfen.

a Moderator   b Sabine Lauren   c Studentin

19 Sein Tier auf Reisen mitzunehmen, geht nur in bestimmten Fällen.

a Moderator   b Sabine Lauren   c Studentin

20 Für mich stehen bürokratische Bestimmungen nicht an erster Stelle.

a Moderator   b Sabine Lauren   c Studentin

21 Ich kann nicht verstehen, dass manche Leute Tiere wie Waren behandeln.

    a Moderator   b Sabine Lauren   c Studentin

22 Ich denke, dass von Seiten des Staates heute mehr Rücksicht auf Tiere genommen wird.

    a Moderator   b Sabine Lauren   c Studentin

Teil 4 • • • •   MP3 01_04

Sie hören einen kurzen Vortrag. Der Redner spricht über das Thema „Hotel Mama". Sie hören den Text **zweimal**. Wählen Sie bei jeder Aufgabe die richtige Antwort. Lesen Sie jetzt die Aufgaben 23 bis 30. Dazu haben Sie 90 Sekunden Zeit.

23 In letzter Zeit...

- [a] wohnt man lieber mit seinen Geschwistern.
- [b] hat sich die Wohnungssituation nicht verändert.
- [c] hat die Wohnungssituation grundlegend geändert.

24 Heutzutage wohnen...

- [a] 20% der 25-jährigen bei den Eltern.
- [b] 7% der über Dreißigjährigen Frauen im „Hotel Mama".
- [c] 45% der jungen Frauen allein.

25 Männer

- [a] heiraten in der Regel früher als Frauen.
- [b] verdienen mehr Geld als Frauen.
- [c] beenden ihre Ausbildung im Durchschnitt später als Frauen.

26 Die Mütter...

- [a] freuen sich besonders über das Leben mit ihren Kindern.
- [b] sind von der Anwesenheit ihrer Kinder stark gestresst.
- [c] übernehmen das Wäschewaschen und die Zubereitung der Mahlzeiten.

27 Viele Kinder leben auch im Erwachsenenalter noch Zuhause, weil...

- [a] ihnen die finanzielle Unabhängigkeit fehlt.
- [b] sie keine eigene Wohnung finden können.
- [c] ihnen der Mut zum Auszug fehlt.

28 Die Jugendarbeitslosigkeit…

    [a] macht attraktiver, bei Eltern weiter zu leben.

    [b] hat keine Rolle gespielt.

    [c] hilft den Eltern, damit die Eltern von der Gesellschaften Geld zu bekommen.

29 Die Eltern…

    [a] finden nicht so anstrengend, mit ihren Kinder zu bleiben.

    [b] wollen sich nicht mehr um ihre Kinder kümmern.

    [c] brauchen auch mal eine Pause.

30 Das getrennte Wohnen…

    [a] geht wegen wirtschaftlicher Gründen gar nicht mehr.

    [b] kann für beide positiv auswirken.

    [c] kann nur für die Kinder positiv sein.

Kandidatenblätter

Schreiben
75 Minuten

Das Modul Schreiben besteht aus zwei Teilen.

In **Teil 1**
Schreiben Sie einen Forumsbeitrag.

In **Teil 2**
Schreiben Sie eine Nachricht.

Sie können auswählen, mit welcher der
beiden Aufgaben Sie beginnen.
Schreiben Sie Ihre Texte auf die
Antwortbögen.

Bitte schreiben Sie deutlich und
verwenden Sie keinen Bleistift.

Das Verwenden von Hilfsmitteln
wie Wörterbüchern und Mobiltelefonen ist
nicht erlaubt.

Teil 1 • •   vorgeschlagene Arbeitszeit: 50 Minuten

Schreiben Sie einen Forumsbeitrag zum Thema „Verbot von Tierversuchen".

- Äußern Sie Ihre Meinung zum Thema Tierversuche.
- Nennen Sie Gründe, warum Tierversuche so weit verbreitet sind.
- Nennen Sie Nachteile von Tierversuchen.
- Nennen Sie Alternativen für Tierversuche.

Denken Sie an eine Einleitung und einen Schluss. Bei der Bewertung wird darauf geachtet, wie genau die Inhaltspunkte bearbeitet wurden, wie korrekt der Text ist und wie gut die Sätze und die Abschnitte sprachlich miteinander verknüpft wurden. Schreiben Sie mindestens **150** Wörter.

Teil 2 • • vorgeschlagene Arbeitszeit: 25 Minuten

Sie machen gerade ein Praktikum in einem Sprachkurs. Normalerweise sind Sie täglich bis 14 Uhr im Sprachkurs. Diesen Donnerstag möchten Sie aber eine Stunde früher gehen. Schreiben Sie eine Nachricht an Ihre Vorgesetzte, Frau Müller.

Bitten Sie um Verständnis für Ihre Situation.

Machen Sie einen Vorschlag, wie Sie die Situation lösen möchten.

Beschreiben Sie, womit Sie beschäftigt sind.

Zeigen Sie Verständnis für die Arbeitssituation Ihrer Vorgesetzten.

Bringen Sie die Inhaltspunkte in eine passende Reihenfolge.
Bei der Bewertung wird darauf geachtet, wie genau die Inhaltspunkte bearbeitet wurden, wie korrekt der Text ist und wie gut die Sätze und die Abschnitte sprachlich miteinander verknüpft wurden. Denken Sie an eine Anrede und einen Gruß am Schluss. Schreiben Sie mindestens **100** Wörter.

Kandidatenblätter A

Sprechen
circa 15 Minuten

Das Modul Sprechen besteht aus zwei Teilen.

In **Teil 1** halten Sie zuerst einen kurzen Vortrag und sprechen danach mit Ihrer Gesprächspartnerin/Ihrem Gesprächspartner über das Thema. Sie bekommen zwei Themen für Ihren Vortrag zur Auswahl. Wählen Sie ein Thema (1 oder 2).
Dauer des Vortrags: circa 4 Minuten

In **Teil 2** tauschen Sie in einer Diskussion ihre Standpunkte aus.
Dauer der Diskussion: circa 5 Minuten

Ihre Vorbereitungszeit beträgt 15 für beide Teile (Einzelprüfung und Paarprüfung). Sie bereiten sich allein vor. Sie dürfen sich Notizen machen und in der Prüfung sollten Sie frei sprechen.

Das Verwenden von Hilfsmitteln wie Wörterbüchern und Mobiltelefonen ist nicht erlaubt.

Teil 1 • • **Vortrag halten** Dauer für beide Teilnehmende zusammen: circa 8 Minuten

MP3 01_05

Sie nehmen an einem Seminar teil und sollen dort einen kurzen Vortrag halten. Wählen Sie ein Thema (Thema 1 oder 2) aus. Ihre Gesprächspartnerinnen/Ihre Gesprächspartner hören Ihnen zu und werden Ihnen anschließend Fragen stellen.

Strukturieren Sie Ihren Vortrag mit einer Einleitung, einem Hauptteil und einem Schluss. Schreiben Sie Ihre Notizen und Ideen bitte in der Vorbereitungszeit auf. Sprechen Sie circa 4 Minuten.

Teilnehmende/-r A

Thema 1

Rauchverbot

- Beschreiben Sie mehrere Gründe (z.B. Gesundheit)

- Beschreiben Sie einen Grund genauer.

- Nennen Sie Vor- und Nachteile und bewerten Sie diese.

Thema 2

Studium im Ausland

- Beschreiben Sie mehrere Möglichkeiten (z.B. Austausch).

- Beschreiben Sie eine Möglichkeit genauer.

- Nennen Sie Vor- und Nachteile und bewerten Sie diese.

Teil 2 • • **Diskussion führen** Dauer für beide Teilnehmende
zusammen: circa 5 Minuten

MP3 01_06

Sie sind Teilnehmende eines Debattierclubs und diskutieren über die aktuelle
Frage:

Sollen Lehrer nach Leistung bezahlt werden?

- Tauschen Sie Ihren Standpunkt und Ihre Argumente aus.
- Reagieren Sie angemessen auf die Argumente Ihrer Gesprächspartnerin/Ihres
  Gesprächspartners.
- Fassen Sie am Ende zusammen: Sind Sie dafür oder dagegen?

Sie können diese Stichpunkte zur Hilfe nehmen.

Motivation des Lehrers nimmt zu/ab?
Unterricht wird besser/schlechter?
Fairness ist gegeben?
Beurteilung bleibt anonym?
…

Kandidatenblätter B

Sprechen
circa 15 Minuten

Das Modul Sprechen besteht aus zwei Teilen.

In **Teil 1** halten Sie zuerst einen kurzen Vortrag und sprechen danach mit Ihrer Gesprächspartnerin/Ihrem Gesprächspartner über das Thema. Sie bekommen zwei Themen für Ihren Vortrag zur Auswahl. Wählen Sie ein Thema (1 oder 2).
Dauer des Vortrags: circa 4 Minuten

In **Teil 2** auschen Sie in einer Diskussion ihre Standpunkte aus.
Dauer der Diskussion: circa 5 Minuten

Ihre Vorbereitungszeit beträgt 15 für beide Teile (Einzelprüfung und Paarprüfung). Sie bereiten sich allein vor. Sie dürfen sich Notizen machen und in der Prüfung sollten Sie frei sprechen.

Das Verwenden von Hilfsmitteln wie Wörterbüchern und Mobiltelefonen ist nicht erlaubt.

Teil 1 • •   **Vortrag halten**   Dauer für beide Teilnehmende
zusammen: circa 8 Minuten

MP3 01_07

Sie nehmen an einem Seminar teil und sollen dort einen kurzen Vortrag halten.
Wählen Sie ein Thema (Thema 1 oder 2) aus. Ihre Gesprächspartnerinnen/Ihre
Gesprächspartner hören Ihnen zu und werden Ihnen anschließend Fragen
stellen.

Strukturieren Sie Ihren Vortrag mit einer Einleitung, einem Hauptteil und einem
Schluss. Schreiben Sie Ihre Notizen und Ideen bitte in der Vorbereitungszeit auf.
Sprechen Sie circa 4 Minuten.

Teilnehmende/-r B

Thema 1

Gesund leben

- Beschreiben Sie mehrere
  Möglichkeiten (z.B. gesunde
  Ernährung).

- Beschreiben Sie eine Möglichkeit
  genauer.

- Nennen Sie Vor- und Nachteile
  und bewerten Sie diese.

Thema 2

Waffengesetz

- Beschreiben Sie mehrere Formen (z.B. Verbot).

- Beschreiben Sie eine Form genauer.

- Nennen Sie Vor- und Nachteile und bewerten Sie diese.

Teil 2 • •   **Diskussion führen**   Dauer für beide Teilnehmende zusammen: circa 5 Minuten

Sie sind Teilnehmende eines Debattierclubs und diskutieren über die aktuelle Frage:

Sollen Lehrer nach Leistung bezahlt werden?

- Tauschen Sie Ihren Standpunkt und Ihre Argumente aus.
- Reagieren Sie angemessen auf die Argumente Ihrer Gesprächspartnerin/Ihres Gesprächspartners.
- Fassen Sie am Ende zusammen: Sind Sie dafür oder dagegen?

Sie können diese Stichpunkte zur Hilfe nehmen.

Motivation des Lehrers nimmt zu/ab?
Unterricht wird besser/schlechter?
Fairness ist gegeben?
Beurteilung bleibt anonym?
...

 듣기 활동지

Teil 1 ● ○ ○ ○

▶ **Beispiel**

Frau	Ich wollte mich nach dem Ferienprogramm erkundigen. Ab wann kann man sich denn anmelden?
Mann	Wie immer ab dem 1. Juni. Das Programm steht ab nächster Woche im Internet.
Frau	① _____
Mann	Für die kostenlosen Angebote Ja. Wenn es sich um ein kostenpflichtiges Angebot handelt, müssen Sie sich bei uns anmelden.
Frau	Und wann bezahlt man dann?
Mann	Direkt bei der Anmeldung, hier bei einem unserer Mitarbeiter. Sonst können wir den Platz nicht reservieren.

▶ **Aufgabe 1 und 2**

Frau	Warum hörst du gern Musik?
Mann	① _____ Ich befinde mich in meiner eigenen Welt und kann dort erleben, was ich wirklich will. Dafür sollte man sich in der Freizeit ausruhen, weil man sich durch die Erholung besser fühlt.

Mann Nach dem Tornado auf einem Campingplatz in Kalifornien ist die Zahl der Toten auf fünf gestiegen. ① _____ _____ 230 Menschen wurden verletzt und etwa 250 Wohnwägen zerstört. Die Bergungsarbeiten dauern an. Der Tornado war mit einer Geschwindigkeit von etwa 300 Kilometern pro Stunde über den Platz gezogen.

Frau Unser nächstes Thema ist das Schreiben von Hausarbeiten. Was ist eine Hausarbeit? ① _____ Können Sie mir dazu einen Rat geben?

Mann Die Methode des Mind-Mappings dient der Ordnung und Hierarchisierung der Stichworte, die Sie beim Clustern gesammelt haben und die für das Thema von Relevanz sind. Dazu nehmen Sie sich ein großes leeres Papier, auf das Sie den Arbeitstitel Ihres Themas schreiben. Ordnen Sie nun die bereits gefundenen Stichworte so an, dass sich eine Ordnung ergibt. Mind-Maps sind eine Vorstufe zur Gliederung Ihrer Arbeit.

Mann Hi! Julia, Was machst du denn hier? Was ist das denn für ein Koffer?

Frau Da hab' ich meine Klamotten drin. Ich mach' gerade mein Praktikum in 'ner Praxis.

Mann Ich dachte, du studierst schon! Medizin, wenn ich mich recht erinnere...

Frau Ja, ich habe den Studienplatz bekommen, aber eine Voraussetzung zum Medizinstudium ist, bereits Erfahrung zu haben.

① _____

Und in den letzten Wochen habe ich bemerkt, dass Ärztin sein nichts für mich ist. Ich möchte lieber in einem kreativeren Bereich arbeiten, als Ärztin zu sein.

▶ **Aufgabe 9 und 10**

Junger Mann	Hallo, Mia! Was ist denn das? Woher hast du denn diese beiden kleinen Hunde? Die sind so süß!
Junge Frau	① _____ Ich habe sie gerettet!
Junger Mann	Wie, gerettet?
Junge Frau	Na. ich war vor einer Woche mit meinem Auto auf der Straße unterwegs, als diese beiden kleinen Hunde dort saßen.
	Da viele Autos an ihnen vorbeigefahren sind, hab' ich sie schnell von der Straße geholt und mitgenommen.
	② _____
	Und jetzt wohnen sie beide bei mir. Aber nur für einige Zeit. Du weißt ja, dass ich oft nicht zu Hause, sondern immer unterwegs bin und viel zu tun habe. Kennst du vielleicht jemanden, der zwei süße Hunde möchte? Naja, du könntest ja auch einen bekommen, wenn du möchtest…

Moderatorin	Ich begrüße heute Doktor Elisabeth Kiene, Expertin zum Thema Influencer-Marketing. Frau Kiene, seit einigen Jahren sorgen sogenannte Influencer für Aufregung in der Werbebranche. Was genau versteht man unter Influencer-Marketing?
Frau Kiene	Ein Influencer postet täglich neue Fotos von verschiedenen modischen Outfits. Und mehrere Tausend, ja manchmal sogar Millionen Fans schauen sich das an! Dass das für einen Werbespezialisten aufregend ist, ist verständlich. Und wenn Marketingabteilungen dann mit Influencern zusammenarbeiten, nennt man das Influencer-Marketing.
Moderatorin	① _____
Frau Kiene	Der Influencer thematisiert in seinem Blog oder auf seinem Kanal ein Produkt, er stellt es vor, hält es vielleicht in die Kamera, empfiehlt es auch mal ganz direkt. Dafür bekommt er vom Unternehmen eine Gegenleistung: Er erhält zum Beispiel das Produkt umsonst oder eine Gewinnbeteiligung, wenn seine Follower anschließend über einen Link direkt etwas kaufen.
Moderatorin	Es ist aber nichts Neues, dass Vorbilder wie Prominente, Fußballer oder Schauspieler in der Werbung auftreten. Die Marketingexperten interessieren sich heute aber ganz besonders für digitale Influencer. Warum?
Frau Kiene	Ein Grund ist, dass man es mit traditioneller Werbung heute schwer hat. Deshalb sind Werber auf der Suche nach neuen Kanälen, um Werbebotschaften zu vermitteln. Influencer sind so ein neuer Kanal. Dabei profitiert das Unternehmen davon, dass die Follower Influencer als Experten betrachten und deren Meinung vertrauen. Kommunikation in sozialen Netzwerken ist außerdem interaktiv. Die Follower schreiben

	Kommentare oder schicken den Beitrag an andere Personen weiter. ② _____ _____ Und zwar schnell, direkt und unkompliziert. Mühsame und teure Kundenumfragen zu starten ist gar nicht mehr nötig. Das ist für Unternehmen natürlich praktisch.
Moderatorin	Ist es nicht problematisch, wenn Influencer, die ja offensichtlich das Vertrauen von Jugendlichen genießen, Werbebotschaften vermitteln?
Frau Kiene	Ich gebe Ihnen Recht: Wenn die Werbebotschaften versteckt daherkommen, wenn also Schleichwerbung gemacht wird, ist das nicht akzeptabel. In Deutschland zumindest gibt es dafür aber strenge gesetzliche Regelungen. Werbung muss deutlich gekennzeichnet werden.
Moderatorin	In letzter Zeit nennen viele Jugendliche Influencer als ihren Traumjob. Wie denken Sie darüber?
Frau Kiene	③ _____ Es ist aber nur natürlich, denn jeder Jugendliche findet es toll, aufregende Reisen zu machen und immer neue und schicke Klamotten zu haben und dafür auch noch Geld zu kriegen. Aber das ist nicht so einfach. Die Konkurrenz ist groß. Es ist also wirklich schwierig, eine Fangemeinschaft aufzubauen. Und man muss immer aufpassen, dass man seine Follower nicht verliert. Es gibt immer zwei Seiten einer Medaille und so ist es auch für Influencer, die dafür bezahlt werden Produkte zu vermarkten. Einerseits bringt es ihnen Geld, aber auf der anderen Seite besteht die Gefahr, unglaubwürdig zu wirken.
Moderatorin	Herzlichen Dank, Frau Elisabeth Kiene, für dieses interessante Gespräch.
Frau Kiene	Gerne.

Moderator Hallo, liebe Zuhörerinnen und Zuhörer! Herzlich willkommen zu unserer heutigen Sendung „Mensch und Tier". Gerade in der jetzt anbrechenden Urlaubszeit stellt sich wieder für viele Besitzer von Haustieren die Frage: ① _____ _____ Dazu haben wir als Gäste, Sabine Lauren vom Tierschutzbund und die Studentin Leonie Schwarz eingeladen. Frau Lauren, haben Sie einen Hund?

Sabine Lauren Ja, ich liebe Tiere. Ich habe einen Hund und auch noch zwei Katzen.

Moderator Und Leonie, haben Sie auch Tiere?

Leonie Schwarz Früher hatte ich auch einen Hund. Aber ich habe mich entschieden, mir kein Tier mehr anzuschaffen. Es würde zeitlich einfach nicht gehen, da ich von früh bis spät in der Uni sein muss und ich könnte den Hund nicht in die Vorlesungen und Seminare mitnehmen.

Moderator ② _____ _____ Bevor wir über Tiere im Urlaub reden, vielleicht zuerst einmal die Frage: Weshalb überhaupt Haustiere haben? Es gibt bestimmt viele Millionen Haustiere in Deutschland.

Sabine Lauren Das stimmt. Nach der Statistik gibt es ungefähr 30 Millionen Haustiere, in erster Linie Katzen und Hunde.

Leonie Schwarz Wir haben zu Hause immer Tiere. Es ist großartig für Kinder, ein Tier zu haben. Wenn wir traurig sind, spenden unsere Tiere Trost. Als es mir schlecht ging, hat mich ihr Schnurren immer beruhigt und dann ging es mir viel besser.

Sabine Lauren Unter pädagogischem Aspekt ist es auch für Kinder wichtig, mit einem Haustier aufzuwachsen.

Sie können durch Tiere lernen, Verantwortung zu übernehmen. Wenn man sich für ein Tier entscheidet, wird dies zum Familienmitglied. ③ _____ _____

Leonie Schwarz Das heißt aber auch, die Entscheidung für ein Tier muss eine bewusste Entscheidung sein. Und man kann dann auch nicht mehr so leicht in den Urlaub fahren, wie wenn man keine Tiere hat.

Moderator Frau Lauren, wie machen Sie es, wenn Sie Urlaub machen? Haben Sie Stress deswegen?

Sabine Lauren Nein, ich habe gar keinen Stress deswegen. Bei uns haben sich immer liebe Nachbarn um die Tiere gekümmert, wenn wir weg waren. Vor allem um unsere Katzen. Die kann man nicht einfach so mitnehmen. ④ _____ _____

_____. Das Tier muss geimpft werden, zum Beispiel gegen Tollwut. Am besten informiert man sich im Internet, zum Beispiel auf www.tierschutz.de, über die Einreisebestimmungen für Haustiere in den verschiedenen Ländern.

Leonie Schwarz Viel wichtiger als die offiziellen Bestimmungen finde ich allerdings die Frage, ob ein Tier eine Reise wirklich gut vertragen kann. Denn ein Haustier sollte man nicht anders behandeln als ein Mitglied der Familie. Ganz schlimm ist es, wenn Tiere in dem Moment, in dem sie zur Last werden, abgegeben oder ausgesetzt werden. Ein Tier ist kein Spielzeug, keine Sache, die man kauft und wieder wegwirft.

Moderator Da sind wir bei einem anderen Punkt: Wird das Tier denn immer noch vom Gesetz her als eine Sache angesehen? Ich denke, dass sich da einiges zum Positiven gewendet hat.

Sabine Lauren	Das ist kompliziert. Es gibt zwar seit längerer Zeit im Bürgerlichen Gesetzbuch einen neuen Paragrafen, in dem es heißt, dass Tiere keine Sachen sind. Auf der anderen Seite wird aber im Strafgesetzbuch immer noch von Tieren und anderen Sachen gesprochen. ⑤ _____ _____ _____
Moderator	Liebe Zuhörerinnen und Zuhörer, wir müssen leider zum Ende kommen, in einer weiteren Gesprächsrunde können wir ja diesen Punkt noch weiter mit Experten diskutieren. Vielen Dank fürs Zuhören und bis zum nächsten Mal.

Teil 4 • • • •

Herzlich willkommen meine sehr geehrten Damen und Herren zu meinem Vortrag „Hotel Mama". Ich bin Birte Müller von der Universität Karlsruhe.

① _____

_____ Mitte der 70er Jahre lebten in Deutschland ca. 20% der 25-jährigen noch bei ihren Eltern. Seitdem sind es jedes Jahr mehr geworden: 49% der jungen Männer und 45% der jungen Frauen wohnen im „Hotel Mama". Das sind mehr als doppelt so viele wie zuvor.

Wenn man die Altersgrenze zu den Dreißigjährigen überschreitet, wohnen immer noch 15% der Männer daheim, bei den Frauen sind es dann nur noch 7%.

Der Unterschied zwischen Männern und Frauen beruht einerseits darauf, dass Frauen häufig früher eine Berufsausbildung beginnen. Das heißt, sie haben diese dann meist auch früher abgeschlossen und sind finanziell unabhängig. Frauen binden sich außerdem früher als Männer. Im Durchschnitt heiraten Frauen heute mit 28, Männer mit 30 Jahren.

Wissen Sie, woran das liegt? Wollen junge Leute nicht mehr selbstständig sein oder wollen sie die Sicherheit Zuhause genießen? Haben sie sich überhaupt frei dazu entschieden oder wohnen junge Erwachsene aus anderen Gründen immer noch bei ihren Eltern? Haben sie keinen großen Drang zur Unabhängigkeit?

② _____

_____

Ein Vorteil ist, dass junge Leute, die bei ihren Eltern wohnen, sich die Miete sparen. Das Wohnen ist somit also günstiger bzw. kostet gar nichts.

Das macht viel aus, denn die Mieten sind meistens teuer. Gleichzeitig ist es praktisch und angenehm, weil die Mutter gern die lästigen Hausarbeiten, wie Kochen und Waschen, übernimmt.

Auch wirtschaftliche Gründe wie Wirtschaftskrisen und die damit verbundene Jugendarbeitslosigkeit tragen dazu bei, dass das Wohnen bei den Eltern weiterhin attraktiv bleibt. Die finanziellen Vorteile machen sich bei keinem oder kleinem eigenen Einkommen stark bemerkbar.

Aber auf der anderen Seite ist es sehr anstrengend für die Eltern, die auch mal eine Pause brauchen. Sie haben sich schließlich jahrelang um ihre Kinder gekümmert.

Wenn auch wirtschaftliche Gründe und persönliche Vorlieben für ein weiteres Wohnen im Elternhaus sprechen können, bedeutet das getrennte Wohnen für beide den Start in eine neue, selbstständige Lebensphase, die sich auf das Verhältnis zwischen Eltern und Kind nur positiv auswirken kann.

③ _____

_____ Wir müssen aber in jedem Fall darüber nachdenken, wie wir realistische Lösungen für damit verbundene Probleme finden können. Damit bin ich am Ende meiner Präsentation angekommen.

Herzlichen Dank für Ihre Aufmerksamkeit.

Teil 1 ● ● ● ●

▶ **Beispiel**

① Dann kann man sich auch über das Internet anmelden?

▶ **Aufgabe 1 und 2**

① Wenn ich Musik höre, bin ich weniger gestresst.

▶ **Aufgabe 3 und 4**

① Durch den Wirbelsturm kamen zwei Frauen und drei Männer ums Leben.

▶ **Aufgabe 5 und 6**

① Was macht man als Vorstufe?

▶ **Aufgabe 7 und 8**

① Dabei lerne ich etwas über meinen zukünftigen Beruf, ob er zu mir passt oder nicht.

▶ **Aufgabe 9 und 10**

① Das war ein Zufall.
② Aber ich habe noch niemanden gefunden, der sie vermisst.

Teil 2 •• • •

① Wie kann diese Zusammenarbeit aussehen?

② Dadurch bekommt auch das Unternehmen eine Rückmeldung.

③ Ich finde es furchtbar.

Teil 3 ••• •

① Was machen wir mit unserem Hund oder unserer Katze, wenn wir in den Urlaub fahren?

② Lassen wir uns die Diskussion etwas strukturieren.

③ Man muss sich Zeit nehmen, sich auch darum kümmern, wenn es krank und alt wird.

④ Auf jeden Fall braucht ein Tier einen Tierausweis, den kann der Tierarzt ausstellen.

⑤ Ich bin keine Juristin, aber die Regelungen sind überhaupt nicht eindeutig.

Teil 4 ••••

① In den letzten Jahrzehnten hat sich die Wohnungssituation junger Menschen grundlegend verändert.

② Bei den Eltern zu leben hat natürlich seine Vor- und Nachteile.

③ Je tiefer man in das Thema Hotel Mama einsteigt, desto schwieriger wird es, eine klare Meinung zu haben.

1회 주요 단어

문제에서 나온 단어들은 틈틈이 복습하고 시험 보기 전 최종 점검용으로 활용할 수 있습니다.

공부한 날짜   월   일

읽기

Deutsch	Koreanisch	check
□ altersgerecht	[a.] 나이에 걸맞는	
□ argumentieren	[v.] 주장하다	
□ aufschlussreich	[a.] 시사하는 바가 많은	
□ austauschen	[v.] 교류하다, 교환하다	
□ basieren	[v.] ~를 바탕으로 하다	
□ bedauern	[v.] 안타깝다	
□ bedeutendst	[a.] 가장 중요한	
□ beiderseitig	[a.] 양쪽의	
□ besagten	[v.] 무엇을 말했다, 의미했다 (besagen의 과거)	
□ betragen	[v.] (어떤 수치에) 달하다	
□ betreffend	[p.a.] 관련된, 관계하는	
□ betrieblich	[a.] 경영의, 기업의	
□ bewahren	[v.] 견지하다, 지키다	
□ das Einvernehmen	[n.] 합의	
□ das Existenzielles	[n.] 실존	
□ das Selbstmanagement	[n.] 자기관리	
□ das Stillschweigen	[n.] 비밀 엄수	
□ das Tal	[n.] 계곡	
□ das Universums	[n.] 우주	
□ das Zeitmanagement	[n.] 시간 관리	
□ demographisch	[a.] 인구 통계학적(인)	
□ der Bundesverband	[n.] 독일 산업 연방	
□ der Jungspund	[n.] 어릴 때, 경험이 없는 것	

☐ der Lebensabschnitt	[n.] 삶의 부분	
☐ der Misserfolg	[n.] 실패	
☐ der Preisanstieg	[n.] 물가 상승	
☐ der Verfolger	[n.] 추적자	
☐ der Verhaltenskodex	[n.] 행동강령	
☐ der Verkehrskollaps	[n.] 교통 붕괴	
☐ der Verpackungshinweise	[n.] 포장 유의사항	
☐ der Wandel	[n.] 변화	
☐ der Wiedereinstieg	[n.] 복귀	
☐ der Zugang	[n.] 접근	
☐ die Akzeptanz	[n.] 존중	
☐ die Angehörige	[n.] 친척	
☐ die Auflösung	[n.] 문제 해결	
☐ die Aufmerksamkeit	[n.] 관심, 주의	
☐ die Auszeit	[n.] 휴식	
☐ die Beendigung	[n.] 종료	
☐ die Dimension	[n.] 차원	
☐ die Einhaltung	[n.] 종료	
☐ die Erwerbsbiografie	[n.] 근무 경력	
☐ die Geheimhaltung	[n.] 비밀 유지	
☐ die Gerechtigkeit	[n.] 공정성	
☐ die Gesellschaftsstruktur	[n.] 사회 구조	
☐ die Lebensorganisation	[n.] 삶의 조직	
☐ die Menschlichkeit	[n.] 인간성	
☐ die Offenheit	[n.] 개방성	
☐ die Routine	[n.] 습관적 행동	
☐ die Sozialpsychologe	[n.] 사회 심리학	
☐ die Steigerung	[n.] 향상	
☐ die Kraftkauf	[n.] 구매력	
☐ die Verbraucherzentral	[n.] 소비자 연합 본사	
☐ die Verhinderung	[n.] 장애	
☐ die Wende	[n.] 반전	

☐ die Wirtschaftsforschung	[n.] 독일 경제 연구소	
☐ drohend	[p.a.] 시급한	
☐ durchhalten	[v.] 견디어내다, 끝까지 해내다	
☐ durchziehen	[v.] 끝까지 해내다	
☐ einnehmen	[v.] 수용하다, 받아들이다	
☐ einsetzend	[p.a.] 일어나는	
☐ entsprechen	[v.] (기준에) 준하는, 상응하는	
☐ ereignisarm	[a.] (특별한) 사건이 없는	
☐ ereignisreich	[a.] 사건이 많은	
☐ erfordern	[v.] 필요하다	
☐ erleichtert	[p.a.] 쉬운	
☐ erschwinglich	[a.] 융통할 수 있는	
☐ fesseln	[v.] 사로잡다, 매료시키다	
☐ gegenseitig	[a.] 상호의	
☐ gestalten	[v.] 설계하다	
☐ gewähren	[v.] 제공하다, 허용하다	
☐ gravierend	[p.a.] 중대한	
☐ gruselig	[a.] 무서운	
☐ haben...absolviert	[v.] 마쳤다 (absolvieren의 현재완료)	
☐ haben...ausgedient	[v.] 퇴역했다 (ausdienen의 현재완료)	
☐ haben...profitiert	[v.] 혜택을 얻었다 (profitieren 의 현재완료)	
☐ innerbetrieblich	[a.] 사내의, 기업 내부의	
☐ leistungsstark	[a.] 성능이 좋은	
☐ pl. Online-Foren	[n.] 온라인 게시판 (das Online-Forum)	
☐ pl. Anforderungen	[n.] 요구 사항 (die Anforderung)	
☐ pl. Anregungen	[n.] 조언 (die Anregung)	
☐ pl. Berechnungen	[n.] 예상, 예측 (die Berechnung)	
☐ pl. Bundesfreiwilligendienstlern	[n.] 연방 자원 봉사자 (der Bundesfreiwilligendienstler)	
☐ pl. Eulen	[n.] 올빼미 (die Eule)	
☐ pl. Fernstudierende	[n.] 원격 학습을 하는 학생	
☐ pl. Gebrauchsanweisungen	[n.] 이용 안내서 (die Gebrauchanweisung)	

□ pl. Lerchen	[n.] 종달새 (die Lerche)	
□ pl. Parteien	[n.] 당사자 (die Partei)	
□ pl. Phänomene	[n.] 증상, 현상 (das Phänomen)	
□ pl. Präsenzstudierende	[n.] 대면 학습을 하는 학생들	
□ pl. Produktpaletten	[n.] 제품의 다양성 (die Produktpalette)	
□ pl. Ressourcen	[n.] 자원 (die Ressource)	
□ pl. Rollen	[n.] 역할 (die Rolle)	
□ pl. Schlüsselqualifikationen	[n.] 핵심 능력 (die Qualifikation)	
□ pl. Vorgänge	[n.] 일 (der Vorgang)	
□ pl. Zapfsäulen	[n.] 급유기 (die Zapfsäule)	
□ pl. Zuwachsraten	[n.] 성장률 (die Zuwachsrate)	
□ regulär	[a.] 정규적인	
□ seniorenfreundlich	[a.] 노인 친화적인	
□ sich entscheiden	[v.] 결정하다	
□ sich leisten	[v.] (감당할) 여유가 있다	
□ sich orientieren	[v.] 옳은 방향을 찾다	
□ sich strampeln	[v.] 페달을 밟다, 자전거를 타다	
□ sich überschneiden	[v.] 겹치다, 중복되다	
□ sich zunutze machen	[v.] (무엇을) 이용하다	
□ sorgsam	[a.] 주의해서	
□ überdenken	[v.] 곰곰이 생각하다	
□ überfordern	[v.] 부담을 주다	
□ überlassen	[v.] (~에) 맡기다	
□ überwachen	[v.] 감시하다	
□ unberührt	[a.] 영향을 받지 않는, 건드리지 않은	
□ unterliegen	[v.] 지배되다, 여지가 없다	
□ unverzüglich	[a.] 즉시	
□ verlängern	[v.] 연장하다	
□ vermitteln	[v.] 전달하다	
□ verpflichtet	[p.a.] 의무가 있는	
□ verwahren	[v.] 보호하다	
□ verwalten	[v.] 관리하다	

☐ virtuell	[a.] 가능한	
☐ wachsend	[p.a.] 증가하는	
☐ weiterqualifizieren	[v.] 그 밖에 자격을 갖추다	
☐ werden...gekrönt	[v.] 성공으로 끝나게 되다 (krönen의 수동태)	
☐ werden...gestreckt	[v.] 늘어나다 (strecken의 수동태)	
☐ werden...integriert	[v.] 완전하게 되다 (integrieren의 수동태)	
☐ werden...verkürzt	[v.] 줄어들다 (verkürzen의 수동태)	
☐ zeitabhängig	[a.] 시간에 종속적인	
☐ zurückführen	[v.] 되돌리다	

듣기

Deutsch	Koreanisch	check
☐ akzeptabel	[a.] 허용할 수 있는	
☐ anbrechend	[p.a.] 시작되는	
☐ anschaffen	[v.] 사들이다	
☐ aufregend	[p.a.] 긴장감 있는	
☐ ausstellen	[v.] 발행하다	
☐ beruhen	[v.] 기인하다, 근거하다	
☐ betrachten	[v.] 여기다, 간주하다	
☐ das Gesetzbuch	[n.] 법전	
☐ das Schnurren	[n.] (고양이가) 목을 그르렁 거리는 것	
☐ das Strafgesetzbuch	[n.] 형법전	
☐ das Unternehmen	[n.] 기업	
☐ der Drang	[n.] 열망, 갈망	
☐ der Kanal	[n.] 채널	
☐ der Tierausweis	[n.] 반려동물 등록증	
☐ der Tierschutzbund	[n.] 동물 보호 협회	
☐ der Trost	[n.] 위로, 위안	
☐ der Unterschied	[n.] 차이	
☐ der Werbespezialist	[n.] 광고 전문가	
☐ der Wirbelsturm	[n.] 큰 폭풍	

☐ die Altersgrenze	[n.] 연령 제한	
☐ die Aufregung	[n.] 혼란, 소동	
☐ die Entscheidung	[n.] 결정	
☐ die Fangemeinschaft	[n.] 팬 층	
☐ die Gegenleistung	[n.] 보상	
☐ die Geschwindigkeit	[n.] 속도	
☐ die Gliederung	[n.] 구조화	
☐ die Hausarbeit	[n.] 레포트, 과제물	
☐ die Hierarchisierung	[n.] 계층화	
☐ die Jugendarbeitslosigkeit	[n.] 청년 실업	
☐ die Last	[n.] 부담, 압박, 짐	
☐ pl. Marketingabteilungen	[n.] 마케팅 부서 (die Marketingabteilung)	
☐ die Prominente	[n.] 유명인사	
☐ die Relevanz	[n.] 관련성	
☐ die Rückmeldung	[n.] 피드백	
☐ die Schleichwerbung	[n.] 불법 광고	
☐ die Tollwut	[n.] 광견병	
☐ die Unabhängigkeit	[n.] 독립	
☐ die Vorstufe	[n.] 준비 단계, 앞 단계	
☐ die Werbebranche	[n.] 광고 업계, 광고 분야	
☐ einsteigen	[v.] 관여하다	
☐ grundlegend	[a.] 근본적으로	
☐ haben...abgeschlossen	[v.] 마쳤다, 끝냈다 (abschließen의 현재완료)	
☐ Influencer-Marketing	[n.] 인플루언서 마케팅 (SNS유명인을 활용한 마케팅 방법)	
☐ lästig	[a.] 성가신	
☐ mühsam	[a.] 번거로운, 수고하는	
☐ pl. Bestimmungen	[n.] 규정 (die Bestimmung)	
☐ pl. Clustern	[n.] 데이터 클러스터 (der Cluster)	
☐ pl. Einreisebestimmungen	[n.] 입국 규정 (die Einreisebestimmung)	
☐ pl. Experten	[n.] 전문가 (der Experte)	
☐ pl. Kommentare	[n.] 의사 표시, 입장 표명 (der Kommentar)	

☐ pl. Kundenumfragen	[n.] 고객 설문 조사 (die Kundenumfrage)	
☐ pl. Marketingexperten	[n] 마케팅 전문가 (der Marketingexperte)	
☐ pl. Millionen	[n.] 수백만 (die Million)	
☐ pl. Outfits	[n.] (특정한 경우 목적을 위해 입는 한 벌로 된) 옷 (das Outfit)	
☐ pl. Paragrafen	[n.] 조항, 항목 (der Paragraf)	
☐ pl. Regelungen	[n.] 규정 (die Regelung)	
☐ pl. Stichworte	[n.] 키워드 (das Stichwort)	
☐ pl. Toten	[n.] 죽은 사람 (der Tote)	
☐ pl. Vorbilder	[n.] 롤모델 (das Vorbild)	
☐ pl. Vorlieben	[n.] 선호, 편애 (die Vorliebe)	
☐ pl. Werbebotschaften	[n.] 광고 메시지 (die Werbebotschaft)	
☐ pl. Wohnwägen	[n.] 캠핑카 (der Wohnwagen)	
☐ posten	[v.] (사진이나 동영상을) 올리다	
☐ profitieren	[v.] 이익을 얻다	
☐ selbstständig	[a.] 자립적인	
☐ sich anschauen	[v.] 보다	
☐ sich auswirken	[v.] 영향을 미치다	
☐ sich binden	[v.] 약혼하다	
☐ sich haben...entschieden	[v.] 결정했다 (sich entscheiden의 현재완료)	
☐ sogenannt	[a.] 소위, 이른바	
☐ thematisieren	[v.] 주제로 삼다	
☐ überschreiten	[v.] 넘어가다	
☐ verbunden	[p.a.] 연결된	
☐ versteckt	[p.a.] 숨겨진	
☐ vertragen	[v.] 감당하다, 견디다	
☐ werden...geimpft	[v.] 예방접종을 받다 (impfen의 수동태)	

쓰기, 말하기

Deutsch	Koreanisch	check
☐ abgelegt	[p.a.] (시험을) 마친	

☐ **ablegen**	[v.] 이행하다	
☐ **abrupt**	[a.] 갑작스러운	
☐ **abschalten**	[v.] 신경을 끄다, 차단하다	
☐ **absolvieren**	[v.] 졸업하다	
☐ **anonym**	[a.] 익명의	
☐ **anstreben**	[v.] 노력하다, 힘쓰다	
☐ **beheben**	[v.] 결함을 제거하다, 장애를 극복하다	
☐ **belegen**	[v.] 신청하다	
☐ **berechtigt**	[a.] 정당한	
☐ **beschließen**	[v.] 결정하다	
☐ **bevorstehen**	[v.] 임박해 있다	
☐ **das Blutgerinnsel**	[n.] 혈전	
☐ **das Kaliber**	[n.] (총포의) 구경	
☐ **das Komitee**	[n.] 위원회	
☐ **das Leid**	[n.] 슬픔, 불행, 괴로움	
☐ **das Privileg**	[n.] 특권	
☐ **das Schlachttier**	[n.] 도축용 가축	
☐ **das Übergewicht**	[n.] 비만	
☐ **das Vorkommnis**	[n.] (갑작스러운) 사건	
☐ **das Waffenverbot**	[n.] 무기 금지	
☐ **der Anhänger**	[n.] 추종자, 팬	
☐ **der Austauschstudent**	[n.] 교환학생	
☐ **der Bestandteil**	[n.] (구성) 요소	
☐ **der Diabetes**	[n.] 당뇨병	
☐ **der Einblick**	[n.] 통찰, 인식	
☐ **der Endeffekt**	[n.] 최종 결과	
☐ **der Gegenzug**	[n.] 반대, 역습	
☐ **der Herzinfarkt**	[n.] 심근 경색	
☐ **der Scheinanwerber**	[n.] 자격증 취득을 원하는 사람	
☐ **der Schlaganfall**	[n.] 뇌졸중	
☐ **der Stoffwechsel**	[n.] 신진대사	
☐ **der Tierversuch**	[n.] 동물 실험	

☐ der Waffengesetz	[n.] 무기법	
☐ der Zeitaufwand	[n.] 시간의 소비	
☐ die Abschlussprüfung	[v.] 졸업 시험	
☐ die Ausnahme	[n.] 제외, 예외	
☐ die Beurteilung	[n.] 판단	
☐ die Durchführung	[n.] 시행하다	
☐ die Entlohnung	[n.] 급여 지급	
☐ die Forderung	[n.] 요구	
☐ die Gepflogenheit	[n.] 관습, 관례	
☐ die Gewalttat	[n.] 폭력 행위	
☐ die Herzmuskulatur	[n.] 심장 근육	
☐ die Kompetenz	[n.] 전문 지식	
☐ die Lebensweise	[n.] 생활 습관	
☐ die Leistungsbewertung	[n.] 실행 평가	
☐ die Nebenwirkung	[n.] 부작용	
☐ die Öffentlichkeit	[n.] 공개	
☐ die versäumte Zeit	[n.] 결석한 시간	
☐ eindeutig	[a.] 명백한	
☐ einlassen	[v.] 무엇에 관여하다	
☐ entscheiden	[v.] 결정하다	
☐ erforschen	[v.] 연구하다, 탐구하다	
☐ erlangen	[v.] 도달하다, 얻다, 획득하다	
☐ ersetzen	[v.] 바꾸다, 대체하다	
☐ funktionierenden	[v.] 기능을 발휘하다	
☐ garantieren	[v.] 보증하다	
☐ gelangen	[v.] 닿다, 도달하다	
☐ gemäß	[prp.] ~에 따라서	
☐ jm. zur Last fallen	누구에게 짐(부담)이 되다	
☐ letztendlich	[a.] 결국	
☐ Meditieren	[n.] 명상 (동명사)	
☐ menschenähnlichen Organismus	[n.] 사람을 닮은 유기체, 생물체	
☐ öffentlich	[a.] 공공의	

☐ pl. Blutgefäße	[n.] 혈관 (das Blutgefäß)	
☐ pl. Kosmetika	[n.] 화장품 (das Kosmetikum)	
☐ pl. Vorgänge	[n.] 과정 (der Vorgang)	
☐ präferieren	[v.] 선호하다	
☐ schädigen	[v.] 해를 끼치다	
☐ schmeißen	[v.] 내던지다	
☐ sich betätigen	[v.] 활동하다, 일하다	
☐ sich verbünden	[v.] 연합하다	
☐ sich weiten	[v.] 확장되다	
☐ skeptisch	[a.] 회의적인	
☐ spirituell	[a.] 정신의	
☐ überwältigend	[p.a] 견딜 수 없는, 강력한	
☐ übrigbleiben	[v.] 남겨져 있다	
☐ umsetzen	[v.] 실현하다	
☐ verbreitet	[a.] 널리 알려진	
☐ vermehrt	[p.a.] 증가하는, 늘어나는	
☐ verpflichtend	[p.a.] 의무적인	
☐ versichern	[v.] 보증하다, 약속하다	
☐ verwenden	[v.] 돌리다, 향하게 하다	
☐ verwickelt	[a.] 복잡한, 까다로운	
☐ vielmals	[adv.] 진심으로, 매우, 여러 번	
☐ vollkommen	[a.] 완전한, 완벽한	
☐ vollständig	[a.] 완전한	
☐ vorbeugen	[v.] 예방하다	
☐ werden...eingestuft	[v.] 분류되다 (einstufen의 수동태)	
☐ werden...vorgebeugt	[v.] 예방되다 (vorbeugen의 수동태)	
☐ werden...zugefügt	[v.] (고통 따위를) 주게 되다, 가하게 되다 (zufügen의 수동태)	
☐ zuständig	[a.] 권한이 있는	

일 단 합 격 하 고 오 겠 습 니 다

제2회

실전
모의고사

B2

Kandidatenblätter

Lesen
65 Minuten

Das Modul *Lesen* hat fünf Teile.
Sie lesen mehrere Texte und lösen
Aufgaben dazu. Sie können mit jeder
Aufgabe beginnen. Für jede Aufgabe gibt
es nur eine richtige Lösung.

Vergessen Sie bitte nicht, Ihre Lösungen
innerhalb der Prufüngszeit auf den
Antwortbogen zu schreiben.

Bitte markieren Sie deutlich und
verwenden Sie keinen Bleistift.

Wörterbücher und Mobiltelefone sind
nicht erlaubt.

Teil 1 ● ● ● ● ●   vorgeschlagene Arbeitszeit: 18 Minuten

Sie lesen in einem Forum, wie Menschen über eine erfolgreiche gesunde Diät denken. Auf welche der vier Personen treffen die einzelnen Aussagen zu? Die Personen können mehrmals gewählt werden.

Beispiel

0   Kaffee trinken führt zu schnell wiederkehrendem Hunger.   **Lösung: c**

1   Hat man zu wenig gegessen, schlägt beim Sport das Herz schneller.

2   Nachdem man Früchte isst bekommt man häufig Heißhunger.

3   Von extremen Abnehmmethoden sollte man sich fernhalten.

4   Man sollte nicht abnehmen während der Körper vorbelastet ist.

5   Snacks zu essen, entspannt langfristig nicht.

6   Nach einer Diät legt man leicht wieder viel an Gewicht zu.

7   Es gibt einige bekannte Diäten, die Unsinn sind.

8   Oft steckt man sich beim Abnehmen zu hohen Zielen und möchte sie zu schnell erreichen.

9   Manche Zutaten sind in zu großer Menge nicht gut für die Verdauung.

A Petra

Ich hasse den Begriff skinny fat. Fakt ist, Essen bereitet uns Freude und gibt uns die Möglichkeit, soziale Bindungen zu stärken. Wenn man nachhaltig und gesund abnehmen will, ist es nicht von Vorteil, seine Mahlzeiten auf ein Minimum zu reduzieren und plötzlich extrem viel Sport zu machen. Diese Kombination ist für den Körper alles andere als gesund. Zudem hat es einen starken Jojo-Effekt zur Folge, wenn man wieder anfängt, normal zu essen: Man nimmt mehr und schneller zu als es sonst der Fall wäre. Meiner Meinung nach kann es schon ein erster Schritt sein, weniger Süßigkeiten zu essen. Viele denken, dass Süßigkeiten gegen Stress hilfreich sind, aber sie wirken nur für den Moment befriedigend, und sie lindern nicht den eigentlichen Grund für den Stress einer Person.

B Martin

Um gesund abzunehmen, muss man sich ausgewogen ernähren. Jeder weiß das, aber wenige Leute machen das.
Es gibt zahlreiche Abnehm-Mythen, aber man sollte nicht einfach allem vertrauen. Einige dieser Mythen sollten ein für alle Mal aus der Welt geschaffen werden.
Zum Beispiel, dass Früchte wie Ananas, Papaya oder Kiwi die Fettverbrennung aufgrund der Beschaffenheit ihrer Enzyme anregen. Forscher fanden allerdings heraus, dass diese Enzyme, sobald sie im Magen sind, ziemlich schnell verdaut werden. Der Fruchtzucker lässt den Blutzuckerspiegel schnell ansteigen, die Früchte werden schnell verdaut und man hat leider auch schnell wieder Hunger. Man sollte darüber nachdenken, ob es wirklich Sinn macht. Auch Stress ist ein wichtiges Thema, weil Stress unglücklich macht und ein ausgeglichenes Abnehmen verhindert, da der Körper sich so ohnehin in einem belasteten Zustand befindet.

C Sophia

Chili und andere scharfe Gewürze sollen angeblich die Fettverbrennung anregen. Doch sie tun nur eines: Sie regen die Verdauung an. Sie sind natürliche Abführmittel und können bei übermäßigem Einsatz den Darm schädigen. Gegen ein wenig gesunde Schärfe ist natürlich nichts einzuwenden, man sollte es aber nicht übertreiben oder hoffen, dass nur durch Würzen die Kilos wie gewünscht purzeln.

Manche Menschen sagen, dass man mit Kaffee gesund abnehmen kann. Kaffee regt den Stoffwechsel zwar an, führt aber bei übermäßigem Verzehr auch zu Herzrasen und Zittern und ist somit nicht gesund. Der Effekt ist ähnlich wie bei scharfen Gewürzen, es können bei zu schnellem Stoffwechsel keine wichtigen Nährstoffe mehr aufgenommen werden und es ist nur eine Frage der Zeit bis man Heißhunger bekommt.

D Michael

Bei einer Diät, die gut für den Körper sein soll, solltest du auf radikale Methoden verzichten. Das heißt: Keine Kohlsuppe, keine Abnehmpillen und kein extremes Hungern. Gerade in Kombination mit Sport ist Hungern sehr ungesund, da du eigentlich keine Energie besitzt, die dir Kraft für den Sport geben kann. Dein Kreislauf leidet und dein Puls schnellt in die Höhe. Wenn du nachhaltig und gesund abnehmen willst, musst du deine körperliche Betätigung deinem Energielevel anpassen. Ich finde, Schlafen ist auch sehr wichtig. Im Schlaf verbrennst du auch Kalorien und sammelst neue Kraft, um dich bewegen zu können. Zudem fördert Schlafmangel deinen Appetit.

Außerdem haben viele Menschen zu hohe Erwartungen, deshalb nehmen sie sich zu viel vor, sind enttäuscht, geben ihre Diät auf oder schieben sie vor sich her. Nachhaltiges und gesundes Abnehmen braucht seine Zeit.

Teil 2 ● ● ● ● ●   vorgeschlagene Arbeitszeit: 12 Minuten

Sie lesen in einer Zeitschrift einen Artikel über Gefühle.
Welche Sätze passen in die Lücken? Zwei Sätze passen nicht.

Positive Gefühle und negative Gefühle

Was sind Gefühle überhaupt? Die kürzeste Definition lautet: Gefühle sind verkörperte
Informationen. **[...0...]**
Die Gesamtheit unserer Gefühle stellt ein Signalsystem dar, das uns einen schnellen
Zugang zu unseren Begegnungen mit der Umwelt und mit anderen Menschen
gibt. Dabei werden diese Begegnungen positiv oder negativ codiert und mit einem
dementsprechenden Wert aufgeladen.
Unsere heutigen Gefühle sind zunehmend komplexer gewordene
Abpassungsmechanismen, und sie unterschieden sich in einer Reihe von Merkmalen:

Die negativen Emotionen wie Wut, Ekel, Hass oder Angst verengen das Spektrum
unserer Denk- und Handlungsalternativen. Sie blenden alles aus, was nicht unmittelbar
einer Problemlösung dient, und sie fokussieren Geist und Körpers in kritischen
Situationen, in Herausforderungen, Bedrohungen und Konflikten auf das jeweils
sinnvolle Spektrum von Fähigkeiten oder Handlungsweisen: Wir laufen weg, wenn wir
Angst vor etwas haben, drohen oder greifen an, wenn wir wütend auf jemanden sind,
spucken aus, wenn wir uns vor etwas ekeln, verkriechen uns aus Scham und versuchen,
Wiedergutmachung bei Schuldgefühlen zu erlangen. **[...10...]** Erröten und erhöhter
Blutdruck, sowie heftige Muskelanspannung.

Die positiven Emotionen wie Freude, Zufriedenheit oder Heiterkeit dagegen erweitern das Spektrum unserer Denk- und Handlungsalternativen. Sie sind weit weniger präskriptiv, das heißt, es wird nicht, wie bei negativen Gefühlen, ein Flüchten oder Kämpfen-Programm ausgelöst und auch keine Reflexe wie etwa bei Ekel oder Scham. Positive Gefühle wirken oft unscheinbar und etwas vage, weil sie uns nicht so sichtbar mobilisieren, sondern eher den Geist als den Körper in Gang setzen. Deshalb fällt es uns auch so viel leichter uns über etwas aufzuregen oder betrübt über etwas zu sein, als uns auf die positiven Dinge zu konzentrieren. **[...11...]**

Die Hauptwirkung der positiven Gefühle liegt darin: Sie machen uns offener, freier, zugänglicher und integrativer. **[...12...]** Wenn wir uns gut fühlen, sind wir zugleich auf das Sammeln von Informationen und auf die Erforschung der Umwelt eingestimmt.

Die amerikanische Psychologin Maria Schäffer konnte in zahlreichen Experimenten nachweisen, dass wir unter Einfluss guter Gefühle bemerkbar wacher, aufmerksamer und als Folge darauf auch klüger werden. **[...13...]** Während Gefühle wie Ärger, Wut, Zorn, Angst, Aggression und der sie begleitende Stress uns körperlich und seelisch aus der Balance bringen, haben die positiven Gefühle einen vierfachen Langzeitnutzen:
– Sie begünstigen den Aufbau und die Pflege sozialer Beziehungen und Bindungen, die uns das Leben erleichtern und auf die wir in Krisenzeiten zurückgreifen können.
– Sie ermöglichen und fördern das Lernen, die Kreativität und alle anderen Intelligenzleistungen, die uns Problemlösungen auf höherem Niveau erlauben.
– Sie wirken sich positiv auf die körperliche Gesundheit aus, indem sie Stressreaktionen mildern und schneller abbauen und wie ein Puffer gegenüber zukünftigem Stress wirken.
– Sie verbessern die Qualität unserer psychischen Fähigkeiten, wie Widerstandskraft, Zielgerichtetheit und Optimismus, und sie ermöglichen die Festigung der Identität.

[...14...] Ist ständig anhaltende Zufriedenheit und Glücklichkeit der Weg zum Erfolg? Eine Prise Ängstlichkeit, Aggressivität oder Selbstunsicherheit macht uns in vielen Bewährungssituationen effektiver, wie der Glücksforscher Ed Diener herausfand. Ein Maximum an Glück ist nicht nur nicht realisierbar, sondern es wäre auch kontraproduktiv. Eine Beziehung, zum Beispiel, in der es keine Differenzen, damit auch keine Kritik und keine Enttäuschungen gäbe, ist kaum vorstellbar. Denn in einer solchen Partnerschaft würden auch die positiven Emotionen ihre Wirkung verlieren: Wenn überhaupt nie kritisiert oder geschmollt wird, verlieren Lob und Anerkennung ihre Wirkung. **[...15...]**

Teil 2 ● ● ● ● ●

Beispiel

0   Sie aktivieren sowohl das Denken als auch das Handeln.

a   Der Mensch neigt von Natur aus dazu negativ gestimmt zu sein.

b   Wir profitieren daher nicht nur durch gute Laune, sondern auch durch Produktivität und Wachsamkeit von guten Gefühlen.

c   Der Mensch neigt von Natur aus dazu positiv gestimmt zu sein.

d   Letztendlich würde es somit ohne die negativen Gefühle auch keine positiven Gefühle geben.

e   Positive Gefühle erweitern deshalb den Wahrnehmungshorizont.

f   Schlussendlich können wir also nur wahrlich glücklich sein, wenn wir negative Gefühle vergessen.

g   Heißt das, dass wir permanent gut drauf sein müssen, um ein gutes Leben zu führen?

h   Negative Gefühle sind zudem oft von heftigen körperlichen Reaktionen begleitet:

Teil 3 ● ● ● ● ●   vorgeschlagene Arbeitszeit: 12 Minuten

Sie lesen in einer Zeitung einen Artikel über eine gute Lernmethode.
Wählen Sie bei jeder Aufgabe die richtige Lösung.

Ist „Büffeln ohne Ballast" eine gute Lernmethode?

Wenn die Prüfung naht, bekommt man langsam mehr Stress, und für viele beginnt der Ausnahmezustand. In der Küche stapeln sich Berge von Geschirr, man hat keine Zeit mehr, Freunde zu treffen. Man lernt zehn Stunden am Tag, aber nicht immer folgt auf diese Bemühungen auch die Belohnung.

„Studierende, die eine Prüfung nicht bestanden haben, berichten oft, dass sie sehr viel gelernt hätten", sagt Tobias Bauer, Psychologe und Experte für Lerntechniken von der Universität Dortmund. Man muss gute Lernstrategien mit einer vernünftigen Zeitplanung kombinieren, um eine schwere Prüfung zu bestehen.

Lernen fängt mit dem Verstehen an, aber wenn die Zeit knapp ist, ist es verlockend, nur noch zu pauken. Andrea Lachenmann, Lernforscherin und Professorin an der Universität Frankfurt, sagt das sei ein Fehler. „Auswendiglernen hat zwar seinen Platz im Lernprozess, aber nur zur Festigung dessen, was vorher verstehend gelernt wurde." Der Stoff muss am Anfang durchdacht und innerlich durchdiskutiert werden.

Es gibt zwei Arten von Strategien, die dabei helfen: Reduktion fängt damit an, mit dem Textmarker das Wichtigste zu unterstreichen. Aber auch, wer sich eine Skizze oder ein Schaubild anfertigt, wirft überflüssigen Ballast fort.

Das Gegenstück zum Vereinfachen und Aussortieren ist das so genannte elaborative Lernen. Das neue Wissen soll dabei mit dem vorhandenen Vorwissen verknüpft werden und wird so besser verankert. Elaborativ zu lernen bedeutet, Fragen an den Text zu stellen und Antworten zu suchen, sich Beispiele auszudenken oder zu überlegen, wo das neue Wissen praktisch eingesetzt werden könnte.

Es ist auch nützlich, eine Zusammenfassung in eigenen Worten zu schreiben. Beim Lesen und Verstehen von Fachliteratur hilft eine Reihe von Techniken dabei, nicht an Nebensächlichkeiten hängen zu bleiben und ein Thema nur oberflächlich wahrzunehmen. Man sollte nicht gleich vorne anfangen zu lesen, sondern sich erst einmal einen Überblick verschaffen, was Vorwort, Inhaltverzeichnis und Überschriften verraten. Und man sollte aufmerksam lesen, was in der Zusammenfassung steht.

Das alles sollte man vor der Formulierung der Fragen über den Text machen. In welchem Verhältnis steht der Text zum Thema, von dem er handelt. Dann wird abschnittsweise gelesen und festgehalten, wie die Hauptaussagen lauten und was unklar ist. Außerdem werden die Fragen beantwortet, die man am Anfang formuliert hat. In diesem Teil können auch neue Fragen aufgenommen werden.

Lernen muss man jedoch trotz allem. Wiederholungen müssen von Anfang an eingeplant werden, weil es nichts bringt, immer mehr Stoff in sich hineinzufressen und erst nach ein paar Tagen wieder mit dem Repetieren zu beginnen. Ebenso unsinnig ist es aber zum Beispiel auch, Vokabeln an einem einzigen Tag zigmal zu wiederholen und sie dann nie wieder anzuschauen. Experten raten zum so genannten verteilten Lernen. Man unterteilt den Stoff in sinnvolle Abschnitte und wiederholt jeden Abschnitt im Laufe der Zeit mehrere Male.

Die besten Lernstrategien lohnen sich wenig, wenn am Ende die Zeit zu knapp ist. Deshalb sollte man von Anfang an einen realistischen Zeitplan aufzustellen. „Viele verschätzen sich enorm", beobachtet Sabine Kauker von der psychologischen Beratung der Freien Universität Berlin. Sie gibt den Rat: *„Ehrlich festlegen, wie lange man konzentriert arbeiten kann. Von der realistisch eingeschätzten Arbeitszeit nur zwei Drittel konkret verplanen; und auf gar keinen Fall vergessen, dass man Einkaufen und auch mal Freunde treffen will."*

Teil 3 ● ● ● ● ●

Beispiel

0   Wie kann man schwere Prüfungen bestehen?

☒   Durch einen guten Zeitplan und effektive Lernstrategien.

ⓑ   Man sollte vier Wochen lang zehn Stunden am Tag pauken.

ⓒ   Durch sportliche Aktivität und Entspannungsübungen.

16   Elaboratives Lernen heißt, ...

ⓐ   eine Zusammenfassung des gelernten Stoffes zu schreiben.

ⓑ   kontinuierlich Vokabeln lernen zu müssen.

ⓒ   sich Fragen nach dem Sinn zu stellen.

17   Techniken helfen beim Lesen und Verstehen von Fachliteratur, ...

ⓐ   weil man nicht an Nebensächlichkeiten hängen bleibt.

ⓑ   weil man konzentrierter und schneller lernen kann.

ⓒ   weil dadurch Vokabeln lernen unnötig wird.

18   Man verschafft sich einen Überblick...

ⓐ   durch die Formulierung von Fragen an den Text und liest ihn anschließend.

ⓑ   durch Lesen des ganzen Textes und schreibt eine Zusammenfassung.

ⓒ   durch Orientierung an Informationsquellen, z. B. an den Überschriften.

19   Wiederholungen spielen eine große Rolle,

ⓐ   weil man sonst nicht effektiv lernen kann.

ⓑ   weil man so weniger Stoff aufnehmen muss.

ⓒ   weil sie das Kurzzeitgedächtnis trainieren.

20 Was versteht man unter dem so genannten verteilten Lernen?

- [a] Den Stoff in Abschnitte unterteilen und jeden Abschnitt mehrmals wiederholen.
- [b] Den Stoff konzentriert lesen und ihn nach zwei bis vier Wochen wiederholen.
- [c] Den Stoff nach bestimmten Aspekten ordnen und diese durchdenken.

21 Sabine Kauker gibt den Rat,

- [a] dass man das doppelte der realistischen Arbeitszeit einplanen muss.
- [b] dass man eine Zusammenfassung in eigenen Worten schreiben soll.
- [c] dass es gut ist, ehrlich festzulegen, wie lange man tatsächlich arbeiten kann.

Teil 4 • • • • •   vorgeschlagene Arbeitszeit: 12 Minuten

Sie lesen in einer Zeitschrift Meinungsäußerungen zum Thema „Umweltschutz".
Welche Äußerung passt zu welcher Überschrift? Eine Äußerung passt nicht.
Die Äußerung a ist das Beispiel und kann nicht noch einmal verwendet werden.

Beispiel

0   Industrie und Regerung müssen aktiv werden.   Lösung: a

22   Keiner sollte zum Umweltschutz gezwungen werden.

23   Die Einschränkung des Verbrauchs ist wichtiger als der
vollständige Verzicht auf die Nutzung von Plastikverpackungen.

24   Es ist wichtig, Umweltschutz auch über den Preis zu steuern.

25   Neue Methoden werden sicher bei der Wiederverwertung
helfen.

26   Umweltschutz muss schon im Kindesalter gelehrt werden.

27   Umdenken bei seinen Einkaufsgewohnheiten muss nicht
unbedingt Verzicht bedeuten.

Umweltschutz durch weniger Plastikverbrauch

a Der Verbrauch von Plastiktüten nimmt aufgrund neuer Gesetze bereits ab. Ich denke, das reicht aber nicht. Man braucht ein komplettes Verbot von Plastikverpackungen. Auch die Hersteller müssen hier in die Pflicht genommen werden. Sonst wird sich auch in Zukunft nichts wirklich ändern.

Mira, Stuttgart

b Wenn man kein Plastik verwendet, wird keines mehr hergestellt. Die Entwicklung eines ökologischen Bewusstseins beginnt bereits in der Schule. Das muss durch Schulprojekte, die in diese Richtung gehen, unbedingt gefördert werden.

Peter, Köln

c Eigentlich darf man es nicht vergessen, aber es passiert mir auch immer wieder, dass es neben Plastik auch noch andere Probleme gibt. Zum Beispiel benötigt man ein anderes Verpackungsmaterial, wenn es keine Plastikverpackungen mehr gibt. Dann werden viele Bäume für Papier gefällt, aber das ist auch nicht umweltfreundlich. Ich glaube, dass nicht die Art der Verpackung das Hauptproblem ist, sondern unser Konsum.

Jens, Berlin

d Alle wissen, dass Plastik schädlich für die Umwelt ist. Bei den Verbrauchern hat auch schon ein Umdenken stattgefunden. Bei den Herstellern geht die Umstellung jedoch um einiges langsamer. Aber auf der anderen Seite ist Recycling selbst auch schon ein riesiger Industriezweig geworden. Alles muss sich lohnen, auch der Umweltschutz.

Claudia, Krefeld

e Es kann sein, dass es in 20 Jahren in den Meeren mehr Plastik als Fische gibt, wenn nicht bald mehr passiert. Man kann an Techniken, diesen Plastikmüll aus den Meeren zu entfernen, arbeiten. Riesige Anlagen sind geplant, um ihn zu recyceln und erneut als Rohstoff zu verkaufen. Doch müssen wir solche Ansätze für neue Methoden bereits jetzt ernstnehmen und Dinge nicht in die Zukunft verschieben.

Andrea, München

f In letzter Zeit haben viele Leute schon einiges getan. So ist etwa der Verbrauch von Plastiktüten beträchtlich zurückgegangen. Es liegt sicherlich auch daran, dass diese heute in der Regel nicht mehr kostenlos ausgegeben werden. Aber wen kann eine Gebühr von 10 bis 20 Cent pro Tüte wirklich abschrecken? Ich denke, die Kosten sollten erhöht werden.

Natalia, Wien

g Niemand will beim Einkaufen ein schlechtes Gewissen haben. Alles muss auf freiwilliger Basis geschehen. Ich meine nicht, dass die Reduktion von Plastikverpackungen unwichtig ist. Nur Verbote gibt es schon genug, doch funktionieren sie nur selten. Wer kann das schon kontrollieren?

Eva, Zürich

h Es ist wichtig, dass man als Konsument aktiv wird. Inzwischen gibt es an vielen Orten Unverpackt-Läden, die alle Sachen ohne Verpackung verkaufen.
Entweder bringt der Kunde seine eigenen Behälter mit, oder man kann sich Behälter ausleihen. An diesen Projekten sieht man, dass es nicht darum geht, weniger zu konsumieren.

Tobias, Frankfurt

Teil 5 ●●●●● vorgeschlagene Arbeitszeit: 6 Minuten

Lesen Sie den Praktikantenvertrag der Hans-Reisen GmbH.
Welche der Überschriften aus dem Inhaltsverzeichnis passen zu den Paragrafen?
Vier Überschriften werden nicht gebraucht.

Hausordnung
– Gästehaus Pauline –

Inhaltsverzeichnis

a Verhaltensregeln

b Zimmerausstattung

✗ Bedingungen für den Aufenthalt

d Essen

e Ankunft und Abreise

f Schließfächer

g Unterbringung

h Selbstversorger

§ 0

Wenn Sie bei uns günstiger übernachten wollen, können Sie sich als Mitglied des Gasthauses anmelden. Personen, die nicht Mitglied sind, aber eine deutsche Adresse haben, können auch übernachten. Ausländische Gäste müssen eine „Internationale Gastkarte" kaufen.

§ 28

Eine Reservierung ist zu empfehlen. Reservierte Zimmer stehen ab 15 Uhr zur Verfügung und werden bis 18 Uhr freigehalten, danach können Sie von anderen Gästen gebucht werden, die bis 22 Uhr Einlass erhalten. Wenn Sie Ihren Aufenthalt beenden, achten Sie bitte darauf, dass die Zimmer bis 12 Uhr geräumt werden. Ihr Gepäck können Sie gerne bis 20 Uhr im abschließbaren Gepäckraum unterbringen.

§ 29

Wir bieten nicht nur Einzelzimmer, sondern auch Mehrbettzimmer an. Sollten die Gäste Mehrbettzimmer wählen, so übernachten die Gäste in der Regel nach Geschlecht getrennt. Familien können aber gemeinsam in einem Zimmer übernachten, insofern es freie Zimmer gibt. Toiletten und Duschen befinden sich im eigenen Zimmer.
Von 11 bis 14 Uhr können die Räume zu Reinigungszwecken geschlossen sein.

§ 30

Nachtruhe gilt von 22 Uhr bis 7 Uhr. Verhalten Sie sich daher bitte leise und nehmen Sie Rücksicht auf die anderen Gäste. Eigene Speisen und Getränke dürfen nicht in den Speisesaal mitgenommen werden. Rauchen und Alkohol sind ebenfalls verboten.

(MP3 00_00)

Kandidatenblätter

Hören
circa 40 Minuten

Das Modul *Hören* hat vier Teile.
Sie hören mehrere Texte und lösen Aufgaben
dazu.

Lesen Sie jeweils zuest die Aufgaben und
hören Sie dann denn Text dazu.

Für jede Aufgabe gibt es nur eine richtige
Lösung.

Vergessen Sie bitte nicht, Ihre Lösungen auf
den **Antwortbogen** übertragen.
Dazu haben Sie nach dem Modul Hören fünf
Minuten Zeit.

Bitte markieren Sie deutlich und
verwenden Sie keinen Bleistift.

Am Ende jeder Pause hören Sie dieses
Signal: ♫

Wörterbücher und Mobiltelefone sind nicht
erlaubt.

Teil 1 ● ○ ○ ○

MP3 02_01

Sie hören fünf Gespräche und Äußerungen.
Sie hören jeden Text **einmal**. Zu jedem Text lösen Sie zwei Aufgaben. Wählen Sie bei jeder Aufgabe die richtige Lösung. Lesen Sie jetzt das Beispiel. Dazu haben Sie 15 Sekunden Zeit.

Beispiel

01 Die Frau fragt nach Freizeitaktivitäten im Sommer.   Richtig   ~~Falsch~~

02 Für die Angebote, die etwas kosten, muss man sich...
   a im Internet anmelden.
   b vor dem 1. Juni anmelden.
   ☒ persönlich anmelden.

vom Goethe-Institut

1 Ein Mann spricht darüber, warum er die Lachtherapie für unsinnig hält.   Richtig   Falsch

2 Was tut der Mann für sein gesundes Leben?
   a Er isst gerne und häufig im Imbiss.
   b Er denkt, dass Lachtherapie von Nutzen sein kann.
   c Er findet es hilft nicht, sich vegetarisch zu ernähren.

3 Es geht um die Verleihung des Nobelpreises.   Richtig   Falsch

4 Die Innovation…
   a ersetzt seltene Metalle.
   b ist kompliziert und teuer.
   c kommt in circa fünf Jahren auf den Markt.

5   Die Frau muss eine Gebühr bezahlen. | Richtig | *Falsch*

6   Die Frau...

      a hat die Bücher schon zurückgegeben.

      b wusste, dass die E-Mails von der Bibliothek an sie blockiert wurden.

      c hat die E-Mails nicht bekommen, weil sie als Spam behandelt wurden.

7   Eine Frau spricht über Lernmethoden, um Fremdsprachen und um über fremde Kulturen zu lernen. | Richtig | *Falsch*

8   Die Frau sagt, dass…

      a man mindestens eine andere Sprache lernen sollte.

      b Sprachen wichtig für das Verstehen von anderen Kulturen sind.

      c Fremdsprachenkenntnisse ein Schlüssel für die Berufstätigkeit sind.

9   Die beiden Freunde unterhalten sich über einen Sprachkurs. | Richtig | *Falsch*

10 Die beiden Freunde bereiten sich auf…   a einen Aufsatz vor.

      b eine Präsentation vor.

      c eine Veranstaltung vor.

Teil 2 ● ● ○ ○

MP3 02_02

Sie hören im Radio ein Interview mit einer Persönlichkeit aus der Wissenschaft.
Sie hören den Text **zweimal**. Wählen Sie zu jeder Aufgabe die richtige Lösung.
Lesen Sie jetzt die Aufgaben 11 bis 16. Dazu haben Sie 90 Sekunden Zeit.

11 Welches Phänomen ist zu beobachten?

    a Auf der Zugspitze regnet es nicht.

    b Auf der Zugspitze hat es geschneit, obwohl es Sommer ist.

    c In Hamburg sind es 30 Grad, obwohl es Winter ist.

12 Auf der Zugspitze ist es wie in der höchsten Winterzeit,

    a deshalb kann man schon Ski fahren geniessen.

    b deshalb sieht man nur weisse Schnee.

    c aber für Wintersport reicht es noch nicht.

13 Im Norden sind die Wettervorhersagen

    a dass es sommerlich ist.

    b dass es schwül und regnerisch ist.

    c dass es für die kommenden Wochen nicht so gut ist.

14 Herr Werner...

    a kann wegen Nebel aus seinem Bürofenster nicht si gut rausschauen.

    b sagt, dass die Zugspitze tief verschneit ist.

    c kann wegen Schnee unten grün nicht anschauen.

15 Herr Werner war

    a überrascht, dass es Neuschnee gegeben hat.

    b nicht überrascht, obwohl es einzigartige Situation ist.

    c nicht überrascht, weil es keine besondere Situation ist, Neue Schnee zu geben.

16 Herr Werner...

a) will irgendwann seine Arbeit aufgeben.

b) will sich über seine Arbeit nicht beschweren.

c) will unten in irgendeinem Büro arbeiten.

Teil 3 ● ● ● ●

MP3 02_03

Sie hören im Radio ein Gespräch mit mehreren Personen. Die Personen sprechen über das Thema „Stress macht krank".
Sie hören den Text **einmal**. Wählen Sie bei jeder Aufgabe: Wer sagt das?
Lesen Sie jetzt die Aufgaben 17 bis 22. Dazu haben Sie 60 Sekunden Zeit.

Beispiel

0   Ich helfe Arbeitsnehmern, die Stress haben.

⬚a Moderatorin   ☒ Herr Bambach   ⬚c Frau Heinz

17 Die Belastung am Arbeitsplatz nimmt immer mehr zu.

⬚a Moderatorin   ⬚b Herr Bambach   ⬚c Frau Heinz

18 Man kann manchmal nicht richtig wahrnehmen, ob Stress ein Problem ist.

⬚a Moderatorin   ⬚b Herr Bambach   ⬚c Frau Heinz

19 Maßnahme zur Vorbeugung sind wichtig.

⬚a Moderatorin   ⬚b Herr Bambach   ⬚c Frau Heinz

20 Mitarbeiter müssen motiviert werden, etwas gegen Stress zu unternehmen.

⬚a Moderatorin   ⬚b Herr Bambach   ⬚c Frau Heinz

21 Es besteht Bedarf an verbindlichen Vorschriften zum Stressabbau.

    [a] Moderatorin   [b] Herr Bambach   [c] Frau Heinz

22 Maßnahmen, um Stress abzubauen, sollten in den Betrieben festgelegt werden.

    [a] Moderatorin   [b] Herr Bambach   [c] Frau Heinz

Teil 4 ● ● ● ●

MP3 02_04

Sie hören einen kurzen Vortrag. Der Redner spricht über das Thema „Mehrsprachigkeit".
Sie hören den Text **zweimal**. Wählen Sie bei jeder Aufgabe die richtige Lösung.
Lesen Sie jetzt die Aufgaben 23 bis 30. Dazu haben Sie 90 Sekunden Zeit.

23 Mehrsprachigkeit bedeutet,

   a   dass man mehr als eine Sprache verstehen kann.

   b   dass man in der Schule mehr als eine Sprache gelernt hat.

   c   man mehr als eine Sprache spricht.

24 „Individuelle Mehrsprachigkeit"

   a   nimmt eine einzelne Person als Subjekt.

   b   ist auf eine einzelne Sprache bezogen.

   c   unterscheidet sich nicht von der „kollektiven Mehrsprachigkeit".

25 „Kollektive Mehrsprachigkeit"

   a   bedeutet, dass in einem Land mehr als nur eine Sprache zur
        gemeinsamen Verständigung benutzt werden.

   b   bedeutet, dass mehrere verschiedene Länder eine gemeinsame Sprache
        zur Verständigung nutzen.

   c   ist von der „gesellschaftlichen Mehrsprachigkeit" zu unterscheiden.

26 In der Schweiz

   a   werden Deutsch, Französisch, Italienisch und Rätoromanisch in der
        Schule unterrichtet.

   b   benutzt man eine einzelne Sprache zur Verständigung.

   c   gibt es mehr als nur eine Landessprache.

27 „Schulische Mehrsprachigkeit"

[a] besagt, dass der Unterricht in der Schule auf mehreren Sprachen angeboten werden sollte.

[b] ist gegeben, wenn eine Schule mehr als nur zwei Fremdsprachen anbietet.

[c] ist gegeben, wenn Englisch und Französisch in der Schule angeboten werden.

28 Fremdsprachen sollten

[a] nur im Alter nach der Pension gefördert werden.

[b] lieber im Jugendalter gelernt werden.

[c] ein Leben lang gelernt und vertieft werden.

29 Das erwähnte Ziel der Mehrsprachigkeit der Bürger Europas

[a] sollte noch ausgebaut werden.

[b] ist fast erreicht.

[c] ist unmöglich zu erreichen.

30 Die Europäische Union...

[a] sollte einige Hilfen bieten.

[b] muss einige Angebote wie Schüleraustauschprogramme, Sprachprogramme anbieten.

[c] bietet schon einige Programme, die genutzt werden können.

Kandidatenblätter

Schreiben
75 Minuten

Das Modul Schreiben besteht aus zwei Teilen.

In **Teil 1**
Schreiben Sie einen Forumsbeitrag.

In **Teil 2**
Schreiben Sie eine Nachricht.

Sie können auswählen, mit welcher der
beiden Aufgaben Sie beginnen.
Schreiben Sie Ihre Texte auf die
Antwortbögen.

Bitte schreiben Sie deutlich und
verwenden Sie keinen Bleistift.

Das Verwenden von Hilfsmitteln
wie Wörterbüchern und Mobiltelefonen ist
nicht erlaubt.

Teil 1 ● ●   vorgeschlagene Arbeitszeit: 50 Minuten

Schreiben Sie einen Forumsbeitrag zum Thema „Schere zwischen Armut und Reichtum".

- Äußern Sie Ihre Meinung zum Thema Schere zwischen Armut und Reichtum.
- Nennen Sie Gründe, warum die Schere zwischen Armut und Reichtum so gravierend ist.
- Nennen Sie Möglichkeiten, die Schere zwischen Armut und Reichtum zu verringern.
- Nennen Sie die Vorteile dieser Möglichkeiten.

Denken Sie an eine Einleitung und einen Schluss. Bei der Bewertung wird darauf geachtet, wie genau die Inhaltspunkte bearbeitet wurden, wie korrekt der Text ist und wie gut die Sätze und die Abschnitte sprachlich miteinander verknüpft wurden. Schreiben Sie mindestens **150** Wörter.

Teil 2 ● ●   vorgeschlagene Arbeitszeit: 25 Minuten

Sie machen gerade ein Praktikum in einem deutschen Krankenhaus. Sie haben derzeit so viel zu tun, dass Sie Ihre Arbeit nicht mehr schaffen. Schreiben Sie eine Nachricht an Ihren Vorgesetzten, Herrn Hartmann.

Bitten Sie um Verständnis für Ihre Situation.

Beschreiben Sie, womit Sie beschäftigt sind.

Machen Sie einen Vorschlag für die kommenden Tage.

Zeigen Sie Verständnis für die Arbeitssituation in dem Krankenhaus.

Bringen Sie die Inhaltspunkte in eine passende Reihenfolge.
Bei der Bewertung wird darauf geachtet, wie genau die Inhaltspunkte bearbeitet wurden, wie korrekt der Text ist und wie gut die Sätze und die Abschnitte sprachlich miteinander verknüpft wurden. Denken Sie an eine Anrede und einen Gruß am Schluss. Schreiben Sie mindestens **100** Wörter.

Kandidatenblätter A

Sprechen
circa 15 Minuten

Das Modul Sprechen besteht aus zwei Teilen.

In **Teil 1** halten Sie zuerst einen kurzen Vortrag und sprechen danach mit Ihrer Gesprächspartnerin/Ihrem Gesprächspartner über das Thema. Sie bekommen zwei Themen für Ihren Vortrag zur Auswahl. Wählen Sie ein Thema (1 oder 2).
Dauer des Vortrags: circa 4 Minuten

In **Teil 2** tauschen Sie in einer Diskussion ihre Standpunkte aus.
Dauer der Diskussion: circa 5 Minuten

Ihre Vorbereitungszeit beträgt 15 für beide Teile (Einzelprüfung und Paarprüfung). Sie bereiten sich allein vor. Sie dürfen sich Notizen machen und in der Prüfung sollten Sie frei sprechen.

Das Verwenden von Hilfsmitteln wie Wörterbüchern und Mobiltelefonen ist nicht erlaubt.

Teil 1 • ○ **Vortrag halten** Dauer für beide Teilnehmende zusammen: circa 8 Minuten   MP3 02_05

Sie nehmen an einem Seminar teil und sollen dort einen kurzen Vortrag halten. Wählen Sie ein Thema (Thema 1 oder 2) aus. Ihre Gesprächspartnerinnen/Ihre Gesprächspartner hören Ihnen zu und werden Ihnen anschließend Fragen stellen.

Strukturieren Sie Ihren Vortrag mit einer Einleitung, einem Hauptteil und einem Schluss. Schreiben Sie Ihre Notizen und Ideen bitte in der Vorbereitungszeit auf. Sprechen Sie circa 4 Minuten.

Teilnehmende/-r A

Thema 1

Klimawandel

- Beschreiben Sie mehrere Gründe (z.B. Treibhausgase)

- Beschreiben Sie einen Grund genauer.

- Nennen Sie Vor- und Nachteile und bewerten Sie diese.

Thema 2

Kaffeekulturen in der Welt

- Beschreiben Sie mehrere Formen (z.B. Coffee Shops)

- Beschreiben Sie eine Form genauer.

- Nennen Sie Vor- und Nachteile und bewerten Sie diese.

Teil 2 • • **Diskussion führen** Dauer für beide Teilnehmende zusammen: circa 5 Minuten   MP3 02_06

Sie sind Teilnehmende eines Debattierclubs und diskutieren über die aktuelle Frage:

Soll die staatliche Rente abgeschafft werden?

- Tauschen Sie Ihren Standpunkt und Ihre Argumente aus.
- Reagieren Sie angemessen auf die Argumente Ihrer Gesprächspartnerin/Ihres Gesprächspartners.
- Fassen Sie am Ende zusammen: Sind Sie dafür oder dagegen?

Sie können diese Stichpunkte zur Hilfe nehmen.

Alternativen?
Arbeiten im Alter?
Lebensabend genießen?
Altersarmut?
...

Kandidatenblätter B

Sprechen
circa 15 Minuten

Das Modul Sprechen besteht aus zwei Teilen.

In **Teil 1** halten Sie zuerst einen kurzen
Vortrag und sprechen danach mit Ihrer
Gesprächspartnerin/Ihrem Gesprächspartner
über das Thema. Sie bekommen zwei Themen
für Ihren Vortrag zur Auswahl. Wählen Sie ein
Thema (1 oder 2).
Dauer des Vortrags: circa 4 Minuten

In **Teil 2** auschen Sie in einer Diskussion ihre
Standpunkte aus.
Dauer der Diskussion: circa 5 Minuten

Ihre Vorbereitungszeit beträgt 15 für beide
Teile (Einzelprüfung und Paarprüfung). Sie
bereiten sich allein vor. Sie dürfen sich Notizen
machen und in der Prüfung sollten Sie frei
sprechen.

Das Verwenden von Hilfsmitteln wie
Wörterbüchern und Mobiltelefonen ist nicht
erlaubt.

Teil 1 • •   **Vortrag halten**   Dauer für beide Teilnehmende zusammen: circa 8 Minuten

MP3 02_07

Sie nehmen an einem Seminar teil und sollen dort einen kurzen Vortrag halten. Wählen Sie ein Thema (Thema 1 oder 2) aus. Ihre Gesprächspartnerinnen/Ihre Gesprächspartner hören Ihnen zu und werden Ihnen anschließend Fragen stellen.

Strukturieren Sie Ihren Vortrag mit einer Einleitung, einem Hauptteil und einem Schluss. Schreiben Sie Ihre Notizen und Ideen bitte in der Vorbereitungszeit auf. Sprechen Sie circa 4 Minuten.

Teilnehmende/-r B

Thema 1

Kinder im Stress

- Beschreiben Sie mehrere Formen (z.B. Schulstress).

- Beschreiben Sie eine Form genauer.

- Nennen Sie Vor- und Nachteile und bewerten Sie diese.

Thema 2

Prostitutionsgesetz

- Beschreiben Sie mehrere Möglichkeiten (z.B. Verbot).

- Beschreiben Sie eine Möglichkeit genauer.

- Nennen Sie Vor- und Nachteile und bewerten Sie diese.

Teil 2 • • **Diskussion führen** Dauer für beide Teilnehmende zusammen: circa 5 Minuten

Sie sind Teilnehmende eines Debattierclubs und diskutieren über die aktuelle Frage:

Soll die staatliche Rente abgeschafft werden?

- Tauschen Sie Ihren Standpunkt und Ihre Argumente aus.
- Reagieren Sie angemessen auf die Argumente Ihrer Gesprächspartnerin/Ihres Gesprächspartners.
- Fassen Sie am Ende zusammen: Sind Sie dafür oder dagegen?

Sie können diese Stichpunkte zur Hilfe nehmen.

Alternativen?
Arbeiten im Alter?
Lebensabend genießen?
Altersarmut?
...

Teil 1 • • • •

▶ **Beispiel**

Frau	Ich wollte mich nach dem Ferienprogramm erkundigen. Ab wann kann man sich denn anmelden?
Mann	Wie immer ab dem 1. Juni. Das Programm steht ab nächster Woche im Internet.
Frau	Dann kann man sich auch über das Internet anmelden?
Mann	Für die kostenlosen Angebote Ja. ① _____ _____, müssen Sie sich bei uns anmelden.
Frau	Und wann bezahlt man dann?
Mann	Direkt bei der Anmeldung, hier bei einem unserer Mitarbeiter. Sonst können wir den Platz nicht reservieren.

▶ **Aufgabe 1 und 2**

Frau	Was machen Sie für Ihr gesundes Leben?
Mann	① _____ Anfangs habe ich Dinge wie diese einfach nicht für sinnvoll gehalten. Aber die Lachtherapie ist seit langem ein fester Bestandteil der Forschung in der medizinischen Gemeinschaft. Außerdem kann Lachen verwendet werden, um körperliche oder emotionale Schmerzen und Stress zu lindern. Es wird als ergänzende Maßnahme zur Förderung der Gesundheit und zur Überwindung von Krankheiten eingesetzt. Ich weiß schon, wie wichtig gute Ernährung ist und was das bedeutet. Aber im Alltag verhalte ich mich trotzdem oft anders. ② _____ Man sollte versuchen, in der Kantine gesündere Gerichte, mit weniger Fleisch und mehr Gemüse und Salat anzubieten.

▶ **Aufgabe 3 und 4**

Nachrichtensprecher Viele elektronische Geräte, wie zum Beispiel Smartphones und Energiesparlampen, enthalten sogenannte seltene Erden. ① _____ Doch besonders nachhaltig werden sie meist nicht behandelt: Wenn beispielsweise das Handy kaputt ist, wird dieses weggeworfen, obwohl der Abbau dieser seltenen Erden äußerst teuer ist. Nun haben Dresdner Forscher ein günstiges Recyclingverfahren entwickelt, das auf einer Idee beruht, die mit dem Chemie-Nobelpreis ausgezeichnet worden ist. Bisher ist das Recyceln der elektronischen Geräte zu kompliziert und kaum bezahlbar gewesen. Aber in etwa fünf Jahren, so die Forscher, könnte das neue Recyclingverfahren in der Praxis Anwendung finden.

▶ **Aufgabe 5 und 6**

Mann Ich will nachher in die Bibliothek gehen. Kommst du auch mit?

Frau Ja, ich muss sowieso dahin! ① _____
_____

Mann Was? 70 Euro? Hast du die Bücher verloren? Oder einige Bücher nicht rechtzeitig zurückgegeben? Aber die Ausleihfrist kannst du doch verlängern!

Frau Ja, das weiß ich auch. Und ich habe die Bücher noch. Aber die Bibliothek hatte mir per E-Mail bereits eine Benachrichtigung geschickt, dass ich die Bücher zurückgeben muss. Aber diese Mails habe ich nie bekommen. Die Mails von der Bibliothek wurden einfach automatisch aussortiert, ohne dass ich das gemerkt habe. ② _____

Mann Tja, dann solltest du dich möglichst schnell mit der Bibliothek in Verbindung setzen!

Mann	Warum lernen Sie verschiedenen Fremdsprachen?
Frau	Der Grund ist einfach: Wenn ich die Sprache nicht verstehe, dann kann ich keinen direkten Zugang zu dieser Kultur erlangen. Für mich ist es ein Zugang zu einer neuen Kultur. Und wenn ich in einem anderen Land bin und die Landessprache beherrsche, dann werde ich auch von den Einheimischen eher akzeptiert, als wenn wir uns über eine andere Sprache verständigen müssten. ① _____ _____ Aber es gibt noch einen anderen Grund, warum ich so gerne Sprachen lerne. Es macht mir einfach Spaß.

Frau	Weißt du schon, dass unser Deutschkurs heute nicht stattfindet? Frau Fischer ist krank. Deshalb kann sie heute nicht unterrichten.
Mann	Ach, das wusste ich nicht. Hast du schon eine Idee für unsere Abschiedsparty? Unser Deutschkurs endet ja bald.
Frau	Nein, ich habe noch keine Idee.
Mann	① _____
Frau	Das ist eine gute Idee. Dann kann ich dir beim Einkaufen helfen. Aber du musst am Freitag ein Referat halten, oder? Hast du schon ein Thema für das Referat?
Mann	Ja, das ist kein Problem. Ich habe mich schon gut darauf vorbereitet.
Frau	Gut, dann sehen wir uns am Samstagvormittag. Und ich gehe dann mit dir einkaufen.
Mann	Toll!

Interviewerin Liebe Hörerinnen und Hörer, wenn es Ihnen aufgrund der hochsommerlichen Temperaturen hier bei uns im Norden ein bisschen zu warm geworden ist, dann haben wir jetzt eine richtige kleine Abkühlung für Sie. Bei mir am Telefon ist Herr Werner aus Garmisch-Partenkirchen. Herr Werner arbeitet bei der Bayerischen Zugspitzbahn. Und er ist gerade an seinem Arbeitsplatz auf der Bergstation. Hallo, Herr Werner. Sie werden es kaum glauben, aber hier in Hamburg sind's knapp 30 Grad. ① _____ _____

Herr Werner Ja, guten Tag, liebe Hörer, liebe Frau Mayor. Kalt ist es. Hier auf dem Zugspitzgipfel haben wir circa einen Meter Schnee, etwas weiter unten liegt ein dreiviertel Meter. Es ist wie in der höchsten Wintersaison zurzeit. Allerdings ohne Skibetrieb muss ich sagen.

Interviewerin Aha, ② _____

Herr Werner Nein, dafür reicht's dann doch noch nicht.

Interviewerin Wie sieht's denn in Garmisch-Partenkirchen aus? Liegt da denn auch etwas Schnee oder nur weiter oben?

Herr Werner Nein, die Schneefallgrenze liegt circa bei 2.000 Meter. Darunter ist alles grün. Das ist schön. Man kann wunderbar spazieren gehen, wenn es nicht regnet.

Interviewerin Also regnen tut es auch noch?

Herr Werner Ja, zwischendurch regnet's immer wieder mal. Damit die Leute nicht übermütig werden, regnet es weiter unten halt ein bisschen.

Interviewerin Bei uns im Norden sind ja die Wetterprognosen für die kommenden Wochen sehr gut. Es soll sommerlich bleiben. ③ _____ _____

Herr Werner	Ab Montag soll es besser werden. Wir hoffen allerdings, dass wir schon am Sonntag besseres Wetter bekommen. Denn an der Bergstation der Alpschutzbahn tritt der Tridentiner Bergchor auf. Da wird eine Messe gefeiert und wir hoffen natürlich auf ein einigermaßen schönes Wetter.
Interviewerin	Eine Messe?
Herr Werner	Ja, ein Gottesdienst, und da wollen wir den Herren auch ein kleines bisschen um besseres Wetter bitten.
Interviewerin	Herr Werner, können Sie mal versuchen zu beschreiben, wie die Landschaft bei Ihnen im Moment aussieht? Ist es eher so eine Zuckerbäckerlandschaft, wenn Sie so auf die Gipfel schauen, oder ist alles verhangen im Nebel? Sieht man die Zugspitze?
Herr Werner	Die Zugspitze sehe ich zurzeit, wenn ich aus meinem Bürofenster rausschaue. Die Zugspitze ist tief verschneit. Der Wettersteingrat ist auch verschneit. Aber wie gesagt, weiter unten ist alles grün und es ist wirklich gut zum Anschauen.
Interviewerin	④ _____ _____ Beschweren die sich schon kräftig oder sagen die sich „Na ja, wir machen was draus"?
Herr Werner	Na, das ist Gott sei Dank in Garmisch-Partenkirchen so, dass es genügend Alternativen gibt. Wir haben ja unheimlich viel zu bieten und das schätzen die Leute. Es gibt ein Schwimmbad, es gibt ein Eisstadion, wo die Leute Schlittschuh laufen können. Zurzeit fahren Sie auch gern rauf nach Oberammergau zu den Passionsspielen. Es gibt 200 Kilometer lange Wanderwege. Also, genügend Alternativen, um sich auch bei Schlechtwetter zu beschäftigen. Es gibt dreimal täglich Kurkonzerte und so. Es wird den Leuten nicht langweilig. Das ist wichtig.
Interviewerin	Aber das Problem ist natürlich, dass man das alles im Regen machen muss. Aber wenn die Sonne scheinen würde, wäre es ein bisschen schöner, nicht?

Herr Werner	Absolut richtig, Frau Mayor, absolut.
Interviewerin	Ja, Herr Werner, und wie geht's Ihnen? Schlägt der Schnee oder der Regen aufs Gemüt? Man hat jetzt nicht unbedingt den Eindruck bei Ihnen.
Herr Werner	Na, das schlägt nicht aufs Gemüt, nur, weil's mal ein bisschen schneit. Es ist jedes Jahr irgendwann einmal so, dass ein langanhaltendes Tief da ist und da muss man einfach durch und hinterher kommt mit Sicherheit wieder die Sonne. ⑤ _____
Interviewerin	Also, das heißt, es hat Sie auch nicht besonders überrascht, dass es jetzt Neuschnee gegeben hat? Das ist keine einzigartige Situation?
Herr Werner	Nein, wir hatten im Juni dieses Jahr durchgehend schönes Wetter. Und irgendwann holt uns das schlechte Wetter wieder mal ein.
Interviewerin	Und so in den vergangenen Jahren, wenn Sie zurückblicken, gab es da auch mal im Juli schon Neuschnee?
Herr Werner	Nein, im Juli nicht. Aber dafür im Juni und im August. Das gab's also immer wieder mal.
Interviewerin	⑥ _____ _____
Herr Werner	Na ja, wissen Sie, ich mache meine Arbeit hier oben. Und ich möchte mich überhaupt nicht beklagen. Das ist doch herrlich hier auf dem Gipfel: Ein Geschenk vom lieben Gott ist das. Da möchte ich mit keinem tauschen, der da unten in irgendeinem Büro hockt.
Interviewerin	Neuschnee auf der Zugspitze im Juli, Herr Werner, herzlichen Dank. Das hat uns Mut gemacht für die Tage, wenn's hier bei uns wieder mal kalt und schmuddelig ist.
Herr Werner	Ja bitte. Viele Grüße an die Hörer.
Interviewerin	Das war Herr Werner vom verschneiten Zugspitzgipfel. Wir machen weiter mit Musik.

Teil 3 • • • ◦

Moderatorin	Liebe Hörerinnen und Hörer! Schön, dass Sie eingeschaltet haben auf Radio 103.2 zu unserem Thema „Gesundheit". ① _____ _____ Fast jeder zweite Arbeitnehmer klagt heute über die kontinuierlich steigenden Anforderungen bei der Arbeit. Wir alle wissen: Stress macht krank. Darüber möchte ich mit Herrn Bambach, freiberuflich tätig als Stressberater, und Frau Heiz, Arbeitnehmerin und auch Betriebsratsmitglied bei der HanKG, reden. Herr Bambach, zuerst einmal, was machen Sie als Stressberater?
Herr Bambach	Ich habe mich in einer Zusatzausbildung auf das Gebiet der Stressbewältigung spezialisiert. Heute arbeite ich in verschiedenen Firmen. Dort führe ich Gespräche mit Mitarbeiterinnen und Mitarbeitern, die sich gestresst fühlen. Ich versuche ihnen Tipps zu geben, wie man Stress reduzieren kann oder mit weniger Stress leben kann, damit die Mitarbeiter durch Stress nicht krank werden.
Moderatorin	Frau Heiz, wie ist das bei Ihnen im Betrieb?
Frau Heiz	„Stress am Arbeitsplatz" ist auch bei uns ein sehr wichtiges Thema. In letzter Zeit hat sich schon viel geändert. Zum Beispiel hat nun auch die Geschäftsleitung erkannt, dass zu viel Stress zu immer mehr Krankheitsausfällen führt, und dass das ganze Unternehmen darunter leidet, wenn man nichts dagegen unternimmt.
Moderatorin	Viele Hörer haben uns geschrieben, dass zu viel Stress, der immer wieder zu schweren Erkrankungen führt, immer noch nicht für voll genommen wird.
Herr Bambach	Ich glaube, dass dennoch inzwischen jeder weiß, wozu Stress führen kann. ② _____ _____

Frau Heiz	Sie haben Recht. Wir haben auch viel dafür getan, damit Stress als Problem anerkannt wird und haben die Geschäftsführung davon überzeugen können, dass Maßnahmen zur Vorbeugung entscheidend sind. Auf unsere Initiative hin werden inzwischen regelmäßig von der Geschäftsführung Mitarbeitergespräche abgehalten, um festzustellen, in welchen Abteilungen die Belastung bereits zu hoch ist, und in welchen Bereichen mit zu hoher Belastung zu rechnen ist, sollte weiterhin nichts dagegen unternommen werden. Aber trotzdem ist es schwierig, Lösungsmöglichkeit zu finden.
Moderatorin	Können sie uns vorstellen, wie solche Lösungsmöglichkeiten genauer aussehen?
Herr Bambach	Die allgemeinen Ratschläge, um Stress abzubauen, wie Bewegung und Sport in der Freizeit, Entspannungsübungen und mentales Training sind ja bereits hinreichend bekannt.
Frau Heiz	Das ist richtig. Doch wenn man diesen nicht folgt, bleiben Ratschläge nutzlos. Um in der Praxis etwas dagegen unternehmen zu können, muss man klar dort ansetzen und Angebote machen, wo die Wurzel des Stresses verankert ist, also im Betrieb. Wir haben versucht, dafür zu kämpfen, dass es bei uns neben den Besprechungsrunden, von denen ich gerade berichtet habe, auch verschiedene betriebliche Angebote gibt. Jetzt haben wir durch Zusammenarbeit mit der Krankenkasse einige Angebote für Bewegungsseminare wie Entspannungs- und Fitnesskurse anbieten können.
Moderatorin	Vor allem seitens der Gewerkschaften wird immer wieder ein Antistressgesetz gefordert. Wäre das eine plausible Lösung?
Frau Heiz	Die Experten sind sich noch nicht einig, welche Regelungen verbindlich vorgeschrieben werden müssen, wer für die Kontrolle der Einhaltung der Regelungen zuständig sein sollte und wie diese Kontrolle umgesetzt werden sollte.

	Meiner Meinung nach wäre schon viel erreicht, wenn die bestehenden Vorschriften zum Arbeitsschutz konsequent eingehalten werden würden.
Herr Bambach	③ _____ _____
Frau Heiz	Aus meiner Erfahrung kann ich nur sagen, dass es als Aufgabe der Betriebsräte durchgesetzt werden sollte. Dann würde es durch Regelungen unterstützt.
Moderatorin	Liebe Hörerinnen und Hörer, wir müssen bereits leider zum Ende kommen. In einer weiteren Gesprächsrunde können wir das Thema noch weiter vertiefen und beim nächsten Mal auch Gegner des Antistressgesetzes ins Studio einladen. Vielen Dank für das Gespräch.

Guten Abend, meine sehr geehrten Damen und Herren! Ich begrüße Sie herzlich zu unserem heutigen Vortrag und freue mich, dass Sie trotz der fortgeschrittenen Stunde so zahlreich erschienen sind. Ich werde heute zum Thema „Mehrsprachigkeit" sprechen. Im ersten Teil meiner Ausführungen werde ich kurz erläutern, was unter „Mehrsprachigkeit" verstanden wird. Im zweiten Teil meiner Ausführungen geht es um die so genannte „echte Mehrsprachigkeit". ① _____

_____ Ein Konzept, das in jüngster Zeit im Mittelpunkt so mancher bildungspolitischer Diskussion steht.

Seit langem wurde angesprochen, dass Mehrsprachigkeit ein wichtiges bildungspolitisches Ziel der Europäischen Union ist: Jeder Bürger sollte drei Gemeinschaftssprachen beherrschen. Die Europäer sollen also mehrsprachiger werden. Was bedeutet nun mehrsprachig? Eine Person wird dann als mehrsprachig bezeichnet, wenn sie mindestens eine Fremdsprache beherrscht. Ein Beispiel: Nehmen Sie eine Tochter aus einer türkischen Migrantenfamilie: Zu Hause spricht sie Türkisch, mit ihren Arbeitskollegen Deutsch. Da sie an einer Hotelrezeption arbeitet, benutzt sie außerdem Englisch und Französisch. Diese junge Frau ist in der Tat mehrsprachig! „Mehrsprachigkeit" in diesem Sinne, also auf eine Person bezogen, nennt man „individuelle" Mehrsprachigkeit.

Von der individuellen Mehrsprachigkeit ist die kollektive oder gesellschaftliche Mehrsprachigkeit zu unterscheiden. Gesellschaftliche Mehrsprachigkeit bezieht sich auf eine Sprachgemeinschaft. Das heißt, wenn die Bevölkerung eines Landes mehr als eine Sprache für die Kommunikation miteinander und untereinander verwendet. Ein Beispiel für kollektive Mehrsprachigkeit in Europa ist die Schweiz. In der Schweiz gibt es vier Landessprachen: Deutsch, Französisch, Italienisch und Rätoromanisch. Eine dritte Bedeutung des Begriffs „Mehrsprachigkeit" bezieht sich auf die sogenannte „schulische Mehrsprachigkeit". Schulische Mehrsprachigkeit liegt dann vor, wenn in einer Schule mehr als zwei Fremdsprachen angeboten werden. Sie alle kennen Schulen, die neben den Standard-Fremdsprachen Englisch und Französisch etwa Italienisch oder Spanisch anbieten. Oder Russisch wie vielfach in Ostdeutschland. Gelegentlich finden Sie heute übrigens auch Chinesisch oder Japanisch im Angebot.

Ich kann also zusammenfassen: Mehrsprachigkeit ist ein Begriff mit verschiedenen Bedeutungsdimensionen. Als Wichtigste lassen sich unterscheiden: die individuelle, die kollektive und die schulische Mehrsprachigkeit.

Das Lernen von Fremdsprachen, so wird heute vielfach gefordert, darf aber nicht auf den schulischen Fremdsprachenunterricht beschränkt bleiben. ② _____ Warum nicht mit 25, 40 oder 60 Jahren noch eine Fremdsprache lernen?

Heute sprechen, einer neueren Umfrage zufolge, nur 26% der Bürger Europas zwei Fremdsprachen. Das oben erwähnte Ziel der Mehrsprachigkeit der Bürger Europas, ist also noch ein Stück weit entfernt und sollte noch ausgebaut werden.

Daher bietet die Europäische Union einige Hilfen beim Sprachenlernen: Es gibt beispielsweise Schüleraustauschprogramme, Sprachprogramme für Berufstätige, Praktika im Ausland usw. Die Angebote müssen nur genutzt werden!

Wie heißt es so schön in den Broschüren der Europäischen Union? „Sprachen lernen öffnet Türen - und jeder kann es!" ③ _____ _____ Ich danke Ihnen für Ihre Aufmerksamkeit.

Teil 1 ● ● ● ●

▶ **Beispiel**

① Wenn es sich um ein kostenpflichtiges Angebot handelt,

▶ **Aufgabe 1 und 2**

① Momentan probiere ich „Lachtherapie" aus.

② Da siegt meistens der billige Snack vom Imbiss an der Ecke.

▶ **Aufgabe 3 und 4**

① Ohne sie würde kein elektronisches Gerät mehr funktionieren.

▶ **Aufgabe 5 und 6**

① Ich habe eine Mahnung bekommen und muss 70 Euro Strafe zahlen.

② Wenn ich das gewusst hätte, hätte ich nie so eine Mahnung erhalten.

▶ **Aufgabe 7 und 8**

① Außerdem können Sprachen im späteren Berufsleben helfen.

▶ **Aufgabe 9 und 10**

① Wie wäre es, wenn wir bei mir zu Hause feiern?

Teil 2 ••••

① Wie ist denn das Wetter bei Ihnen?

② Wintersport ist also noch nicht möglich.

③ Haben Sie sich erkundigt, wie es bei Ihnen werden wird?

④ Was sagen eigentlich die Feriengäste zum schlechten Wetter in den Bergen?

⑤ Der Sommer kommt ja noch, da bin ich ganz optimistisch.

⑥ Und was tun Sie ganz genau, um bei dem Wetter bei Laune zu bleiben?

Teil 3 ••••

① Heute geht es um Stress am Arbeitsplatz.

② Das heißt, dass sich doch schon einiges geändert hat.

③ Wie wäre es, wenn Mitarbeitergespräche vorgeschrieben werden würden?

Teil 4 ••••

① In meinem Vortrag werde ich versuchen zu erläutern, was man unter „Mehrsprachigkeit" versteht.

② Vielmehr sollte ein lebenslanges Fremdsprachenlernen angestrebt werden.

③ Nutzen Sie die Möglichkeit.

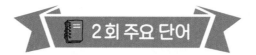

2회 주요 단어

문제에서 나온 단어들은 틈틈이 복습하고 시험 보기 전 최종 점검용으로 활용할 수 있습니다.

공부한 날짜   월   일

읽기

Deutsch	Koreanisch	check
□ abschließbar	[a.] 잠글 수 있는	
□ abschnittsweise	[adv.] 단락별로, 단편적으로	
□ abschrecken	[v.] 겁을 주다	
□ anfertigen	[v.] 제조하다	
□ angeblich	[a.] 추정되는	
□ angreifen	[v.] 공격하다	
□ anhaltend	[p.a.] 지속적인	
□ anregen	[v.] 자극하다	
□ ausdenken	[v.] 생각해내다	
□ ausgeglichen	[p.a] 균형 잡힌	
□ ausgewogen	[p.a] 균형 잡힌	
□ ausspucken	[v.] 침을 뱉다	
□ befriedigend	[p.a] 만족시키는	
□ begünstigen	[v.] ~을 장려하다, 지지하다, 북돋우다	
□ belastet	[p.a] 짐을 지우는, 가중된	
□ beträchtlich	[a.] 현저히	
□ betrüben	[v.] 슬프게 하다	
□ codieren	[v.] 부호화하다	
□ das Abführmittel	[n.] 설사약	
□ das Aussortieren	[n.] 선별	
□ das Auswendiglernen	[n.] 암기식 학습	
□ das elabotive Lernen	[n.] 정교화 학습	
□ das Erröten	[n.] 얼굴을 붉힘	

□ das Herzrasen	[n.] 부정맥	
□ das Repetieren	[n.] 반복	
□ das Signalsystem	[n.] 신호 체계	
□ das Spektrum	[n.] 범위	
□ das Umdenken	[n.] 인식의 전환	
□ das Vereinfachen	[n.] 단순화	
□ das Verpackungsmaterial	[n.] 포장 소재	
□ das Vorwissen	[n.] 선지식	
□ das Zittern	[n.] 떨림	
□ dementsprechend	[a.] 상응하는, 그에 따른	
□ der Ausnahmezustand	[n.] 비상 사태	
□ der Ballast	[n.] 기초 작업	
□ der Behälter	[n.] 용기	
□ der Blutzuckerspiegel	[n.] 혈당 수치	
□ der Darm	[n.] 장	
□ der Ekel	[n.] 역겨움	
□ der Fruchtzucker	[n.] 과당 (과일의 당)	
□ der Gegenstück	[n.] 반대되는 것	
□ der Industriezweig	[n.] 산업 분야	
□ der Kreislauf	[n.] 혈액순환	
□ der Optimismus	[n.] 낙관성	
□ der Puffer	[n.] 완충 장치	
□ der Reinigungszweck	[n.] 청소 목적	
□ der Rohstoff	[n.] 자원	
□ der Schlafmangel	[n.] 수면 부족	
□ der Textmarker	[n.] 형광펜	
□ der Verzehr	[n.] 소비	
□ der Zorn	[n.] 분노	
□ die Belohnung	[n.] 보상	
□ die Beschaffenheit	[n.] 특성	
□ die Bindung	[n.] 유대, 연결	
□ die Fachliteratur	[n.] 전문 서적	

□ die Festigung	[n.] 강화	
□ die Fettverbrennung	[n.] 지방의 연소	
□ die Muskelanspannung	[n.] 근육의 긴장	
□ die Nachtruhe	[n.] 수면	
□ die Produktivität	[n.] 생산성	
□ die Reduktion	[n.] 경감, 축소	
□ die Scham	[n.] 수치심	
□ die Skizze	[n.] 스케치	
□ die Verfügung	[n.] 이용	
□ die Wachsamkeit	[n.] 주의	
□ die Widerstandskraft	[n.] 저항력	
□ die Zielgerichtetheit	[n.] 목표성	
□ durchdacht	[p.a.] 깊이 생각한, 숙고한	
□ eingeschätzt	[a.] 산정된, 평가된	
□ eingestimmt	[p.a.] 조화를 이루는, 일치시키는	
□ einwenden	[v.] 이의를 제기하다	
□ entfernen	[v.] 제거하다	
□ erhöht	[a.] 상승한	
□ ernstnehmen	[v.] 진지하게 임하다	
□ festlegen	[v.] 정하다	
□ fokussieren	[v.] 초점을 맞추다	
□ fördern	[v.] 촉진시키다	
□ fortwerfen	[v.] 포기하다	
□ geschehen	[v.] 행해지다, 벌어지다	
□ hineinfressen	[v.] 파고들다, 파먹다	
□ innerlich	[a.] 내부적으로	
□ insofern	[adv.] 그 점에 있어서는	
□ konkret	[a.] 구체적인	
□ kontraproduktiv	[a.] 비생산적인	
□ lindern	[v.] 완화시키다	
□ mildern	[v.] 완화하다	
□ mobilisieren	[v.] 활성화하다	

☐ nach Geschlecht	성별에 따라	
☐ neigen	[v.] ~한 경향이 있다	
☐ ohnehin	[adv.] 더욱이	
☐ ökologisch	[a.] 생태학의, 생태계의	
☐ pauken	[v.] 주입식으로 교육하다	
☐ pl. Abnehm-Mythen	[n.] 가공의 이야기 (der Mythos)	
☐ pl. Abnehmpillen	[n.] 다이어트 알약, 환 (die Abnehmpille)	
☐ pl. Abpassungsmechanismen	[n.] 적응 기제 (조정 메커니즘) (der Abpassungsmechanismus)	
☐ verengen	[v.] 좁히다, 수축시키다	
☐ pl. Ansätze	[n.] 시작, 출발점, 단초 (der Ansatz)	
☐ pl. Bedrohungen	[n.] 위협, 위기 (die Bedrohung)	
☐ pl. Bewährungssituationen	[n.] 관찰 상황 (die Bewährungssituation)	
☐ pl. Differenzen	[n.] 차이 (die Differenz)	
☐ pl. Enzyme	[n.] 효소 (das Enzym)	
☐ pl. Handlungsalternativen	[n.] 행동 대안 (die Alternative)	
☐ pl. Intelligenzleistungen	[n.] 지적 능력 (die Intelligenzleistung)	
☐ pl. Konflikten	[n.] 분쟁 (der Konflikt)	
☐ pl. Nährstoffe	[n.] 영양소 (der Nährstoff)	
☐ pl. Nebensächlichkeiten	[n.] 부수적인 것, 중요하지 않은 것 (die Nebensächlichkeit)	
☐ pl. Plastikverpackungen	[n.] 비닐봉지 (die Plastikverpack)	
☐ pl. Reflexe	[n.] 반사작용 (der Reflex)	
☐ pl. Stressreaktionen	[n.] 스트레스 반응 (die Stressreaktion)	
☐ pl. Unverpackt-Läden	[n.] 비포장 상점 (der Laden)	
☐ präskriptiv	[a.] 규범적인	
☐ psychisch	[a.] 정신적인	
☐ purzeln	[v.] 나자빠지다, 떨어지다	
☐ radikal	[a.] 급진적인	
☐ schädigen	[v.] 손상시키다	
☐ seelisch	[a.] 정신적인	
☐ sein...zurückgegangen	[v.] 줄어들었다, 감소했다 (zurückgehen의 현재완료)	

☐ werden...ausgegeben	[v.] 배포되다 (ausgeben의 수동태)	
☐ sich aufregen	[v.] 분개하다	
☐ sich ekeln	[v.] 혐오감을 느끼다	
☐ sich erleichtern	[v.] 안심하게 하다	
☐ sich lohnen	[v.] 가치가 있다	
☐ sich stapeln	[v.] 무더기로 쌓이다	
☐ sich verkriechen	[v.] 숨다	
☐ sich verschätzen	[v.] 잘못 예상하다	
☐ überflüssig	[a.] 과도한	
☐ übermäßig	[a.] 과도하게	
☐ übertreiben	[v.] 지나치게 하다	
☐ umweltfreundlich	[a.] 환경에 친화적인	
☐ unterbringen	[v.] 보관하다	
☐ unterstreichen	[v.] 밑줄을 긋다	
☐ unterteilen	[v.] 분할하다, 세분하다	
☐ vage	[a.] 불분명한, 불확실한	
☐ verkörpert	[p.a.] 구체화된	
☐ verlockend	[p.a.] 유혹되는	
☐ vernünftig	[a.] 합리적인	
☐ verplanen	[v.] 쓸 용도를 정하다	
☐ verraten	[v.] 발설하다, 말하다	
☐ verschaffen	[v.] 마련하다	
☐ verteilen	[v.] 분배하다	
☐ verzichten	[v.] 피하다	
☐ vorhanden	[a.] 기존의, 현존의	
☐ werden...aufgenommen	[v.] 수용되다, 받아들여지다 (aufnehmen의 수동태)	
☐ werden...geräumt	[v.] 비워주다 (räumen의 수동태)	
☐ werden...geschmollt	[v.] 실망하게 되다 (schmollen의 수동태)	
☐ werden...verdaut	[v.] 소화되다 (verdauen의 수동태)	
☐ zigmal	[adv.] 매우 자주	
☐ zugänglich	[a.] 붙임성 있는	
☐ zur Folge haben	어떤 (부정적인) 결과를 가져 오다	

| zurückgreifen | [v.] (누구에게) 의지하다 | |

듣기

Deutsch	Koreanisch	check
die Migrantenfamilie	[n.] 이민자 가정	
die Schneefallgrenze	[n.] 해발	
die Stressbewältigung	[n.] 스트레스 극복	
die Überwindung	[n.] 극복	
entscheidend	[p.a.] 결정적인	
die Wetterprognose	[n.] 일기예보	
die Zuckerbäckerlandschaft	[n.] 과자 제조인	
durchgehend	[p.a.] 쉬지 않고, 내내	
Einheimischen	[n.] 현지인	
einholen	[v.] 받아들이다, 맞아들이다	
einigermaßen	[adv.] 어느 정도	
erläutern	[v.] 설명하다	
Garmisch-Partenkirchen	가르미슈파르텐키르헨 (바이에른 주 남부에 있는 도시 지명)	
klagen	[v.] 불만을 늘어놓다	
hinreichend	[p.a.] 충분한	
ansetzen	[v.] 시작하다	
hochsommerlich	[a.] 한여름의	
hocken	[v.] 틀어박혀 있다	
kollektiv	[a.] 공동의	
konsequent	[a.] 언행일치의	
kontinuierlich	[a.] 끊임없는, 계속되는	
kostenpflichtig	[a.] 지불 의무가 있는	
Krankheitsausfällen	[n.] 병가	
langanhaltend	[p.a.] 오래가는	
optimistisch	[a.] 긍정적인	
pl. Ausführungen	[n.] 설명, 부연 (설명이라는 뜻은 항상 복수로 사용)	
pl. Bedeutungsdimensionen	[n.] 의미의 영역, 의미의 범위 (die Bedeutungsdimension)	

☐ beschränkt	[p.a.] 제한된	
☐ pl. Feriengäste	[n.] 휴가 손님 (der Feriengast)	
☐ pl. Kurkonzerte	[n.] 휴양객을 위한 음악회 (das Kurkonzert)	
☐ pl. Maßnahmen	[n.] 대책 (die Maßnahme)	
☐ pl. seltene Erden	[n.] 희토류 (die Erde)	
☐ pl. Sinne	[n.] 의미 (der Sinn)	
☐ pl. Wanderwege	[n.] 산책용 길 (der Wanderweg)	
☐ schätzen	[v.] 높이 평가하다	
☐ sein...erschienen	[v.] 나타났다, 출현했다 (erscheinen의 현재완료)	
☐ sich beschweren	[v.] 항의하다	
☐ sich beziehen auf	[v.] 무엇과 관련되다	
☐ sich haben...erkundigt	[v.] 알아보았다, 문의했다 (sich erkundigen의 현재완료)	
☐ sich haben...spezialisiert	[v.] 전문으로 했다 (spezialisieren의 현재완료)	
☐ sich verständigen	[v.] 소통하다	
☐ steigend	[p.a.] 늘어나는	
☐ übermütig	[a.] 제멋대로	
☐ überzeugen	[v.] 확신시키다, 납득시키다	
☐ unheimlich	[adv.] 매우	
☐ verankert	[p.a.] 고정된	
☐ pl. Besprechungsrunden	[n.] 그룹 간담회 (die Runde: 소모임 그룹)	
☐ verbindlich	[a.] 구속력이 있는	
☐ verhangen	[a.] 짙은 구름으로 뒤덮인	
☐ verschneien	[v.] 눈에 덮이다	
☐ werden...abgehalten	[v.] 계속되다 (abhalten의 수동태)	
☐ werden...angestrebt	[v.] 얻고자 힘쓰게 되다 (anstreben의 수동태)	
☐ würden...unterstützt	[v.] 보장을 받게 되다 (unterstützen의 접속법2식)	
☐ werden...vorgeschrieben	[v.] 명시되다 (vorschreiben의 수동태)	
☐ zufolge	[prp.] ~에 따라서 (명사앞에서는 2격, 뒤에서는 3격을 지배)	
☐ zwischendurch	[adv.] 이따금씩	

쓰기, 말하기

Deutsch	Koreanisch	check
☐ ablegen	[v.] 마치다	
☐ abverlangen	[v.] 요구하다	
☐ aneignen	[v.] 습득하다	
☐ angemessen	[a.] 적절한	
☐ angeprangert	[a.] 비난되어지는	
☐ annehmen	[v.] 승인하다	
☐ aufrechterhalten	[v.] 유지하다	
☐ ausführen	[v.] 이행하다	
☐ ausgeübt	[p.a.] 수행했던	
☐ breitflächig	[a.] 광범위한	
☐ das Distickstoffoxyd	[n.] 이산화질소	
☐ das Entsetzen	[n.] 놀람, 경악	
☐ das Stickoxyd	[n.] 질소 산화물	
☐ das Stigma	[n.] 낙인	
☐ das Tabuthema	[n.] 금기 사항	
☐ der Ausbau	[n.] 확대, 확장	
☐ der Klimawandel	[n.] 기후 변화	
☐ der Lebensabend	[n.] 황혼, 만년	
☐ der Lebensstandard	[n.] 생활 수준	
☐ der Nebenverdienst	[n.] 추가 소득	
☐ die Abschaffung	[n.] 폐지	
☐ die Altersarmut	[n.] 노년 빈곤 상태	
☐ die Arbeitslosenquote	[n.] 실업률	
☐ die Aufnahme	[n.] 흡수	
☐ die Emission	[n.] 배출, 방출	
☐ die Entwaldung	[n.] 삼림 벌채	
☐ die Grundlage	[n.] 기초	
☐ die Klimaregulierung	[n.] 기후 조절	
☐ die Konzentration	[n.] 농도	

☐ die Naturkatastrophe	[n.] 자연재해	
☐ die Prostitution	[n.] 성매매	
☐ die Rodung	[n.] 개간	
☐ die Verdauung	[n.] 소화	
☐ die Viehzucht	[n.] 축산업	
☐ die Zwangsprostitution	[n.] 위협적인 장소	
☐ erneut	[p.a.] 새롭게	
☐ ernsthaft	[a.] 진지하게	
☐ festgelegt	[p.a.] 정해진	
☐ fluoriert	[p.a] 불소 처리된	
☐ gelangweilt	[p.a.] 지루한	
☐ gesetzlich	[a.] 법적인	
☐ grundsätzlich	[a.] 원칙적인	
☐ haben...ausgerichtet	[v.] 이행했다 (ausrichten의 현재완료)	
☐ hingegen	[adv.] 반면, 이와 반대로	
☐ lasten	[v.] 짓누르다	
☐ lebenswichtig	[a.] 생활에 중요한	
☐ pl. Nachkommen	[n.] 후손들 (der Nachkomme)	
☐ pl. Schulreformen	[n.] 학교 개혁, 학교 혁신 (die Schulreform)	
☐ pl. Treibhausgase	[n.] 온실가스 (das Treibhausgas)	
☐ quasi	[adv.] 말하자면	
☐ schwerwiegend	[p.a.] 심각한, 중대한	
☐ sich austauschen	[v.] 교환하다	
☐ sich begeben	[v.] 어떤 장소로 가다	
☐ sich finden	[v.] (자신이 ~임을) 깨닫다	
☐ sorgenfreie	[a.] 근심 없이	
☐ sozialversichern	[v.] 사회 보험에 따른 보장을 해주다	
☐ üblich	[a.] 일반적, 보통의	
☐ ultimativ	[a.] 최종적으로, 최후의	
☐ umsetzbar	[a.] 변화시킬 수 있는	
☐ unterlegen	[v.] 붙이다	
☐ unumstritten	[a.] 명백한	

☐ **vergeben**	[v.] 주다	
☐ **vertretbar**	[a.] 받아들일 수 있는	
☐ **vielschichtig**	[a.] 복잡한	
☐ **werden...abgeschafft**	[v.] 폐지되다 (abschaffen의 수동태)	
☐ **werden...freigesetzt**	[v.] 방출되다 (freisetzen의 수동태)	
☐ **werden...genossen**	[v.] 즐기게 되다	
☐ **werden...konfrontiert**	[v.] 직면하게 되다 (konfrontieren의 수동태)	

제3회

실전
모의고사

Kandidatenblätter

Lesen
65 Minuten

Das Modul *Lesen* hat fünf Teile.
Sie lesen mehrere Texte und lösen
Aufgaben dazu. Sie können mit jeder
Aufgabe beginnen. Für jede Aufgabe gibt
es nur eine richtige Lösung.

Vergessen Sie bitte nicht, Ihre Lösungen
innerhalb der Prufüngszeit auf den
Antwortbogen zu schreiben.

Bitte markieren Sie deutlich und
verwenden Sie keinen Bleistift.

Wörterbücher und Mobiltelefone sind
nicht erlaubt.

Teil 1 ● ● ● ● ●   vorgeschlagene Arbeitszeit: 18 Minuten

Sie lesen in einem Forum, wie Menschen über die Macht der Musik denken.
Auf welche der vier Personen treffen die einzelnen Aussagen zu?
Die Personen können mehrmals gewählt werden.

Beispiel

0   Es ist unvorstellbar, ohne Musik zu leben.   **Lösung: a**

---

1   Musik kann gut für das Wohlbefinden sein.

2   Noch bevor Menschen sprechen konnten, gab es Musik.

3   Mit Musik kann man sich Dinge besser merken.

4   Der Puls kann durch Musik beeinflusst werden.

5   Im Marketing findet Musik häufig Verwendung.

6   Musik kann körperliches Leiden erträglicher machen.

7   Indirekt steuert Musik manche medizinischen Merkmale.

8   Es gibt verschiedene Theorien über den Ursprung der Musik.

9   Musik spielt eine große Rolle in unserem Leben.

A Kerstin

Ich kann mir eine Welt ohne Musik nicht vorstellen und ich glaube, dass niemand das will, weil die Musik ein wichtiger Teil unserer Kultur ist. Wir hören Musik auf Partys und im Radio, gehen hin und wieder zu Konzerten und manche von uns spielen vielleicht sogar ein Instrument. Menschen verfügen über die Fähigkeit, Töne zu erzeugen und zu erkennen. Viele Wissenschaftler gehen davon aus, dass dem Menschen diese Fähigkeit angeboren ist und Musik noch vor der Sprache entstanden ist. Sie glauben, dass Musik sozusagen die Mutter der Sprache sei. Es gibt natürlich auch die Vermutung, dass sich Musik und Sprache parallel entwickelt haben. Wissenschaftler sind sich heute sicher, dass Musik und Sprache in unterschiedlichen Regionen unseres Gehirns verarbeitet werden.

B Dieter

Wenn man bewusst Musik hört, ist man von Schmerzen abgelenkt. Das heißt, Musik kann die empfundenen Schmerzen von Patienten vermindern, da der Schmerz-Stress-Kreislauf unterbrochen wird. Diese schmerzlindernde Wirkung wurde bei älteren Menschen mit chronischen Gelenkschmerzen eindeutig nachgewiesen. Auch bei Hirnschäden kann Musik die Therapie für Bewegungs- und Sprachstörungen unterstützen. Zum Beispiel können manche Patienten, die Gedächtnisprobleme haben, wieder sprechen lernen. Dazu wählen die Patienten Lieder oder Melodien, die sie schon aus ihrer Jugend kennen und reaktivieren so ihre alten Erinnerungen und Gefühle.

C Theresa

Musik nehmen wir meistens passiv wahr. Doch obwohl man oft gar nicht auf sie achtet, reagiert unser Körper darauf. Mit Musik vertreibt man sich nicht nur die Zeit und baut Stress ab, Musik kann noch viel mehr. Sie kann unser Befinden enorm verändern, da sie auf unseren Körper, zum Beispiel auf die Herzfrequenz, wirkt. Dadurch wird letztlich der Blutdruck von Musik beeinflusst und folglich auch die Gehirnaktivität. Auch Atmung, Stoffwechsel, Schmerzempfinden und Sauerstoffverbrauch reagieren auf musikalische Reize. Deswegen nutzt die moderne Medizin schon seit langem die Kraft der Musik auf vielfältige Weise. So konnte Musiktherapie in der Vergangenheit bereits in zahlreichen Fällen erfolgreich eingesetzt werden und vielen Patienten zur Besserung verhelfen.

D Edward

Musik beeinflusst auch die Konzentration und den Lernerfolg positiv. Firmen nutzen die Möglichkeiten der Musik für ihre Werbung, um ihre Botschaften besser in den Köpfen der Konsumenten zu verankern. Sicher können auch Sie genau wie ich ein Dutzend Werbe-Jingles mitsingen und das ist kein Zufall.
Auch können theoretisch bestimmte Lerninhalte mit Musik besser behalten werden. Das gilt besonders für Lernstoff, der reproduziert werden soll. Falls man z.B. Vokabeln auswendig lernen muss, ist es durchaus sinnvoll, sie im Takt eines bestimmten Lieds mehrfach zu wiederholen. Der Rhythmus der Musik wird mental mit den Vokabeln verbunden und der Lerneffekt so häufig vergrößert. Probieren Sie das doch einfach einmal aus, wenn Sie das nächste Mal etwas im Gedächtnis behalten müssen. Ich weiß nicht genau, wie wichtig Musik in ihrem Leben ist, aber Musik kann eine beruhigende und gesundheitsfördernde Rolle spielen.

Teil 2 ● ● ○ ○ ○   vorgeschlagene Arbeitszeit: 12 Minuten

Sie lesen in einer Zeitschrift einen Artikel über Lücken im Lebenslauf.
Welche Sätze passen in die Lücken? Zwei Sätze passen nicht.

Lücken im Lebenslauf: Partyreise?
„Sprachaufenthalt"!

Klar kommt es immer wieder vor, dass man in bestimmten Lebensphasen, die ein oder
andere falsche Entscheidung getroffen hat und deswegen zum Beispiel das falsche
Fach studiert hat oder unerwartet gekündigt wurde. **[...0...]** Kein Mensch hat einen
makellosen und perfekten Lebenslauf, und Lücken sind in der heutigen Arbeitswelt
relativ normal. Allerdings kommt es immer darauf an, wie man mit diesen Lücken
umgeht und wie man sie der Personalabteilung des nächsten Arbeitgebers verkauft.

Im Großen und Ganzen sind diese Lücken im Lebenslauf also kein Problem, sie wecken
beim Personaler aber in der Regel Neugierde und provozieren Nachfragen. **[...10...]**
Dafür gibt es eine große Grundregel. Man sollte das Lügen vermeiden, denn das
finden geschulte Personen ohnehin heraus. **[...11...]** Man sollte daher lieber direkt
die Wahrheit sagen und die Tatsachen dabei einfach gut verpacken. Wichtig bei der
Verfassung eines Lebenslaufs ist daher ebenso die Formulierung. Eine längere Reise
kann so zum Beispiel zum Sprachaufenthalt werden und ein persönliches Dilemma ins
Positive gedreht werden. Daher sollte man sich stets merken: **[...12...]**

[...13...] Ab wann sollte man sich Gedanken machen, wie ein längerer Zeitraum erklärt
werden sollte? So generell kann man das in den meisten Fällen gar nicht sagen, aber als
Faustregel kann man sich Folgendes merken. Alles was länger als zwei Monate dauert
und nicht durch gute Gründe wie Praktikum, Weiterbildung, Sprachaufenthalte oder

mit ähnlichen berufsbezogenen Tätigkeiten beschrieben werden kann, gilt als Lücke im beruflichen Werdegang. Dabei ist aber auch zu beachten, dass es gute Gründe für Lücken gibt, etwa Krankheit, einen Pflegefall in der Familie oder die Geburt eines Kindes. **[…14…]** In der Tat kann eine solche Gegebenheit vom Personaler auch als positiver persönlicher Werdegang aufgefasst werden.

Wenn man also die oben genannten Tipps beim Schreiben des Lebenslaufs beachtet, hat man dennoch eine gute Aussicht auf Erfolg. Daher sollte man sich nicht dazu verleiten lassen, einfach aufzugeben, nur weil man ein paar vermeidliche Lücken im Lebenslauf zu verzeichnen hat. **[…15…]** Man sollte aber auch beachten, dass es oft auch einfach mit viel Glück zu tun hat, ob man eine Stelle bekommt oder nicht. Fest steht aber, mit einem ordentlichen und guten Lebenslauf kann jeder seine Chance auf den Wunschjob enorm erhöhen.

Teil 2 • • • • •

Beispiel

0   So kommt es zu der gefürchteten Lücke im Lebenslauf.

a   Nicht jede so genannte Lücke im Lebenslauf muss daher gleich negativ sein.

b   Wie sollte man aber nun damit umgehen?

c   Aber was gilt denn überhaupt als Lücke?

d   Es ist wichtig, sich nicht entmutigen zu lassen.

e   Man sollte daher immer lügen, um einen positiven Eindruck zu hinterlassen.

f   Lügen ist im Allgemeinen eher selten der Weg zum Erfolg.

g   Auf die Formulierung kommt es an.

h   Mit auch nur einer Lücke im Lebenslauf ist es unmöglich einen Job zu finden.

Teil 3 ● ● ● ● ●   vorgeschlagene Arbeitszeit: 12 Minuten

Sie lesen in einer Zeitung einen Artikel über die Funktion des Vergessens.
Wählen Sie bei jeder Aufgabe die richtige Lösung.

Ein Forschungsergebnis über die Funktion des Vergessens.

Seit Kurzem haben Gedächtnisforscher ein Interesse an einer besonderen Kunst. Es geht um die Kunst des absichtlichen Vergessens. Neue Forschungsergebnisse deuten nämlich darauf hin, dass die Fähigkeit zum absichtlichen Vergessen entscheidend für die Gedächtnisleistung ist. Das heißt, wenn man das Vergessen beherrscht, kann man sich Wichtiges besser merken. Wenn man sich dagegen an alles erinnern will, behält man weniger.

Nach allgemeinem Verständnis haben Menschen, die Dinge vergessen, ein schlechtes Gedächtnis. Ein Gedächtnis, in dem alle Informationen aufbewahrt werden, hingegen, bezeichnet man als gut. Meistens denkt man, dass das Vergessen das Leben behindert und es wird daher als Schwäche oder Alterserscheinung bewertet.
Aber heute sagen uns Forscher, dass das Vergessen auch Vorteile hat: Wer Unnützes sofort wieder loslässt, reserviert Speicherplatz für Wichtiges. Nicht auf die Menge der Informationen kommt es an, sondern auf ihre Qualität. Heute weiß man, dass das Gedächtnis nicht beliebig viel Speicherplatz besitzt.

Das Langzeitgedächtnis kann zwar nahezu unbegrenzt viele Informationen speichern, doch die Speicherkapazitäten des Kurzzeitgedächtnisses sind begrenzt.
Das Kurzzeitgedächtnis kann über die Fähigkeit des Vergessens verfügen, um möglichst viele aktuelle Informationen aufnehmen zu können.

Durch folgenden Versuch zeigten Wissenschaftler wie wichtig das Vergessen ist. Es wurden zwei Gruppen im Alter von 20-35 und 60-75 Jahren gebeten, sich an verschiedene Wörter zu erinnern, die ihnen an einem Computer gezeigt wurden. Nach 16 Wörtern behauptete der Versuchsleiter plötzlich, der Computer funktioniere nicht. Deshalb müssen die Versuchspersonen die Aufgabe mit neuen Wörtern wiederholen. Sie wurden aufgefordert, die alte Wörterliste absichtlich zu vergessen und sich stattdessen die neue zu merken.

Nach einer Weile bat der Versuchsleiter seine Testteilnehmer aber, sich nun doch an alle Wörter zu erinnern und sie zu notieren.
Wie von den Wissenschaftlern erwartet, erinnerten sich die Versuchspersonen schlechter an die "vergessenen" Wörter als an die danach gelernten.
Das war jedoch nur bei den jüngeren Versuchspersonen tatsächlich der Fall. Bei den älteren Teilnehmenden dagegen wurde von den Forschern keinerlei Unterschied festgestellt. Es liegt daran, dass sie alle Wörter gleich, und zwar gleich schlecht, behielten. Ohne das Vergessen der ersten Wörterliste, merkt man sich die Zweite noch schlechter, denn es wurden wichtige und unwichtige Informationen gleichermaßen gespeichert. Ältere Menschen können unbedeutende Informationen nicht so einfach absichtlich vergessen. Daher sammeln sie in ihrem Gedächtnis auch Unwichtiges und versperren den Speicherplatz für Wichtiges.
Doch ist noch nicht geklärt, wie genau das Vergessen funktioniert.
Und auch einige weitere Fragen müssen noch beantwortet werden, z.B. ob man das bewusste Vergessen mit einem entsprechenden Gehirntraining einüben kann, wie einige Forscher meinen, und ob vergessene Informationen für immer verschwinden. Wenn Menschen die Fähigkeit zum absichtlichen Vergessen mit Erfolg einsetzen können, müssen sie innerlich überzeugt sein, dass die entsprechenden Informationen nebensächlich sind.
Abschließend konnte die Gedächtnisforschung zeigen, dass die Fähigkeit zum absichtlichen Vergessen nicht in allen Lebensaltern gleich ist. In neueren Untersuchungen konnte sie nachweisen, dass Kinder sehr viel früher als bisher geglaubt, nämlich schon mit sechs oder sieben, absichtlich Dinge vergessen können. Es kann sein, dass sich diese Fähigkeit im Erwachsenenalter noch entwickelt und dann im Alter wieder abnimmt.

Aber die Aussagen der Wissenschaftler dazu sind noch wage, da sie sich noch nicht sicher sein können, was aus diesen Forschungsergebnissen folgt. Da kommen nur neue Fragen auf, z.B. ob alte Menschen frühzeitig das Vergessen üben sollten oder ob Kinder effizienter lernen können, wenn sie auch vergessen können.

Teil 3 ● ● ● ● ●

Beispiel

0   Wissenschaftler interessieren sich für den Zusammenhang zwischen

a Erinnerungsvermögen und künstlerischer Tätigkeit.

☒ Erinnerungsvermögen und bewusstem Vergessen.

c Vergesslichkeit und künstlerischer Leistungsfähigkeit.

16   Bei einer Untersuchung mussten die Testpersonen

a gerade gelernte Wörter aus ihrem Gedächtnis löschen.

b unterschiedliche Wörterlisten am Computer schreiben.

c zweimal die gleiche Wörterliste am Computer lernen.

17   Jüngere Erwachsene hatten sich in dem Versuch

a alle Informationen gleich gut gemerkt.

b die ersten Informationen besser gemerkt.

c die späteren Informationen besser gemerkt.

18   Im Alter verliert das Gedächtnis die Fähigkeit

a große Mengen neuer Informationen aufzunehmen.

b sich nur das Wesentliche zu merken.

c unwichtige Informationen länger zu speichern.

19   Eine Voraussetzung für das absichtliche Vergessen ist, dass man

a etwas nicht relevant findet.

b sich auf etwas anderes konzentriert.

c sich bewusst bemüht.

20   Die Fähigkeit, gezielt Dinge zu vergessen,

a ist in der frühen Kindheit am größten.

b ist vom Alter des Menschen abhängig.

c nimmt im Laufe des Lebens ständig zu.

21 Die Wissenschaftler…

[a] können sich der erlangten Forschungsergebnisse sicher sein.

[b] können sich der erlangten Forschungsergebnisse weiterhin nicht sicher sein.

[c] haben aus den Forschungsergebnissen noch effizientere Lernmethoden entwickelt.

Teil 4 ● ● ● ● ●   vorgeschlagene Arbeitszeit: 12 Minuten

Sie lesen in einer Zeitschrift Meinungsäußerungen zu dem Thema „Uneingeschränkter Urlaub". Welche Äußerung passt zu welcher Überschrift? Eine Äußerung passt nicht. Die Äußerung c ist das Beispiel und kann nicht noch einmal verwendet werden.

Beispiel

0   Dieses Prinzip wurde nicht in Deutschland entwickelt.   **Lösung: c**

22   Urlaubsanträge gehören der Vergangenheit an.

23   Die Arbeitnehmer müssen aktiv vertretet werden.

24   Hierarchien bestehen auch weiterhin.

25   Die Vorteile überwiegen gegenüber den Nachteilen.

26   Unbegrenzter Urlaub ist vor allem eine PR-Maßnahme.

27   Die Verantwortung des Einzelnen nimmt zu.

Uneingeschränkter Urlaub

a Wer hat schlussendlich das Sagen in einer flexibilisierten Arbeitswelt? Wessen Interesse wird gefolgt? Der Arbeitnehmer kann selbst bestimmen, wann und wie lange er Urlaub nimmt. Doch ob er sich freinehmen kann, liegt daran, ob er seine zugeteilte Arbeit trotzdem erledigt hat oder nicht. Dieses Ermessen liegt auch hier wieder beim Chef, der darüber entscheidet.

Lilie, Stuttgart

b Die Flexibilisierung des Urlaubs folgt dem Prinzip der flexiblen Arbeit. Wenn man nicht mehr am Arbeitsplatz sein muss, braucht man auch keine Regeln mehr für die Urlaubszeiten. Man braucht den Chef nicht mehr um Erlaubnis zu fragen, und man kann den Urlaub einfach nehmen, wann man möchte.

Martin, Dortmund

c Das Prinzip, nach dem man bezahlten Urlaub nehmen kann, wann und solange man will, stößt in immer mehr Betrieben auf Interesse. Es stammt aus dem IT-Bereich in den USA und in Großbritannien. Dort wurden bereits positive Erfahrungen damit gemacht.

Luisa, Basel

d Unbegrenzter Urlaub kling progressiv, und wenn es so einfach möglich wäre, wäre es perfekt. Allerdings ist das eine Vorstellung wie aus einer Utopie. Firmen, die mit dieser Art des Urlaubs werben, versuchen eher, sich in einem guten Licht darzustellen und dadurch aktive und engagierte Arbeitnehmer zu finden.

Jan, Graz

e Bei allen Vorzügen besteht doch die Befürchtung, dass man seine Arbeit nicht schafft, wenn man Urlaub nimmt. Es gibt immer etwas zu tun und Ziele können nicht mehr erreicht werden. Im Endeffekt wird es zu großem Stress führen. Wenn sich jeder frei entscheiden kann, nimmt die Last des einzelnen Arbeitnehmers zu.

Alex, Berlin

f Es funktioniert nicht, wenn im Unternehmen keine gute Atmosphäre herrscht. Man sollte einander vertrauen können, und die Kollegen auch gut miteinander arbeiten, damit man sich sicher sein kann, dass niemand diese freien Regelungen missbraucht.

Dimitri, Frankfurt

g Flexibilisierte Urlaubsregelungen werden die bestehenden Arbeitnehmerschutzgesetze natürlich nicht aufheben. Jeder Arbeitnehmer hat nach dem Gesetz ein Recht auf 24 Urlaubstage. Dieses Modell kann letztlich also nur positive Effekte in Form weiterer Urlaubstage haben.

Hans, Düsseldorf

h Ähnlich wie bei der Flexibilisierung der Arbeit besteht auch bei der Flexibilisierung des Urlaubs die große Gefahr, dass die Arbeitnehmer immer stärker isoliert werden. An dieser Stelle sind die Gewerkschaften gefragt. Es liegt an ihnen, mit passenden Handlungen auf diese Entwicklungen zu reagieren.

Leonie, Lübeck

Teil 5 • • • • •   vorgeschlagene Arbeitszeit: 6 Minuten

Sie möchten die Bibliotheksordnung der Gemeinde Düsseldorf lesen.
Welche der Überschriften aus dem Inhaltsverzeichnis passen zu den Paragrafen?
Vier Überschriften werden nicht gebraucht.

– Bibliotheksordnung der Gemeinde Düsseldorf –

Inhaltsverzeichnis

a   Ausleihgebühren

b   Reservierung von Medien

c   Ausleihe

~~**d**~~   Über uns

e   Voraussetzungen für Mitgliedschaft

f   Mitgliedschaft

g   Beschädigung von Medien

h   Angebot

§ 0

Die Düsseldorfer Bibliothek ist ein Verein und konfessionell sowie politisch neutral. Sie steht allen Interessierten zur Benutzung offen.

§ 28

Erwachsene, die ein Jahresabonnement lösen, werden automatisch Mitglied unseres Vereins. Der Austritt aus dem Verein muss bis Ende des laufenden Jahres in mündlicher oder schriftlicher Form bekannt gegeben werden.

§ 29

Das Sortiment der Bibliothek der Gemeinde Düsseldorf umfasst folgende Medien:
– *Fremdsprachenbücher*
– *Taschenbücher, Sachbücher, Reiseführer*
– *Kinder- und Jugendbücher*
– *E-Books und Hörbücher*
– *Zeitschriften*
– *Musik-CDs, DVD*
Der elektronische Katalog kann sowohl in der Bibliothek als auch auf der Internetseite der Bibliothek eingesehen werden. Unsere Mitarbeiter erklären Ihnen gerne die Benutzung.

§ 30

Bei jeder Ausleihe muss der persönliche Mitgliederausweis vorgewiesen werden. Eine uneingeschränkte Anzahl an Büchern, Hörbüchern, Zeitschriften für 28 Tage ausgeliehen werden. Eine einmalige Verlängerung von zusätzlich 14 Tagen ist möglich. Ebenso kann eine uneingeschränkte Anzahl an Musik-CDs für 14 Tage ausgeliehen werden. Im Falle von Musik-CDs ist eine einmalige Verlängerung von zusätzlich 7 Tagen möglich.
Jahresabonnement plus
Zusätzlich zur Ausleihe im Jahresabonnement: E-Books, 3DVD für 14 Tage (eine Verlängerung dieser Ausleihe ist nicht möglich).
Reservierte Medien
Für diese Medien ist keine Verlängerung möglich.

MP3 00_00

Kandidatenblätter

Hören
circa 40 Minuten

Das Modul *Hören* hat vier Teile.
Sie hören mehrere Texte und lösen Aufgaben
dazu.

Lesen Sie jeweils zuest die Aufgaben und
hören Sie dann denn Text dazu.

Für jede Aufgabe gibt es nur eine richtige
Lösung.

Vergessen Sie bitte nicht, Ihre Lösungen auf
den **Antwortbogen** übertragen.
Dazu haben Sie nach dem Modul Hören fünf
Minuten Zeit.

Bitte markieren Sie deutlich und
verwenden Sie keinen Bleistift.

Am Ende jeder Pause hören Sie dieses
Signal: ♫

Wörterbücher und Mobiltelefone sind nicht
erlaubt.

Teil 1 • • • •   MP3 03_01

Sie hören fünf Gespräche und Äußerungen.
Sie hören jeden Text **einmal**. Zu jedem Text lösen Sie zwei Aufgaben. Wählen Sie
bei jeder Aufgabe die richtige Lösung. Lesen Sie jetzt das Beispiel. Dazu haben
Sie 15 Sekunden Zeit.

Beispiel

01 Die Frau fragt nach Freizeitaktivitäten im Sommer.   Richtig   ~~Falsch~~

02 Für die Angebote, die etwas kosten,   a   im Internet anmelden.
muss man sich...   b   vor dem 1. Juni anmelden.
                                              ☒   persönlich anmelden.

vom Goethe-Institut

---

1 Eine Frau spricht darüber, warum reisen Sinn macht.   Richtig   Falsch

2 Welche Meinung vertritt die Frau zum   a   Es ist sinnvoll, um die ganze
Thema „Reisen"?   Welt zu fliegen und andere
                                                   Länder zu bereisen.

                                               b   Bevor man reist, sollte man
                                                   darüber nachdenken, ob es
                                                   wirklich Sinn macht.

                                               c   Man kann seine Zeit besser
                                                   in seinem eigenen Land
                                                   verbringen.

3 Sie hören einen Bericht über ein starkes Unwetter.   Richtig   Falsch

4 Was ist passiert?   a   45 Passanten halfen den
                                                   Feuerwehrleuten.

                                               b   Die öffentlichen Verkehrsmittel
                                                   fuhren nur eingeschränkt.

                                               c   Für einen Segler kam jede Hilfe
                                                   zu spät.

5   Viele Deutsche denken daran, das Land zu verlassen.   `Richtig`   *Falsch*

6   Welche Meinung hat der Mann über das Auswandern?

   a   Er plant, irgendwann von Deutschland wegzuziehen.

   b   Ihm fehlte in Deutschland etwas die Abwechslung.

   c   Wenn man einen tollen, gut bezahlten Job haben will, sollte man auswandern.

7   Für einen guten Job braucht man gute Englischkenntnisse.   `Richtig`   *Falsch*

8   Es hängt vom Wirtschaftszweig ab,

   a   wie gut die Deutschkenntnisse sein müssen.

   b   ob man bereits Berufserfahrungen mitbringen muss.

   c   ob und wie häufig man an internationalen Projekten arbeitet.

9   Die beiden Freunde unterhalten sich über eine Professorin.   `Richtig`   *Falsch*

10   Die beiden Freunde brauchen noch ein Thema für…

   a   eine Präsentation.

   b   ein Referat.

   c   eine Seminararbeit.

Teil 2 ● ● ○ ○

MP3 03_02

Sie hören im Radio ein Interview mit einer Persönlichkeit aus der Wissenschaft.
Sie hören den Text **zweimal**. Wählen Sie zu jeder Aufgabe die richtige Lösung.
Lesen Sie jetzt die Aufgaben 11 bis 16. Dazu haben Sie 90 Sekunden Zeit.

11 Wie funktioniert Lernen?

    a Kinder lernen, weil sie Spaß daran haben.

    b Kinder lernen unter Druck oder für Belohnungen.

    c Lernen ist ein natürlicher Prozess.

12 Nach welchem Prinzip unterrichten die Schulen heutzutage meistens?

    a Druck und Belohnung werden in den meisten Schulen als Werkzeuge
       zum Lernen angewandt.

    b Viele Lehrer sehen den Spaß am Lernen als wichtigsten Antrieb.

    c Das Motto „Erfahrung macht klug" wird von vielen Lehrern angewandt.

13 Welche Rolle spielt Musik im Prozess des Lernens?

    a Musik lenkt Kinder vom Lernen ab.

    b Die Macht der Musik wird überbewertet.

    c Musik ist ein hervorragendes Mittel, um Kindern etwas beizubringen.

14 Wie hat sich das Industriezeitalter auf Lehrmethoden ausgewirkt?

    a Es hat zu lockeren Lehrmethoden geführt.

    b Es hat zu den heute angewandten Lehrmethoden geführt.

    c Es hat Menschen zu Maschinen gemacht.

15 Was fordert der Experte von Pädagogen?

    a Ein Umdenken bei der Erziehung von Kindern.

    b Dass Schulen und Erzieher weitermachen wie bisher.

    c Eine vollkommen neue Art der Erziehung, die zuerst noch erforscht
       werden muss.

16 Wie sieht ein perfekter Pädagoge aus?

    a Er muss sich strikt an Regeln halten.

    b Er muss Kinder stets motivieren und die Schüler wertschätzen.

    c Er muss sich nur auf die Vermittlung des Lehrstoffs konzentrieren.

Teil 3 ● ● ● ○

MP3 03_03

Sie hören im Radio ein Gespräch mit mehreren Personen. Die Personen sprechen über das Thema „Männer und Frauen bei der Arbeit".
Sie hören den Text **einmal**. Wählen Sie bei jeder Aufgabe: Wer sagt das?
Lesen Sie jetzt die Aufgaben 17 bis 22. Dazu haben Sie 60 Sekunden Zeit.

Beispiel

0   Das formulierte Ziel nach dem Grundgesetz ist noch nicht erreicht.

a Moderatorin   b Frau Fischer   c Herr Baumgart

---

17   Betriebe freiwillig entscheiden zu lassen ist wichtig.

a Moderatorin   b Frau Fischer   c Herr Baumgart

18   Männer haben mehr Chancen als Frauen.

a Moderatorin   b Frau Fischer   c Herr Baumgart

19   Es sollte sich etwas an der Benachteiligung von Frauen außerhalb der Unternehmen ändern.

a Moderatorin   b Frau Fischer   c Herr Baumgart

20   Eine Frauenquote führt wird zu falschen Entscheidungen führen.

a Moderatorin   b Frau Fischer   c Herr Baumgart

21 Zwischen Frauen und Männern gibt es Lohnunterschiede.

|a| Moderatorin |b| Frau Fischer |c| Herr Baumgart

22 Mehr Frauen in Führungspositionen könnten an den Lohnunterschieden etwas ändern.

|a| Moderatorin |b| Frau Fischer |c| Herr Baumgart

Teil 4 • • • •

MP3 03_04

Sie hören einen kurzen Vortrag. Der Redner spricht über das Thema „Wohnungsnot in den Städten".
Sie hören den Text **zweimal**. Wählen Sie bei jeder Aufgabe die richtige Antwort.
Lesen Sie jetzt die Aufgaben 23 bis 30. Dazu haben Sie 90 Sekunden Zeit.

23 Zur Lösung des Problems der Wohungsknappheit wollen Makler nun

[a] älteren Menschen kleinere Wohnungen vermitteln.

[b] Studenten Zimmer vermitteln in Wohnungen, in denen ältere Menschen wohnen.

[c] Auszubildende an Wohnheime vermitteln.

24 Von dem Problem des Wohnungsmangels sind

[a] besonders junge Leute betroffen.

[b] nur alte Leute betroffen.

[c] sowohl junge als auch alte Leute gleichermaßen betroffen.

25 Die jungen Leute sind

[a] dazu verpflichtet Aufgaben im Haushalt zu übernehmen.

[b] dazu verpflichtet ihre Freizeit mit den älteren Leuten zu verbringen.

[c] zu nichts verpflichtet.

26 Beim Zusammenleben

[a] sind Konflikte ausgeschlossen.

[b] gibt es nur Vorteile für beide Parteien.

[c] können Konflikte aufgrund verschiedener Erwartungen entstehen.

27 Die Alterung der deutschen Bevölkerung

[a] wird plötzlich thematisiert.

[b] wird schon seit langem als Problem geschäzt.

[c] ist nicht so problematisch.

28 Viele junge Leute

    [a] wollen mit der Freundin oder dem Freund zusammen leben.

    [b] wollen lieber mit ihren Eltern wohnen, weil sie bei der Haushalt helfen.

    [c] wollen entweder allein leben oder unbedingt mit ihren Eltern leben.

29 Die neue Wohnmodell

    [a] hat endlich eine richtige Lösung gebracht.

    [b] bracuht einen politischen Druck.

    [c] fehlt es immer noch, frei nach den eigenen Wünschen zu ermöglichen.

30 Die Politik

    [a] hat nichts mit der Lösung des Problems des Wohnungsmangels zu tun.

    [b] muss die Verantwortung für das Lösen der Probleme übernehmen.

    [c] hat bereits effektive Lösungsansätze vorstellen können.

Kandidatenblätter

Schreiben
75 Minuten

Das Modul Schreiben besteht aus zwei Teilen.

In **Teil 1**
Schreiben Sie einen Forumsbeitrag.

In **Teil 2**
Schreiben Sie eine Nachricht.

Sie können auswählen, mit welcher der
beiden Aufgaben Sie beginnen.
Schreiben Sie Ihre Texte auf die
Antwortbögen.

Bitte schreiben Sie deutlich und
verwenden Sie keinen Bleistift.

Das Verwenden von Hilfsmitteln
wie Wörterbüchern und Mobiltelefonen ist
nicht erlaubt.

Teil 1 ● ●   vorgeschlagene Arbeitszeit: 50 Minuten

Schreiben Sie einen Forumsbeitrag zum Thema „Probleme am Arbeitsplatz"

- Äußern Sie Ihre Meinung zum Thema Probleme am Arbeitsplatz.
- Nennen Sie Gründe, warum viele Menschen Probleme am Arbeitsplatz haben.
- Äußern Sie persönliche Erfahrungen zum Thema Probleme am Arbeitsplatz.
- Nennen Sie Möglichkeiten, wie Probleme am Arbeitsplatz behoben werden können.

Denken Sie an eine Einleitung und einen Schluss. Bei der Bewertung wird darauf geachtet, wie genau die Inhaltspunkte bearbeitet wurden, wie korrekt der Text ist und wie gut die Sätze und die Abschnitte sprachlich miteinander verknüpft wurden. Schreiben Sie mindestens **150** Wörter.

Teil 2 • • vorgeschlagene Arbeitszeit: 25 Minuten

Sie sind als Arbeiter in einer deutschen Firma beschäftigt. Für Ihre Geschäftsreise nach Freiburg müssen Sie Vieles vorbereiten. Als Treffpunkt war der Hauptbahnhof verabredet, aber nun möchten Sie sich lieber an einem anderen Ort treffen. Schreiben Sie eine Nachricht an Ihren Geschäftspartner, Herrn Müller.

Bitten Sie um Verständnis für Ihre Situation.

Begründen Sie, warum Sie sich an einem anderen Ort treffen möchten.

Machen Sie einen Vorschlag für einen anderen Treffpunkt.

Zeigen Sie Verständnis für die Situation Ihres Geschäftspartners.

Bringen Sie die Inhaltspunkte in eine passende Reihenfolge.
Bei der Bewertung wird darauf geachtet, wie genau die Inhaltspunkte bearbeitet wurden, wie korrekt der Text ist und wie gut die Sätze und die Abschnitte sprachlich miteinander verknüpft wurden. Denken Sie an eine Anrede und einen Gruß am Schluss. Schreiben Sie mindestens **100** Wörter.

Kandidatenblätter A

Sprechen
circa 15 Minuten

Das Modul Sprechen besteht aus zwei Teilen.

In **Teil 1** halten Sie zuerst einen kurzen
Vortrag und sprechen danach mit Ihrer
Gesprächspartnerin/Ihrem Gesprächspartner
über das Thema. Sie bekommen zwei Themen
für Ihren Vortrag zur Auswahl. Wählen Sie ein
Thema (1 oder 2).
Dauer des Vortrags: circa 4 Minuten

In **Teil 2** tauschen Sie in einer Diskussion ihre
Standpunkte aus.
Dauer der Diskussion: circa 5 Minuten

Ihre Vorbereitungszeit beträgt 15 für beide
Teile (Einzelprüfung und Paarprüfung). Sie
bereiten sich allein vor. Sie dürfen sich Notizen
machen und in der Prüfung sollten Sie frei
sprechen.

Das Verwenden von Hilfsmitteln wie
Wörterbüchern und Mobiltelefonen ist nicht
erlaubt.

Teil 1 • •   **Vortrag halten**   Dauer für beide Teilnehmende zusammen: circa 8 Minuten   (MP3 03_05)

Sie nehmen an einem Seminar teil und sollen dort einen kurzen Vortrag halten. Wählen Sie ein Thema (Thema 1 oder 2) aus. Ihre Gesprächspartnerinnen/Ihre Gesprächspartner hören Ihnen zu und werden Ihnen anschließend Fragen stellen.

Strukturieren Sie Ihren Vortrag mit einer Einleitung, einem Hauptteil und einem Schluss. Schreiben Sie Ihre Notizen und Ideen bitte in der Vorbereitungszeit auf. Sprechen Sie circa 4 Minuten.

Teilnehmende/-r A

Thema 1

4-Tage-Woche

- Beschreiben Sie mehrere Möglichkeiten (z.B. Schichtarbeit)

- Nennen Sie Vor- und Nachteile und bewerten Sie diese.

- Beschreiben Sie eine Möglichkeit genauer.

Thema 2

Die Bio-Welle

- Beschreiben Sie mehrere Formen. (z.B. Bio-Lebensmittel)

- Nennen Sie Vor- und Nachteile und bewerten Sie diese.

- Beschreiben Sie eine Form genauer.

Teil 2 • • **Diskussion führen** Dauer für beide Teilnehmende
zusammen: circa 5 Minuten

MP3 03_06

Sie sind Teilnehmende eines Debattierclubs und diskutieren über die aktuelle Frage:

Sollen Jungen und Mädchen in bestimmten Fächern getrennt voneinander unterrichtet werden?

* Tauschen Sie Ihren Standpunkt und Ihre Argumente aus.
* Reagieren Sie angemessen auf die Argumente Ihrer Gesprächspartnerin/Ihres Gesprächspartners.
* Fassen Sie am Ende zusammen: Sind Sie dafür oder dagegen?

Sie können diese Stichpunkte zur Hilfe nehmen.

Diskriminierung?
Offenere Diskussionen?
Drittes Geschlecht?
Dennoch gleiche Themen unterrichtet?
...

Kandidatenblätter B

Sprechen
circa 15 Minuten

Das Modul Sprechen besteht aus zwei Teilen.

In **Teil 1** halten Sie zuerst einen kurzen Vortrag und sprechen danach mit Ihrer Gesprächspartnerin/Ihrem Gesprächspartner über das Thema. Sie bekommen zwei Themen für Ihren Vortrag zur Auswahl. Wählen Sie ein Thema (1 oder 2).
Dauer des Vortrags: circa 4 Minuten

In **Teil 2** auschen Sie in einer Diskussion ihre Standpunkte aus.
Dauer der Diskussion: circa 5 Minuten

Ihre Vorbereitungszeit beträgt 15 für beide Teile (Einzelprüfung und Paarprüfung). Sie bereiten sich allein vor. Sie dürfen sich Notizen machen und in der Prüfung sollten Sie frei sprechen.

Das Verwenden von Hilfsmitteln wie Wörterbüchern und Mobiltelefonen ist nicht erlaubt.

Teil 1 • •   **Vortrag halten**   Dauer für beide Teilnehmende
zusammen: circa 8 Minuten   (MP3 03_07)

Sie nehmen an einem Seminar teil und sollen dort einen kurzen Vortrag halten.
Wählen Sie ein Thema (Thema 1 oder 2) aus. Ihre Gesprächspartnerinnen/Ihre
Gesprächspartner hören Ihnen zu und werden Ihnen anschließend Fragen
stellen.

Strukturieren Sie Ihren Vortrag mit einer Einleitung, einem Hauptteil und einem
Schluss. Schreiben Sie Ihre Notizen und Ideen bitte in der Vorbereitungszeit auf.
Sprechen Sie circa 4 Minuten.

Teilnehmende/-r B

Thema 1

Schule und Ausbildung

- Beschreiben Sie mehrere
  Möglichkeiten. (z.B. Gymnasium)

- Beschreiben Sie eine Möglichkeit
  genauer.

- Nennen Sie Vor- und Nachteile
  und bewerten Sie diese.

Thema 2

Frauenquote im Parlament

- Beschreiben Sie mehrere Formen.
  (z.B. Prozentsatz)

- Beschreiben Sie eine Form
  genauer.

- Nennen Sie Vor- und Nachteile
  und bewerten Sie diese.

Teil 2 • • **Diskussion führen** Dauer für beide Teilnehmende zusammen: circa 5 Minuten

Sie sind Teilnehmende eines Debattierclubs und diskutieren über die aktuelle Frage:

Sollen Jungen und Mädchen in bestimmten Fächern getrennt voneinander unterrichtet werden?

- Tauschen Sie Ihren Standpunkt und Ihre Argumente aus.
- Reagieren Sie angemessen auf die Argumente Ihrer Gesprächspartnerin/Ihres Gesprächspartners.
- Fassen Sie am Ende zusammen: Sind Sie dafür oder dagegen?

Sie können diese Stichpunkte zur Hilfe nehmen.

Diskriminierung?
Offenere Diskussionen?
Drittes Geschlecht?
Dennoch gleiche Themen unterrichtet?
...

Teil 1 • • • •

▶ Beispiel

> **Frau** Ich wollte mich nach dem Ferienprogramm erkundigen. Ab wann
> kann man sich denn anmelden?
>
> **Mann** Wie immer ab dem 1. Juni. ① _____
>
> _____
>
> **Frau** Dann kann man sich auch über das Internet anmelden?
>
> **Mann** Für die kostenlosen Angebote Ja. Wenn es sich um ein
> kostenpflichtiges Angebot handelt, müssen Sie sich bei uns
> anmelden.
>
> **Frau** Und wann bezahlt man dann?
>
> **Mann** Direkt bei der Anmeldung, hier bei einem unserer Mitarbeiter. Sonst
> können wir den Platz nicht reservieren.

▶ Aufgabe 1 und 2

> **Mann** Was halten Sie vom Thema "Reisen"?
>
> **Frau** Reisen macht Spaß. Dabei kann man sich richtig gut ausruhen und
> entspannen. Aber meiner Meinung nach sollte man seinen Urlaub
> besser im eigenen Land verbringen. Ich frage mich, ob es wirklich
> Sinn macht, um die ganze Welt zu fliegen, nur um sich dort an einen
> Strand zu legen und im Hotel wie zu Hause zu essen.
>
> ① _____
>
> Es gibt sicher Ausnahmen, aber was mich betrifft, will ich erst einmal
> mein eigenes Land richtig kennenlernen, damit Reisen in andere
> Länder für mich auch Sinn macht und mich bildet.

► **Aufgabe 3 und 4**

Radiosprecher ① _____

_____ Laut Angaben der Wetterbehörde war dieses
noch stärker als das Gewitter der letzten Woche. Bäume fielen um, Keller
liefen voll und bescherten der Lübecker Feuerwehr viel Arbeit. Unterstützt
wurde die Berufsfeuerwehr von 45 Freiwilligen Feuerwehrleuten. Insgesamt
mussten über 100 Bäume gefällt werden. Ein Segelboot war auf der
Außenalster gekentert. Der Segler wurde in letzter Minute mit/durch Erste-
Hilfe-Maßnahmen gerettet, musste jedoch mit schweren Verletzungen ins
Krankenhaus gebracht werden. Der Betrieb der U- und S-Bahnen war zum
Teil stark behindert.

► **Aufgabe 5 und 6**

Frau ① _____

Viele Leute in Deutschland überlegen, auszuwandern. In der Tat
sind viele Bürger schon ausgewandert, aber einige sind auch wieder
zurückgekommen. Sie sind auch aus Deutschland weggegangen.
Was waren Ihre Gründe dafür, Ihr Heimatland zu verlassen?

Mann Tja, ich hatte in Deutschland ja eigentlich alles, was mein Herz
begehrte: einen tollen, gut bezahlten Job, eine schöne Wohnung,
eine feste Freundin usw. Aber irgendwie dachte ich: ② _____
_____ Hier leben die
Menschen mit einer Leichtigkeit, die mir in Deutschland fehlte. Wenn
man davor Angst hat, dass sein Leben immer so langweilig bleibt
und zu eintönig wird, dann sollte man seinem Herz folgen und sein
Glück vielleicht in einem anderen Land suchen.

Frau	Um bei der Jobsuche in Deutschland Erfolg zu haben, sind nicht nur eine gute Ausbildung und Berufserfahrung wichtig, sondern auch gute Deutschkenntnisse. Wie gut Ihr Deutsch sein muss, hängt von der Branche ab, in der Sie arbeiten wollen. In manchen internationalen Projekten sind gute Englischkenntnisse ausreichend. Dies ist aber nicht die Regel. Denn wer zum Beispiel in einem Hotel oder in einem Restaurant arbeitet, muss mit den Gästen kommunizieren können. Und Menschen, die in der Pflege arbeiten, müssen die Patienten verstehen, um diese zu versorgen. ① _____

Frau	Ich finde die Vorlesung bei Professorin Richter echt gut
Mann	Ja. Ich auch.
Frau	Hast du schon ein Thema für die Hausarbeit?
Mann	Nein, leider habe ich noch nichts. Ehrlich gesagt, ich habe keine Ahnung. ① _____
Frau	Nein, auch noch nicht. Aber ich habe mir schon ein paar Gedanken gemacht.
Mann	Worüber würdest du denn gerne schreiben?
Frau	Eigentlich würde ich gerne über koreanische Literatur schreiben. Also wie zum Beispiel koreanische Figuren in Kriminalromanen dargestellt werden.
Mann	② _____

Moderatorin	Liebe Hörerinnen und Hörer, ich begrüße heute Doktor Stefan Hüfner, der zu den bekanntesten Hirnforschern Deutschlands zählt. Herr Hüfner ist Professor an der Universität Leipzig. Und er fordert ein Lernen, das die Begeisterung und Neugierde, die Kreativität und die Entdeckungslust von Kindern fördert. Herzlich Willkommen, Herr Hüfner!
Stefan Hüfner	Hallo.
Moderatorin	① _____
Stefan Hüfner	Man kann Kinder durch Druck zwingen, sich bestimmtes Wissen anzueignen. Man kann ihnen auch Belohnungen versprechen, wenn sie besser lernen. So lernen Sie aber nur, sich entweder dem Druck zu entziehen oder mit möglichst geringem Aufwand immer größere Belohnungen zu bekommen.
Moderatorin	Was denken Sie darüber? ② _____ _____
Stefan Hüfner	Beide Verfahren zerstören genau das, worauf es beim Lernen ankommt: eigene Entdeckerfreude und Gestaltungslust. Diesen Lernzugang über die Eigenmotivation, nach dem Motto „Erfahrung macht klug", suchen die Bildungseinrichtungen und die Eltern leider immer seltener. Kinder brauchen Zeit und Raum zum eigenen Entdecken und Gestalten. Das geschieht zum Beispiel beim Spielen. Deshalb ist Spielen nicht nur Unterhaltung, sondern auch allerhärteste Lernarbeit.
Moderatorin	③ _____
Stefan Hüfner	Wie wenig das gegenwärtig verstanden wird, erkläre ich gerne an einem anderen Beispiel: Musik wird auch gern als nutzloses und unwichtiges Fach angesehen und fällt im

Unterricht schnell mal unter den Tisch. Aus der Sicht der Hirnforscher ist aber gerade Singen das beste Kraftfutter für Kindergehirne. In der Gemeinschaft muss man mit anderen harmonieren, lernt also, sich auf andere Menschen einzustellen. Durch das Singen lernen Kinder, ihre Gefühle zum Ausdruck zu bringen. Eine Gesellschaft, die keinen Gesang mehr kennt, verliert somit auch die Kommunikationsform, in der sich die Menschen über und durch ihre Gefühle verständigen.

Moderatorin Was bedeutet das für die Schule? Müssen wir diese neu erfinden?

Stefan Hüfner Unsere heute viel kritisierte Schule ist ein logisches Produkt ihrer Entstehungszeit, dem Industriezeitalter. Da kam es in hohem Maße darauf an, dass man später fast so wie die Maschinen „funktionierte", seine Pflichten erfüllte und wenig Fragen stellte. Diese Art von Arbeit stirbt bei uns aber aus. Unsere Gesellschaft braucht dringend begeisterte Gestalter.

Moderatorin Wie müsste ein Traumpädagoge demnach aus Ihrer Sicht sein?

Stefan Hüfner Das müsste jemand sein, der die Kinder und Jugendlichen mag. Der sie unterstützt und ihnen dabei hilft, ihr Potenzial zu entfalten. Wenig überraschend ist, dass das fast identisch mit dem Zukunftsmodell ist, das auch für Manager wünschenswert wäre. Viele von uns hatten mehr oder weniger zufällig den einen oder anderen Lehrer mit dieser Begeisterung, eine solche souveräne Persönlichkeit. So jemand nimmt die Schüler ernst, ist voller Wertschätzung für sie. Da lernt man viel - ohne Druck und Dauerlob.

Moderatorin Danke Herr Hüfner für den interessanten Einblick.

Moderatorin	Guten Tag, meine Damen und Herren. Schön, dass Sie mit dabei sind, hier bei Radio „Talk Club". Heute geht es um das Thema: Gleichstellung im Beruf. Männer und Frauen sind gleichberechtigt, so steht es ja im deutschen Grundgesetz aus dem Jahr 1949. Allerdings sind noch immer Unterschiede in den verschiedensten Bereichen ersichtlich. Zum Beispiel gibt es bei den Aufstiegsmöglichkeiten und bei der Bezahlung erhebliche Unterschiede zwischen Männern und Frauen. ① _____ _____ Heute sind meine Gäste, Jens Baumgart, Angestellter in einem Handelsunternehmen, und Sabine Fischer, die gerade ihr Studium abgeschlossen hat und in der Initiative Pro-Quote aktiv ist. Frau Fischer, fangen Sie doch bitte mal an. Vielleicht können Sie zuerst einmal Ihre Initiative vorstellen?
Sabine Fischer	Ja, gerne. In Deutschland gibt es bereits gesetzliche Regelungen, nach denen die Leitung großer Betriebe zu einem festgelegten Mindestprozentsatz mit weiblichen Mitarbeitern besetzt werden muss. Aber das gilt nicht für alle Unternehmen. Frauen wollen, dass Betriebe und auch Leitungsgremien in anderen gesellschaftlichen Bereichen dazu verpflichtet werden, sodass ihre Führungsgremien zu einem bestimmten Prozentsatz mit weiblichen Mitarbeitern besetzt werden.
Moderatorin	Herr Baumgart, wie denken Sie darüber?
Jens Baumgart	Ich bin dafür, dass Frauen Posten in Führungspositionen besetzen sollen, aber nicht mit einer festen Quote. ② _____ _____ Betriebe können

	doch in ihrer Personalpolitik nicht von außen zu etwas gezwungen werden.
Sabine Fischer	Aber auf freiwilliger Basis wird sich nichts ändern. In den 200 größten deutschen Unternehmen sind weniger als 5 Prozent aller Vorstandsmitglieder Frauen, und dies, obwohl sie für eine Führungstätigkeit genauso qualifiziert sind wie die Männer. Und die Zahl der Professorinnen an Universitäten liegt gerade mal bei 15 Prozent, obwohl die Frauen vergleichbar gute Abschlüsse abgelegt haben. Bei uns ist das Verhältnis sogar noch schlimmer.
Jens Baumgart	Aber manche Frauen wollen gar keine Führungspositionen einnehmen. Nicht unbedingt aufgrund mangelnder Qualifikationen, sondern weil es sehr schwierig ist, Familie und Beruf unter einen Hut zu bringen. Es muss sich Vieles verbessern: Es müsste zum Beispiel eine flächendeckende, bezahlbare Kinderbetreuung geben. Viele Frauen steigen eine Zeit lang aus dem Beruf aus, um sich um die Kinder zu kümmern. Natürlich sind hier Gesetze erforderlich, aber nicht für die Wirtschaft. Jetzt müssen wir entweder Frauen überzeugen, eine Stelle zu besetzen, oder Frauen einstellen, obwohl sie nicht ausreichend qualifiziert sind, nur um die Quote zu erfüllen.
Sabine Fischer	Es ist ja alles richtig, was Sie gerade gesagt haben. Aber was würde passieren, wenn Frauen genauso wie Männer über Unternehmenspolitik entscheiden könnten. Dazu wären zum Beispiel eine Kinderbetreuung in den Betrieben und andere Arbeitszeitmodelle, die auf Frauen und Familien mit Kindern abgestimmt werden, von Nöten. Die Unternehmensleitung würde diese Probleme jetzt endlich erkennen und man könnte wichtige Entscheidungen treffen, um hier in den Betrieben etwas zu ändern.

Moderatorin	Wie verhält es sich denn mit anderen Punkten, die für das Thema Gleichstellung im Beruf wichtig wären?
	③ _____
Sabine Fischer	Aber es könnte endlich etwas getan werden, wenn Frauen in größerem Maßstab endlich die Politik der Unternehmen mitentscheiden könnten.
Jens Baumgart	Aber das hat mit einer Frauenquote nichts zu tun. Ich finde, das ist ein anderes Thema. Es fängt ja schon bei der Berufswahl an. Frauen arbeiten immer noch traditionell in Bereichen, die vergleichsweise schlechter bezahlt werden. Beispielsweise im Bereich Erziehung und in Dienstleistungsberufen. In diesen Branchen verdienen auch Männer nicht so gut, auch in Fällen, in welchen diese Unternehmen von Frauen geleitet werden.
Moderatorin	Danke Herr Baumgart und Frau Fischer für den interessanten Einblick in das Thema. Was denken Sie, liebe Hörerinnen und Hörer zu unserem Diskussionsthema? – Rufen Sie uns an! Hier unsere Telefonnummer 0800 200... (fade out).

Teil 4 ••••

Herzlich willkommen meine sehr geehrten Damen und Herren zu meinem Vortrag. Das Thema meines Vortrags lautet Wohnungsnot in den Städten. Ich bin Michael Meyer von der Universität Erfurt.

Seit einiger Zeit kann man fast täglich in der Presse lesen, wie schwierig es im Moment ist, in den Städten eine bezahlbare Wohnung zu finden. Die Mieten steigen und steigen. ① _____

_____ Experten vermuten, dass die derzeit fortlaufende Entwicklung zu noch größeren Problemen führen wird. Den gravierenden Wohnungsmangel bekommen nicht nur junge Leute zu spüren, sondern auch ältere Menschen stehen vor neuen Problemen und Herausforderungen.

Einen Ansatz zur Lösung haben nun Makler gefunden. Viele ältere Menschen leben allein in Wohnungen, die für sie allein zu groß und oft auch zu teuer sind. Makler haben daher nun begonnen, Studenten und Auszubildende an Zimmer bei älteren Menschen zu vermitteln. Im Gegenzug für vergleichsweise günstige Mieten, helfen die jungen Leute im Haushalt und bei der Erledigung von Einkäufen und anderen Besorgungen.

Diese neue Art der Wohngemeinschaft stellt sowohl für die jungen Leute als auch für die Älteren, eine spezielle und sicher auch wertvolle Erfahrung dar. ② _____

_____ Die jungen Leute sind in keiner Weise dazu verpflichtet, ihre Freizeit mit den älteren Herrschaften zu verbringen. Es kann jedoch sein, dass die älteren Leute eben diese Erwartung an ihre jungen Untermieter stellen und gemeinsames Fernsehen am Abend oder eine Runde Kartenspiel können als Pflicht angesehen werden. Dies kann daher schnell zu Konflikten führen. Wichtig ist es daher, dass die Richtlinien auf beiden Seiten klargestellt und verstanden werden. Im Endeffekt können beide Parteien von einem solchen Abkommen profitieren: Die zuvor allein lebende ältere Person, die zumeist auch über ein Gefühl der Einsamkeit klagt, ist nicht länger die ganze Zeit allein und die jungen Studenten erhalten eine ünstige Bleibe. Um größere Konflikte und Meinungsverschiedenheiten zu schlichten, scheint es ein guter Ansatz, dass die Makler auch nach der Vermittlung weiterhin als Ansprechpartner zur Verfügung stehen.

Diese ersten Versuche gestalten sich bereits jetzt schon als eine Art soziales Projekt. Die zunehmende Alterung der deutschen Bevölkerung wird schon seit mehreren Jahren als Problem thematisiert. Daher ist es vielleicht eine Überlegung wert, eine derartige Form des Zusammenlebens in Erwägung zu ziehen. Schließlich können sowohl die jungen Leute von ihren älteren Mitbewohnern lernen als auch die älteren Vermieter einen positiven Nutzen aus der gemeinsamen Wohnsituation ziehen. Dennoch sollte allerdings nicht außer Acht gelassen werden, dass viele junge Leute sich wünschen, mit der Freundin oder dem Freund zusammen zu wohnen. ③ _____ _____ Es fehlt daher noch immer ein Ansatz, der es allen Beteiligten ermöglicht, frei nach den eigenen Wünschen zu handeln.

Letztendlich ist es die Aufgabe der Politik, die Städte als Lebensraum zu erhalten und Lösungen für die Wohnungsknappheit zu finden, sowie Möglichkeiten für das Erschaffen tragbarer Unterkünfte aufzuzeigen, welche für die verschiedenen Formen des Zusammenlebens benötigt werden. Doch sollte man nicht aus den Augen verlieren, dass Projekte wie diese durchaus einen Anstoß zum Umdenken liefern können. Damit bin ich am Ende meiner Präsentation angekommen.

Herzlichen Dank für Ihre Aufmerksamkeit.

Teil 1 ● ○ ○ ○

▶ **Beispiel**

① Das Programm steht ab nächster Woche im Internet.

▶ **Aufgabe 1 und 2**

① Viele Leute interessieren sich doch gar nicht für das Land, welches sie bereisen.

▶ **Aufgabe 3 und 4**

① In der letzten Nacht ist ein heftiges Gewitter über Kiel gezogen.

▶ **Aufgabe 5 und 6**

① Unser nächstes Thema ist „Auswandern".
② Das kann es doch nicht alles gewesen sein.

▶ **Aufgabe 7 und 8**

① Wer als Au-pair arbeiten möchte, muss demnach auch zumindest gute Grundkenntnisse im Deutschen haben.

▶ **Aufgabe 9 und 10**

① Hast du schon eins?
② Das hört sich super und total interessant an.

Teil 2 •••○

① Wie funktioniert Lernen aus der Sicht der Hirnforschung?

② Wie beurteilen sie die Auswirkungen auf die Kinder?

③ Handelt es sich dabei um eine neue Erkenntnis?

Teil 3 •••○

① Zu diesem Thema diskutieren wir ja schon seit Langem.

② Es ist schon entscheidend, ob die sich auf die Position bewerbende Person für die Stelle geeignet ist oder nicht.

③ Zahlen beweisen schon, dass Frauen immer noch 20 Prozent weniger als Männer verdienen.

Teil 4 ••••

① Besonders Studenten und junge Familien leiden unter dieser Situation.

② Zu den klaren Aufgaben der Untermieter gehört das Einkaufen, Kochen und das Sauberhalten der Wohnung.

③ Hier kann auch dieses neue Wohnmodell keine Lösung bringen.

3회 주요 단어

문제에서 나온 단어들은 틈틈이 복습하고 시험 보기 전 최종 점검용으로 활용할 수 있습니다.

공부한 날짜 　　월 　　일

읽기

Deutsch	Koreanisch	check
☐ abgelenkt	[p.a.] 벗어나게 하는	
☐ absichtlich	[a.] 의도적인	
☐ angeboren	[a.] 타고난, 선천적인	
☐ begrenzt	[p.a.] 제한된, 한정된	
☐ behaupteten	[v.] 주장했다 (behaupten의 과거)	
☐ behielten	[v.] 유지했다 (behalten의 과거)	
☐ beliebig	[a.] 임의의	
☐ berufsbezogen	[a.] 직업에 관련된	
☐ bestimmen	[v.] 결정하다	
☐ bezeichnen	[v.] ~를 가리키다, 자세히 묘사하다	
☐ chronisch	[a.] 만성의	
☐ darstellen	[v.] 나타내다, 보여주다	
☐ das Dilemma	[n.] 딜레마	
☐ das Ermessen	[n.] 판단	
☐ das Gehirntraining	[n.] 두뇌 훈련	
☐ das Langzeitgedächtnis	[n.] 장기 기억력	
☐ das Schmerzempfinden	[n.] 통증 감각	
☐ das Sortiment	[n.] 공급 물품	
☐ das Jahresabonnement	[n.] 연간 회원권	
☐ der Gedächtnisforscher	[n.] 기억 연구자	
☐ der Gelenkschmerzen	[n.] 관절 통증	
☐ der Personalabteilung	[n.] 인사과	
☐ der Rhythmus	[n.] 리듬	

□ der Sauerstoffverbrauch	[n.] 산소 소비, 산소 소모	
□ der Speicherplatz	[n.] 저장 공간, 메모리	
□ der Sprachaufenthalt	[n.] 어학연수	
□ der Werdegang	[n.] 성장 과정, 발전 과정	
□ die Faustregel	[n.] 대체적인 규칙	
□ die Gedächtnisleistung	[n.] 기억력	
□ die Gehirnaktivität	[n.] 두뇌 활동	
□ die Herzfrequenz	[n.] 맥박수	
□ die Speicherkapazitäten	[n.] 저장 수용 능력, 저장 생산력	
□ die Utopie	[n.] 유토피아, 이상향	
□ die Verfassung	[n.] 작성	
□ die Verlängerung	[n.] 연장	
□ die Vermutung	[n.] 가정	
□ die Weiterbildung	[n.] 추가 교육	
□ effizienter	[a.] 더 효과적인 (effizient의 비교급)	
□ einsetzen	[v.] 정하다, 설치하다	
□ einüben	[v.] 연습하다	
□ elektronisch	[a.] 전자의	
□ empfunden	[p.a.] 느껴지는	
□ enorm	[a.] 대단히 큰	
□ erhöhen	[v.] 높이다, 증가시키다	
□ entscheidend	[p.a.] 결정적인	
□ erzeugen	[v.] 만들다	
□ flexibilisiert	[p.a.] 유연한	
□ frühzeitig	[a.] 일찍, 너무 이른	
□ gefürchtet	[p.a.] 무서운, 두려운	
□ geklärt	[p.a.] 명확한	
□ generell	[a.] 일반적으로, 보편적인	
□ geschult	[p.a.] 노련한	
□ gesundheitsfördernd	[p.a.] 건강을 장려하는	
□ gleichermaßen	[adv.] 같은 정도로	
□ konfessionell	[a.] 종교적으로, 신앙상의	

☐ mitsingen	[v.] 함께 부르다	
☐ pl. Betrieben	[n.] 기업 (der Betrieb)	
☐ pl. Botschaften	[n.] 소식, 뉴스, 보고, 통지 (die Botschaft)	
☐ pl. Dutzende	[n.] 다수, 여럿 (das Dutzend)	
☐ pl. Forschungsergebnisse	[n.] 연구 결과 (das Forschungsergebnis)	
☐ pl. Gedächtnisprobleme	[n.] 기억력 문제 (das Gedächtnisproblem)	
☐ pl. Gewerkschaften	[n.] 노동조합 (die Gewerkschaft)	
☐ pl. Handlungen	[n.] 조치, 행동 (die Handlung)	
☐ pl. Lücken	[n.] 여백 (die Lücke)	
☐ pl. Reize	[n.] 자극 (der Reiz)	
☐ pl. Tatsachen	[n.] 사실 (die Tatsache)	
☐ verpacken	[v.] 포장하다	
☐ progressiv	[a.] 진보적인	
☐ schlussendlich	[a.] 드디어	
☐ schmerzlindernd	[p.a.] 통증 완화의	
☐ sich entmutigen	[v.] 낙심하다, 용기를 잃다	
☐ sich erinnerten	[v.] 기억했다 (erinnern의 과거)	
☐ sich merken	[v.] 기억하다, 명심하다	
☐ sich verleiten	[v.] 유혹에 빠지다	
☐ sozusagen	[adv.] 소위, 말하자면	
☐ stattdessen	[adv.] ~대신에	
☐ überzeugt	[p.a.] 확신하고 있는	
☐ uneingeschränkt	[a.] 무제한의	
☐ unerwartet	[a.] 예기치 않은	
☐ verankern	[v.] 고정시키다, 확정하다	
☐ verfügen	[v.] 다루다, 처리하다	
☐ vermindern	[v.] 줄이다, 감소시키다	
☐ verschwinden	[v.] 사라지다	
☐ versperren	[v.] 막다, 차단하다	
☐ vielfältig	[a.] 다양한	
☐ werden...aufbewahrt	[v.] 보존되다 (aufbewahren의 수동태)	

Deutsch	Koreanisch	check
□ werden...eingesehen	[v.] 열람하게 되다, 탐구하게 되다 (einsehen의 수동태)	
□ werden...vorgewiesen	[v.] 제시하게 되다 (vorweisen의 수동태)	
□ zugeteilt	[p.a.] 할당된	

듣기

Deutsch	Koreanisch	check
□ allerhärtest	[a.] 가장 어려운	
□ aufzeigen	[v.] 제시하다	
□ aussterben	[v.] 사멸하다	
□ auswandern	[v.] 이민하다	
□ begehrten	[v.] 갈망했다 (begehren의 과거)	
□ behindert	[p.a.] 장애가 있는	
□ besetzen	[v.] 차지하다, 주다	
□ das Führungsgremien	[n.] 경영진, 지도 위원회	
□ das Handelsunternehmen	[n.] 무역회사, 상업적 기업	
□ das Industriezeitalter	[n.] 산업화 시대	
□ das Kraftfutter	[n.] 영양제	
□ das Potenzial	[n.] 잠재력	
□ das Segelboot	[n.] 범선, 돛단배	
□ das Verfahren	[n.] 방법	
□ das Vorstandsmitglieder	[n.] 이사회	
□ der Anstoß	[n.] 원동력, 자극	
□ der Aufwand	[n.] 비용	
□ der Gestalter	[n.] 창작자	
□ der Hirnforscher	[n.] 뇌 연구자	
□ der Lernzugang	[n.] 학습 방법	
□ der Makler	[n.] 중개인, 브로커	
□ der Mindestprozentsatz	[n.] 최소 비율	
□ der Posten	[n.] 임무, 지위, 신분	
□ der Untermieter	[n.] 전차인, (일부만) 세 들어 사는 사람	
□ derartig	[a.] 이런 종류의	

□ die Aufstiegsmöglichkeit	[n.] 승진 기회	
□ die Begeisterung	[n.] 열의, 열광	
□ die Berufsfeuerwehr	[n.] 전문 소방대	
□ die Bevölkerung	[n.] 인구	
□ die Eigenmotivation	[n.] 자기 동기부여	
□ die Einsamkeit	[n.] 외로움	
□ die Entdeckungslust	[n.] 발견욕, 발견 욕구	
□ die Entstehungszeit	[n.] 발생 시기	
□ die Erwägung	[n.] 고려, 숙고	
□ die Führungspositionen	[n.] 고위직, 지도층	
□ die Führungstätigkeit	[n.] 경영 활동	
□ die Gestaltungslust	[n.] 창조욕, 창조 욕구	
□ die Gleichstellung	[n.] 평등	
□ die Initiative	[n.] 시민 단체	
□ die Neugierde	[n.] 호기심	
□ die Quote	[n.] 할당량	
□ die Unterhaltung	[n.] 오락, 즐거움	
□ die Unternehmenspolitik	[n.] 기업 정책, 기업 행정	
□ die Wertschätzung	[n.] 존중, 존경	
□ die Wetterbehörde	[n.] 기상청	
□ die Wohnungsknappheit	[n.] 주택 부족 현상	
□ durchaus	[adv.] 완전히	
□ eintönig	[a.] 단조로운	
□ entfalten	[v.] 발휘하다, 펼치다	
□ entziehen	[v.] 벗어나다	
□ erfüllen	[v.] 채우다	
□ erheblich	[a.] 현저한	
□ ersichtlich	[a.] 명백한, 보고 알 수 있는	
□ flächendeckend	[p.a.] 전반적인, 포괄적인	
□ gleichberechtigt	[a.] 동등한	
□ gravierend	[p.a.] 심각한, 중대한	
□ harmonieren	[v.] 조화를 이루다	

□ heftig	[a.] 격렬한	
□ pl. Belohnungen	[n.] 보상 (die Belohnung)	
□ pl. Besorgungen	[n.] 돌봄, 관리 (die Besorgung)	
□ pl. Kriminalromanen	[n.] 범죄 소설 (der Kriminalroman)	
□ pl. Nöten	[n.] 어려운 상황, 곤경 (die Not)	
□ pl. Parteien	[n.] 당사자 (die Partei)	
□ pl. Richtlinien	[n.] 지침, 방침 (die Richtlinie)	
□ schlichten	[v.] (불평 따위를) 조정하다, 중재하다	
□ sein...gekentert	[v.] 배가 뒤집혔다 (kentern의 현재완료)	
□ sich bilden	[v.] 수양하다, 교양을 얻다	
□ sich gestalten	[v.] (어떤 형태로) 되다	
□ souverän	[a.] 주체적인, 독립적인	
□ tragbar	[a.] 감당할 수 있는, 참을 수 있는	
□ umfielen	[v.] 쓰려졌다 (umfallen의 과거)	
□ versorgen	[v.] (누구를) 돌봐주다	
□ was mich betrifft	나로서는	
□ werden...abgestimmt	[v.] 조율되다 (abstimmen의 수동태)	
□ werden...geleitet	[v.] 관리되다, 이끌게 되다 (leiten의 수동태)	
□ werden...thematisiert	[v.] 공론화 되다, 주제로 되다 (thamtisieren의 수동태)	
□ zumeist	[adv.] 대부분, 대게	

쓰기, 말하기

Deutsch	Koreanisch	check
□ angestrebt	[p.a.] ~을 위해 힘쓰는	
□ angewandt	[p.a.] 실제적으로 적용된	
□ animieren	[v.] 활기를 돋우다	
□ anstehen	[v.] 시급한 처리를 요하다	
□ anstehend	[p.a.] 긴급한	
□ anstrebenswert	[a.] 노력할 가치가 있는	
□ artgerecht	[a.] 종류에 적합한	

☐ befürchten	[v.] 두려워하다	
☐ bemängeln	[v.] 비난하다	
☐ beschlossen	[adv.] 결정한 대로	
☐ bundesweit	[a.] 연방 전체에 걸쳐	
☐ Burnout	[n.] 번아웃 증후군	
☐ charaktergerech	[a.] 적합한 성격으로	
☐ das Antibiotika	[n.] 항생제	
☐ das Mitspracherecht	[n.] 공동 결정권	
☐ das Parlament	[n.] 국회	
☐ das Schulsystem	[n.] 학교 시스템	
☐ das Wachstumshormon	[n.] 성장호르몬	
☐ dementsprechend	[a.] 그에 따른	
☐ der Abgeordnete	[n.] 국회의원	
☐ der Ausgleich	[n.] 균형	
☐ der Befürworter	[n.] 지지자	
☐ der Gegner	[n.] 반대자	
☐ der Klärschlamm	[n.] 침전물	
☐ der Kunstdünger	[n.] 인공 비료	
☐ der Meinungsaustausch	[n.] 의견 교환	
☐ der Prozentsatz	[n.] 백분율	
☐ die Aufklärung	[n.] 성교육	
☐ die Diskriminierung	[n.] 차별	
☐ die Frauenquote	[n.] 여성 할당제	
☐ die Hemmung	[n.] 방해, 제지	
☐ die Landwirtschaftsreform	[n.] 농업 개혁, 농업 혁신	
☐ die LGBTQ	[n.] 성소수자 (레즈비언, 게이, 양성애자, 트랜스젠더를 합쳐서 부르는 단어)	
☐ die Notwendigkeit	[n.] 필요성	
☐ die Repräsentation	[n.] 태도	
☐ die Schichtarbeit	[n.] 교대 근무	
☐ die Umsatzweise	[n.] 판매 방법	
☐ die Verordnung	[n.] 규정	
☐ die Volkskrankheit	[n.] 국민질병	

☐ die Vorbeugung	[n.] 예방	
☐ eingeschüchtert	[p.a.] 위협을 받는	
☐ ermöglichen	[v.] 가능하게 하다	
☐ experimentell	[a.] 실험적으로	
☐ festgesetzt	[p.a.] 확정된	
☐ gegenübertreten	[v.] 맞서다	
☐ gelangen	[v.] 도착하다, 도달하다	
☐ gelegentlich	[a.] 때에 따라서의	
☐ genetisch	[a.] 유전학의	
☐ gering	[a.] 적은	
☐ greifend	[p.a.] 손을 내밀어	
☐ heikel	[a.] 어려운	
☐ nachvollziehbar	[a.] 공감 가는	
☐ pl. Bedürfnisse	[n.] 필요한 것 (das Bedürfnis)	
☐ pl. Fehltage	[n.] 결근 (der Fehltag)	
☐ pl. Minderheiten	[n.] 소수 (die Minderheit)	
☐ pl. Reformen	[n.] 개혁들, 혁신들 (die Reform)	
☐ pl. Textilien	[n.] 섬유, 직물류	
☐ pl. Treibstoffe	[n.] 연료 (der Treibstoff)	
☐ profitieren	[v.] 혜택을 얻다	
☐ selbstbewusst	[a.] 자신감을 가지고	
☐ synthetisch	[a.] 합성의	
☐ überfällig	[a.] 늦어진	
☐ ultimativ	[a.] 최종적으로	
☐ umfassen	[v.] 포괄하다	
☐ umstritten	[a.] 논란이 많은	
☐ ungebildet	[a.] 교양 없는	
☐ universell	[a.] 다방면의	
☐ unterbesetzt	[a.] 인원 부족의	
☐ unterdessen	[adv.] 그사이에	
☐ unterliegen	[v.] 지배되다	
☐ verbreitet	[p.a.] 보급된	

☐ verkürzen	[v.] 단축하다	
☐ vertreten	[v.] 주장하다	
☐ vorfinden	[v.] 존재하다	
☐ vorweisen	[v.] 제시하다	
☐ wahrnehmen	[v.] 알아보다	
☐ werden...animiert	[v.] 활기를 불어넣게 되다 (animieren의 수동태)	
☐ werden...bestärkt	[v.] 지지되다 (bestärken의 수동태)	
☐ werden...verringert	[v.] 줄이게 되다 (verringern의 수동태)	
☐ wettbewerbsfähig	[a.] 경쟁력 있는	
☐ zeitgerecht	[a.] 시대에 알맞은	
☐ zurücklegen	[v.] (시간을) 보내다	
☐ abwälzen	[v.] (부담이 되는 것을) 전가하다	
☐ aufstellen	[v.] 세우다, 구성하다	
☐ ausmachen	[v.] 결말짓다, 해결하다	
☐ ausnutzen	[v.] 이용하다, 착취하다	
☐ betroffenen Kollegen	[n.] 관계된, 문제가 되는 동료	
☐ derzeit	[adv.] 지금, 현재	
☐ die Baustelle	[n.] 공사장, 건축 현장	
☐ die Unannehmlichkeit	[n.] 불쾌한 일, 귀찮은 일	
☐ ergehen	[v.] (어떻게) 지내다	
☐ erlegen	[v.] (적 따위를) 쓰러뜨리다	
☐ kurzfristig	[a.] 단기의	
☐ unbegründet	[a] 이유 없는, 사실 무근의	

Goethe-Zertifikat **B2**

Lesen

Nachname, Vorname

PS ☐ A ☐ B

Institution, Ort

Geburtsdatum

PTN-Nr.

Teil 1

	a	b	c	d
1	☐	☐	☐	☐
2	☐	☐	☐	☐
3	☐	☐	☐	☐
4	☐	☐	☐	☐
5	☐	☐	☐	☐
6	☐	☐	☐	☐
7	☐	☐	☐	☐
8	☐	☐	☐	☐
9	☐	☐	☐	☐

Teil 1

	a	b	c	d	e	f	g	h
10	☐	☐	☐	☐	☐	☐	☐	☐
11	☐	☐	☐	☐	☐	☐	☐	☐
12	☐	☐	☐	☐	☐	☐	☐	☐
13	☐	☐	☐	☐	☐	☐	☐	☐
14	☐	☐	☐	☐	☐	☐	☐	☐
15	☐	☐	☐	☐	☐	☐	☐	☐

Teil 3

	a	b	c
16	☐	☐	☐
17	☐	☐	☐
18	☐	☐	☐
19	☐	☐	☐
20	☐	☐	☐
21	☐	☐	☐

Teil 4

	a	b	c	d	e	f	g	h
22	☐	☐	☐	☐	☐	☐	☐	☐
23	☐	☐	☐	☐	☐	☐	☐	☐
24	☐	☐	☐	☐	☐	☐	☐	☐
25	☐	☐	☐	☐	☐	☐	☐	☐
26	☐	☐	☐	☐	☐	☐	☐	☐
27	☐	☐	☐	☐	☐	☐	☐	☐

Teil 5

	a	b	c	d	e	f	g	h
28	☐	☐	☐	☐	☐	☐	☐	☐
29	☐	☐	☐	☐	☐	☐	☐	☐
30	☐	☐	☐	☐	☐	☐	☐	☐

Punkte Teile 1 bis 5 ☐☐ / 30

Gesamtergebnis: (nach umrechnung) ☐☐☐ / 100

Unterschrift Bewertende/r 1   Unterschrift Bewertende/r 2   Datum

※ 연습용 답안지입니다.

Goethe-Zertifikat B2

Hören

Nachname, Vorname

PS ☐A ☐B

Institution, Ort

Geburtsdatum

PTN-Nr.

Teil 1

	Richtig		Falsch
1	☐		☐

	a	b	c
2	☐	☐	☐

	Richtig		Falsch
3	☐		☐

	a	b	c
4	☐	☐	☐

	Richtig		Falsch
5	☐		☐

	a	b	c
6	☐	☐	☐

	Richtig		Falsch
7	☐		☐

	a	b	c
8	☐	☐	☐

	Richtig		Falsch
9	☐		☐

	a	b	c
10	☐	☐	☐

Teil 2

	a	b	c
11	☐	☐	☐
12	☐	☐	☐
13	☐	☐	☐
14	☐	☐	☐
15	☐	☐	☐

Markieren Sie so: ☒

NICHT so: ☒ ☐ ☒ · ☑ ◯

Fullen Sie zur Korrektur das Feld aus: ■

Markieren Sie das richtige Feld neu: ☒

Teil 3

	a	b	c
17	☐	☐	☐
18	☐	☐	☐
19	☐	☐	☐
20	☐	☐	☐
21	☐	☐	☐
22	☐	☐	☐

Teil 4

	a	b	c
23	☐	☐	☐
24	☐	☐	☐
25	☐	☐	☐
26	☐	☐	☐
27	☐	☐	☐
28	☐	☐	☐
29	☐	☐	☐
30	☐	☐	☐

Punkte Teile 1 bis 4

☐☐ / 30

Gesamtergebnis: (nach umrechnung)

☐☐☐ / 100

Unterschrift Bewertende/r 1

Unterschrift Bewertende/r 2

Datum

Nachname, Vorname

PS ☐ A ☐ B

Institution, Ort

Geburtsdatum

PTN-Nr.

_____ _____
Unterschrift Bewertende/r 1   Unterschrift Bewertende/r 2   Datum

※ 연습용 답안지입니다.

Goethe-Zertifikat **B2**

Schreiben

Nachname, Vorname

PS ☐ A ☐ B

Institution, Ort

Geburtsdatum

☐☐ . ☐☐ . ☐☐☐☐

PTN-Nr.

☐☐☐☐☐☐☐☐☐☐

Unterschrift Bewertende/r 1

Unterschrift Bewertende/r 2

Datum

☐☐ . ☐☐ . ☐☐☐☐

※ 연습용 답안지입니다.

Goethe-Zertifikat B2

Lesen

Nachname, Vorname

Institution, Ort

Geburtsdatum

PS ☐ A ☐ B

PTN-Nr.

Teil 1

	a	b	c	d
1	☐	☐	☐	☐
2	☐	☐	☐	☐
3	☐	☐	☐	☐
4	☐	☐	☐	☐
5	☐	☐	☐	☐
6	☐	☐	☐	☐
7	☐	☐	☐	☐
8	☐	☐	☐	☐
9	☐	☐	☐	☐

Teil 1

	a	b	c	d	e	f	g	h
10	☐	☐	☐	☐	☐	☐	☐	☐
11	☐	☐	☐	☐	☐	☐	☐	☐
12	☐	☐	☐	☐	☐	☐	☐	☐
13	☐	☐	☐	☐	☐	☐	☐	☐
14	☐	☐	☐	☐	☐	☐	☐	☐
15	☐	☐	☐	☐	☐	☐	☐	☐

Teil 3

	a	b	c
16	☐	☐	☐
17	☐	☐	☐
18	☐	☐	☐
19	☐	☐	☐
20	☐	☐	☐
21	☐	☐	☐

Teil 4

	a	b	c	d	e	f	g	h
22	☐	☐	☐	☐	☐	☐	☐	☐
23	☐	☐	☐	☐	☐	☐	☐	☐
24	☐	☐	☐	☐	☐	☐	☐	☐
25	☐	☐	☐	☐	☐	☐	☐	☐
26	☐	☐	☐	☐	☐	☐	☐	☐
27	☐	☐	☐	☐	☐	☐	☐	☐

Teil 5

	a	b	c	d	e	f	g	h
28	☐	☐	☐	☐	☐	☐	☐	☐
29	☐	☐	☐	☐	☐	☐	☐	☐
30	☐	☐	☐	☐	☐	☐	☐	☐

Punkte Teile 1 bis 5 ☐☐ / 30

Gesamtergebnis: (nach umrechnung) ☐☐☐ / 100

Unterschrift Bewertende/r 1 Unterschrift Bewertende/r 2 Datum

※ 연습용 답안지입니다.

Goethe-Zertifikat B2

Hören

Nachname, Vorname

Institution, Ort

PS ☐A ☐B

Geburtsdatum

PTN-Nr.

Teil 1

	Richtig		Falsch			Richtig		Falsch
1	☐		☐		7	☐		☐

	a	b	c			a	b	c
2	☐	☐	☐		8	☐	☐	☐

	Richtig		Falsch			Richtig		Falsch
3	☐		☐		9	☐		☐

	a	b	c			a	b	c
4	☐	☐	☐		10	☐	☐	☐

Richtig Falsch
5 ☐ ☐

a b c
6 ☐ ☐ ☐

Teil 2

	a	b	c
11	☐	☐	☐
12	☐	☐	☐
13	☐	☐	☐
14	☐	☐	☐
15	☐	☐	☐

Markieren Sie so: ☒

NICHT so: ☒ ☐ ☒ ☐ ☑ ⬭

Fullen Sie zur Korrektur das Feld aus: ■

Markieren Sie das richtige Feld neu: ☒

Teil 3

	a	b	c
17	☐	☐	☐
18	☐	☐	☐
19	☐	☐	☐
20	☐	☐	☐
21	☐	☐	☐
22	☐	☐	☐

Teil 4

	a	b	c
23	☐	☐	☐
24	☐	☐	☐
25	☐	☐	☐
26	☐	☐	☐
27	☐	☐	☐
28	☐	☐	☐
29	☐	☐	☐
30	☐	☐	☐

Punkte Teile 1 bis 4

☐☐ / 3 0

Gesamtergebnis: (nach umrechnung)

☐☐☐ / 1 0 0

☐☐ . ☐☐ . ☐☐☐☐

Unterschrift Bewertende/r 1

Unterschrift Bewertende/r 2

Datum

Nachname,
Vorname

Institution,
Ort

PS ☐ A ☐ B

Geburtsdatum

PTN-Nr.

Unterschrift Bewertende/r 1   Unterschrift Bewertende/r 2   Datum

Nachname, Vorname

Institution, Ort

PS ☐ A ☐ B

Geburtsdatum

PTN-Nr.

Unterschrift Bewertende/r 1

Unterschrift Bewertende/r 2

Datum

※ 연습용 답안지입니다.

Goethe-Zertifikat B2

Lesen

Nachname, Vorname

PS ☐A ☐B

Institution, Ort

Geburtsdatum

PTN-Nr.

Markieren Sie so: ☒

NICHT so: ☒ ☐ ☒ ☐ ☑ ◯

Fullen Sie zur Korrektur das Feld aus: ■

Markieren Sie das richtige Feld neu: ☒

Teil 1

	a	b	c	d
1	☐	☐	☐	☐
2	☐	☐	☐	☐
3	☐	☐	☐	☐
4	☐	☐	☐	☐
5	☐	☐	☐	☐
6	☐	☐	☐	☐
7	☐	☐	☐	☐
8	☐	☐	☐	☐
9	☐	☐	☐	☐

Teil 1

	a	b	c	d	e	f	g	h
10	☐	☐	☐	☐	☐	☐	☐	☐
11	☐	☐	☐	☐	☐	☐	☐	☐
12	☐	☐	☐	☐	☐	☐	☐	☐
13	☐	☐	☐	☐	☐	☐	☐	☐
14	☐	☐	☐	☐	☐	☐	☐	☐
15	☐	☐	☐	☐	☐	☐	☐	☐

Teil 3

	a	b	c
16	☐	☐	☐
17	☐	☐	☐
18	☐	☐	☐
19	☐	☐	☐
20	☐	☐	☐
21	☐	☐	☐

Teil 4

	a	b	c	d	e	f	g	h
22	☐	☐	☐	☐	☐	☐	☐	☐
23	☐	☐	☐	☐	☐	☐	☐	☐
24	☐	☐	☐	☐	☐	☐	☐	☐
25	☐	☐	☐	☐	☐	☐	☐	☐
26	☐	☐	☐	☐	☐	☐	☐	☐
27	☐	☐	☐	☐	☐	☐	☐	☐

Teil 5

	a	b	c	d	e	f	g	h
28	☐	☐	☐	☐	☐	☐	☐	☐
29	☐	☐	☐	☐	☐	☐	☐	☐
30	☐	☐	☐	☐	☐	☐	☐	☐

Punkte Teile 1 bis 5 ☐☐ / 30

Gesamtergebnis: (nach umrechnung) ☐☐☐ / 100

Unterschrift Bewertende/r 1   Unterschrift Bewertende/r 2   Datum ☐☐.☐☐.☐☐☐☐

※ 연습용 답안지입니다.

Goethe-Zertifikat B2

Hören

Nachname, Vorname

PS ☐A ☐B

Institution, Ort

Geburtsdatum

PTN-Nr.

Teil 1

	Richtig	Falsch			Richtig	Falsch
1	☐	☐	7		☐	☐

	a	b	c			a	b	c
2	☐	☐	☐	8		☐	☐	☐

	Richtig	Falsch			Richtig	Falsch
3	☐	☐	9		☐	☐

	a	b	c			a	b	c
4	☐	☐	☐	10		☐	☐	☐

	Richtig	Falsch
5	☐	☐

	a	b	c
6	☐	☐	☐

Teil 2

	a	b	c
11	☐	☐	☐
12	☐	☐	☐
13	☐	☐	☐
14	☐	☐	☐
15	☐	☐	☐

Markieren Sie so: ☒

NICHT so: ☒ ☐ ☒ ☐ ☑ ⬭

Fullen Sie zur Korrektur das Feld aus: ■

Markieren Sie das richtige Feld neu: ☒

Teil 3

	a	b	c
17	☐	☐	☐
18	☐	☐	☐
19	☐	☐	☐
20	☐	☐	☐
21	☐	☐	☐
22	☐	☐	☐

Teil 4

	a	b	c
23	☐	☐	☐
24	☐	☐	☐
25	☐	☐	☐
26	☐	☐	☐
27	☐	☐	☐
28	☐	☐	☐
29	☐	☐	☐
30	☐	☐	☐

Punkte Teile 1 bis 4

☐☐ / 30

Gesamtergebnis: (nach umrechnung)

☐☐☐ / 100

☐☐ . ☐☐ . ☐☐☐☐

_____
Unterschrift Bewertende/r 1

_____
Unterschrift Bewertende/r 2

Datum

Nachname,
Vorname

PS ☐ A
☐ B

Institution,
Ort

Geburtsdatum

PTN-Nr.

Unterschrift Bewertende/r 1   Unterschrift Bewertende/r 2   Datum

Goethe-Zertifikat B2

Schreiben

일단 합격하고 오겠습니다

ZERTIFIKAT
DEUTSCH

독일어능력시험

실전모의고사

정은실 지음

정답 및 해설

B2

동양북스

일 단 합 격 하 고 오 겠 습 니 다

ZERTIFIKAT DEUTSCH

독 일 어 능 력 시 험

실전모의고사

정은실 지음

정답 및 해설

B2

동양북스

차례 Inhaltsverzeichnis

제1회

실전모의고사
정답 및 해설

B2

읽기 유형 1 ●●●●● 권장 시간: 18분

당신은 포럼에서 시간에 대한 사람들의 견해를 읽습니다. 네 사람 중 어느 사람이 각 진술에 대하여 이야기하였습니까? 사람은 여러 번 선택할 수 있습니다.

예제		
0	많은 사람들은 시간의 개념으로 먼저 시계를 생각한다.	정답: a

1	요즘에는 젊은 사람들은 더 이상 야외에서 운동을 하지 않고, 하더라도 운동 기구만을 사용한다.	c
2	시간 관리를 위한 수업은 흥미롭지만, 특별한 것은 전혀 없다.	b
3	독일에서는 자전거를 타는 것이 점점 대중화되고 있다.	d
4	상황에 따라서 시간은 다르게 느껴진다.	a
5	운동을 하는 동안 많은 사람이 시간에 대해 걱정을 한다.	c
6	시간의 형태는 스스로 선택하거나 바꿀 수 없다.	a
7	사람들 중에는 올빼미와 비슷한 사람이 있고 종달새와 더 비슷한 사람도 있다.	a
8	빠른 발전이 사치가 되면, 사회적으로는 중요한 문제를 발생시킬 수 있다.	d
9	시간은 멈추거나, 연장하거나 단축할 수 없으므로 절대 관리할 수 없다.	b

A Leonie

Es gibt verschiedene Theorien, was genau Zeit ist. Die Physiker verstehen zum Beispiel unter Zeit eine Dimension des Universums. Aber die Mehrheit der Menschen denkt bei dem Begriff Zeit zuerst an die Uhr.

Zeit wird jedoch nicht von allen Menschen in allen Situationen einheitlich gefühlt.

Sie vergeht beispielsweise wie im Flug, wenn jemand eine für ihn interessante und ereignisreiche Arbeit verrichtet. Die gleiche Zeitdauer kann jedoch auch als langweilig erlebt werden, wenn sich jemand in einer ereignisarmen Situation befindet.

In der Biologie wird Zeit als Periode für biologische Rhythmen verstanden. Darüber hinaus fallen beim Menschen Phänomene wie der Blutdruck, der sich beim gesunden Menschen in gleichmäßiger Folge erhöht und senkt, unter den Begriff Zeit.

Übrigens kommen in der Bevölkerung hauptsächlich zwei Zeittypen vor: die Eulen und die Lerchen. Erstere gehen spät ins Bett und schlafen morgens gern entsprechend lange, während die Lerchen Frühaufsteher sind, die dementsprechend früh am Abend müde werden.

Meiner Meinung nach ist die Zugehörigkeit zu Zeittypen genetisch bestimmt. Daher lässt sich der biologische Zeitrhythmus eines Menschen kaum ändern.

🔍 해석

시간이란 정확히 무엇인지에 대해 다양한 이론들이 존재합니다. 예를 들어 물리학자들은 시간의 개념을 우주의 차원으로 이해합니다.

그러나 다수의 사람이 시간이라는 개념에 대해 가장 먼저 시계를 떠올립니다. 하지만 모든 사람이 모든 상황에서 시간을 균일하게 느끼는 것은 아닙니다.

예를 들어 비행기 안에서의 상황처럼, 누군가가 흥미롭고 사건이 많은 일을 할 때면 시간은 순식간에 지나가 버립니다. 그러나 누군가가 특별할 것 없는 상황에 부닥쳐 있다면 같은 시간 안에도 지루하다고 느끼게 됩니다.

생물학에서 시간을 생물학적 리듬의 주기로 이해합니다. 게다가, 건강한 사람들에게서는 일정하게 증가하고 감소하는 혈압과 같은 증상들로 시간의 개념을 이해합니다.

그 외에 사람들 사이에서는 기본적으로 두 가지의 유형의 시간이 존재합니다. 바로 올빼미와 종달새입니다. 첫 번째 유형은 늦게 잠자리에 들고 아침에도 이에 상응하는 만큼 늦게까지 잠을 잡니다. 반면 종달새형은 아침형 인간으로 이에 걸맞게 저녁 일찍 피곤해합니다.

저는 어떤 시간 유형에 속하는지는 유전적으로 결정된다고 생각합니다. 따라서 인간의 생물학적 시간 리듬은 거의 바뀌지 않습니다.

어휘 die Dimension [n.] 차원 ｜ das Universums [n.] 우주 ｜ die Mehrheit [n.] 다수 ｜ einheitlich [a.] 균등한 ｜ ereignisreich [a.] 사건이 많은 ｜ verrichten [v.] 행하다 ｜ ereignisarm [a.] (특별한) 사건이 없는 ｜ pl. Phänomene [n.] 증상, 현상 (das Phänomen) ｜ der Blutdruck [n.] 혈압 ｜ gleichmäßig [a.] 일정한 ｜ erhöhen [v.] 증가하다 ｜ senken [v.] 감소하다 ｜ pl. Eulen [n.] 올빼미 (die Eule) ｜ pl. Lerchen [n.] 종달새 (die Lerche) ｜ dementsprechend [a.] 그에 따른 ｜ genetisch [a.] 유전적으로 ｜ bestimmen [v.] 결정하다

B Mira

In letzter Zeit werden an einigen Firmen viele Kurse zum Umgang mit Zeit durch Zeitmanagement angeboten. Ich habe einen Zeitmanagementkurs besucht, allerdings im Rahmen der innerbetrieblichen Weiterbildung in meiner Firma.

Die Programmankündigung besagte, dass es in dem Seminar um die Vermittlung verschiedener Techniken und Tricks gehe, mit denen wir in der Lage seien, die stetig wachsende Menge an Arbeit und Anzahl von Terminen in kürzerer Zeit zu erledigen, also messbar schneller zu arbeiten.

Das Seminar zeigte jedoch auch, dass man die Zeit überhaupt nicht verwalten kann, weil Zeit sowieso nicht angehalten, gestreckt oder verkürzt werden kann.

Richtig müsste es also heißen: Ob Selbstmanagement von Erfolg gekrönt wird oder nicht, hängt davon ab, ob all diese Schritte zur Routine werden. Die Mehrheit meiner Kolleginnen und Kollegen fanden das Seminar interessant und aufschlussreich, aber viel Neues habe ich nicht gelernt. Auch die Zeitmanagementtrainer kochen nur mit Wasser.

해석

최근 몇몇 기업에 시간 관리를 통해 시간을 다루는 법에 관한 많은 강좌가 제공되었습니다. 저는 우리 회사 사내 추가 교육의 일환으로 어떤 시간 관리 강좌를 들었습니다.

이 프로그램 안내에 따르면, 이 강좌에서 우리는 끊임없이 증가하는 업무량과 업무 일정의 수를 더 짧은 시간 안에 처리할 수 있는, 즉 눈에 띄게 빠르게 일을 할 수 있는 다양한 기술과 비결을 다룬다고 합니다.

그러나 이 강좌에서, 시간을 어찌하든 멈추거나 늘리거나 혹은 줄일 수 없기 때

문에, 전혀 관리할 수 없다는 점도 보여주었습니다.

자기관리가 성공으로 귀결될지 여부는, 이 모든 단계가 일상의 일부가 되었는지에 달려 있다고 하는 것이 맞지 않을까 싶습니다. 저의 대부분의 직장동료는 해당 강좌가 재미있고 시사하는 바가 컸다고 여겼습니다만, 저는 새로운 것들을 많이 배우지는 못했습니다. 그리고 시간 관리 트레이너도 특별히 뛰어나지 않았습니다.

어휘 das Zeitmanagement [n.] 시간 관리 ㅣ innerbetrieblich [a.] 사내의, 기업 내부의 ㅣ die Weiterbildung [n.] 추가 교육 ㅣ besagten [v.] 무엇을 말했다. 의미했다 (besagen의 과거) ㅣ stetig [a.] 끊임없이 ㅣ wachsend [p.a.] 증가하는 ㅣ verwalten [v.] 관리하다 ㅣ werden...angehalten [v.] 멈춰지다 (anhalten의 수동태) ㅣ werden...gestreckt [v.] 늘어나다 (strecken의 수동태) ㅣ werden...verkürzt [v.] 줄어들다 (verkürzen의 수동태) ㅣ das Selbstmanagement [n.] 자기관리 ㅣ werden...gekrönt [v.] 성공으로 끝나게 되다 (krönen의 수동태) ㅣ die Routine [n.] 습관적 행동 ㅣ aufschlussreich [a.] 시사하는 바가 많은

C Bernd

Schon als Jungspund bin ich mit meinen Freunden gern und oft über Berg und Tal gewandert. Auch wenn ich inzwischen über 60 bin, ist Sport zu treiben immer noch mein tägliches Hobby.

Die Bewegung in der freien Natur hat uns allen Spaß gemacht und preiswert war es auch. Heute ist das bei den jungen Leuten anders geworden. Sport treibt man ungern in der Natur, fast immer mit einem Mountainbike, Rollerskates usw. Möglichst schnell muss es dabei zugehen. Viele gehen in ein Sportstudio und strampeln sich dort ab. Das habe ich im vergangenen Jahr auch ausprobiert.

Aber ich habe dabei bemerkt, dass die Zeit auch im Sport jetzt eine immer größere Rolle spielt. Es kommt nicht mehr auf die sportlichen Übungen an, sondern in welcher Zeit man sie absolviert hat. Die Uhr überwacht den Sport. Ich finde es schade, dass der sportliche Erfolg so zeitabhängig geworden ist, und dass vor lauter strampeln gegen die Uhr so wenig Spaß auf den Gesichtern der Leute abzulesen ist.

Ich bedaure, dass Sport für die jungen Leute von heute so ernst geworden ist.

 해석

저는 어릴 적부터 친구들과 자주 산과 계곡으로 여행 다니기를 좋아했습니다. 그사이 저는 60살을 넘겼지만, 운동은 여전히 저의 일상적인 취미입니다.

야외 운동은 우리 모두에게 즐거움을 주었고, 저렴하기도 했습니다. 오늘날 젊은 사람들에게 운동이란 좀 다른 것이 되었습니다. 야외에서 운동하기를 선호하지 않고, 거의 매번 산악자전거나 롤러스케이트 등과 같은 것들을 탑니다. 최대한 빨리 진행되는 것이어야 합니다. 많은 사람이 헬스장에 가고, 그곳에서 열심히 (바이크) 페달을 밟습니다. 저도 지난해 이런 것들을 해 봤습니다.

하지만 저는 운동할 때 시간도 중요한 역할을 한다는 사실을 깨닫게 되었습니다. 이는 더 이상 스포츠 트레이닝이 아니라, 언제 그것을 수행했는가에 관한 문제입니다. 시계가 운동을 감시하고 있습니다. 운동의 성공이 그렇게 시간에 종속적으로 변했다는 사실과 시간에 맞서 바이크 페달을 밟는 일에만 몰두하여 사람들의 얼굴에서 흥미를 찾아보기가 상당히 어렵다는 점이 안타깝습니다.

오늘날의 젊은 사람들에게 운동이 이렇게 심각한 일이 되었다는 게 아쉽습니다.

어휘 der Jungspund [n.] 어릴 때, 경험이 없는것 | das Tal [n.] 계곡 | sein...gewandert [v.] 여행 다녔다 (wandern의 현재완료) | sich strampeln [v.] 페달을 밟다, 자전거를 타다 | haben...absolviert [v.] 마쳤다 | überwachen [v.] 감시하다 | zeitabhängig [a.] 시간에 종속적인 | pl. Gesichter [n.] 얼굴 (das Gesicht) | ablesen [v.] 읽어내다 | bedauern [v.] 안타깝다

D Peter

Zurzeit können wir eine Veränderung bei der Wahl der Verkehrsmittel in Deutschland erkennen. Angesichts der knapper werdenden Ressourcen und des damit verbundenen Preisanstiegs an den Zapfsäulen geht der Trend wieder zu den öffentlichen Verkehrsmitteln. Denn Autofahren scheint für immer mehr Menschen zu teurem Luxus zu werden.

Betrachtet man dieses Phänomen genau, so erkennt man auch einen einsetzenden gesellschaftlichen Wandel: Die schnelleren Verkehrsmittel Flugzeug und ICE oder auch den leistungsstarken PKW leisten sich immer weniger Reisende, während die langsameren Verkehrsmittel Regionalbahn oder das Fahrrad sehr starke Zuwachsraten bei den Reisenden aufweisen.

Einerseits ist diese Entwicklung zu begrüßen, besonders vor dem Hintergrund des drohenden Verkehrskollapses und des Umweltschutzes. Andererseits stellt sich die Frage, ob in Zukunft der Geldbeutel (Kosten) die Schnelligkeit einer Reise von A nach B (Geschwindigkeit) bestimmt. Das hätte gravierende Auswirkungen auf die Gesellschaftsstruktur (gesellschaftlicher Aspekt) in unserem Land. Denn wenn das Tempo zum Luxus und damit für immer weniger Menschen erschwinglich wird (Entwicklung der Kosten), wird das nicht ohne Folgen für den Arbeitsmarkt und überhaupt die Lebensorganisation großer Bevölkerungsteile im Allgemeinen bleiben.

 해석

최근 우리는 독일의 교통수단 선택에 있어서 변화를 발견할 수 있습니다. 점점 더해지는 자원의 부족과 이에 따른 유가 상승으로 인하여, 대중교통 수단을 다시 사용하는 추세입니다. 자동차 운전은 점점 더 많은 사람에게 있어서 값비싼 사치처럼 여겨지게 되었기 때문입니다.

이런 현상을 잘 살펴보면, 일어나고 있는 사회적 변화도 볼 수 있습니다. 더욱더 빠른 교통수단인 비행기와 ICE 혹은 성능 좋은 자가용을 감당할 수 있는 승객들은 점점 더 적어지는 반면, 근거리 열차나 자전거와 같은 더 느린 교통수단은 승객들에게서 매우 높은 성장률을 보입니다. 한편으로 이런 현상은, 특히 시급한 교통 붕괴와 환경보호의 배경에서 환영을 받을 것입니다. 다른 한편으로는, 앞으로 지갑(비용)이 A에서 B로 가는 속도를 결정할 것인지는 의문이 제기됩니다. 그것은 우리나라의 사회적 측면에 매우 중대한 영향을 미칠 수도 있습니다. 속도가 사치가 되고, 그로 인해 점점 더 적은 사람들만 이를 누릴 수 있게 되면 (비용 발생), 노동 시장과 인구 상당 수의 생활 조직에 영향을 미칠 수밖에 없기 때문입니다.

어휘 pl. Ressourcen [n.] 자원 (die Ressource) ┃ der Preisanstieg [n.] 물가 상승 ┃ pl. Zapfsäulen [n.] 급유기 (die Zapfsäule) ┃ scheinen [v.] 여겨지다 ┃ betrachten [v.] 여기다 ┃ einsetzend [p.a.] 일어나는 ┃ der Wandel [n.] 변화 ┃ leistungsstark [a.] 성능이 좋은 ┃ PKW [n.] 자가용 (Personenkrafrwagen의 약어) ┃ sich leisten [v.] (감당할) 여유가 있다 ┃ pl. Zuwachsraten [n.] 성장률 (die Zuwachsrate) ┃ aufweisen [v.] 보이다 ┃ drohend [p.a.] 시급한 ┃ der Verkehrskollaps [n.] 교통 붕괴 ┃ die Geschwindigkeit [n.] 속도 ┃ gravierend [p.a.] 중대한 ┃ pl. Auswirkungen [n.] 영향, 효과 (die Auswirkung) ┃ die Gesellschaftsstruktur [n.] 사회 구조 ┃ der Aspekt [n.] 측면, 관점 ┃ der Luxus [n.] 사치, 낭비 ┃ erschwinglich [a.] 융통할 수 있는 ┃ die Lebensorganisation [n.] 삶의 조직

읽기 유형 2 ●●●●● 권장 시간: 12분

당신은 잡지에서 동화에 대한 하나의 기사를 읽습니다. 어떤 문장이 빈칸에 알맞을까요?
두 문장은 적합하지 않습니다.

Was können Märchen uns vermitteln?

Mit den ersten Zeilen eines Märchens betreten wir fantastische Welten, in denen es meist um Existenzielles geht: so etwa in „Rotkäppchen" der Gebrüder Grimm, den wohl bedeutendsten Märchensammlern der Welt. Hier sind Großmutter und Rotkäppchen zunächst Opfer, der böse Wolf ist der Verfolger und der Jäger der Retter. Dann die Wende: Rotkäppchen, Jäger und Großmutter tun sich zusammen und werden zu Verfolgern. Sie stopfen dem bösen Wolf Steine in den Bauch und töten ihn. Nun ist er das Opfer - das Gute siegt über das Böse. **[...0... Daher stimmt uns das Märchen letztlich positiv.]**

Gemeinsam mit Studierenden hat Prof. Dietrich Zimmermann, Sozialpsychologe an der Universität Mannheim, über 41 Märchen analysiert und die Ergebnisse in seinem Buch „Psychologie der Märchen" festgehalten.

Zimmermann zufolge erfordern Märchen ein Mitdenken und Mitfühlen. Sie geben uns Anregungen dafür, unser Handeln und die Rollen, die wir selbst einnehmen, zu überdenken. **[...10... Märchen handeln von Ängsten und Konflikten, Gefühlen und Werten im Miteinander, die Menschen seit jeher beschäftigen.]** Auch wenn sie vor Jahrhunderten entstanden, als es noch keine Vorstellung einer Gesellschaft gab, die auf Toleranz, Menschlichkeit, Offenheit und gegenseitiger Akzeptanz basiert - **[...11... Märchen können Ansatzpunkte für ein besseres Miteinander liefern.]** „Gerade Märchen sind dafür geeignet, ein tieferes Verständnis und Gespür für Menschen und Menschlichkeit zu entwickeln", denkt Prof. Zimmermann. Warum er Märchen faszinierend findet? Sie sind spannend und fesseln die Aufmerksamkeit. Märchen sind auch oft gruselig, haben aber dennoch einen Bezug zur Realität, da es stets um den Kampf zwischen Gut und Böse geht. **[...12... Man fiebert mit, ob sich das Gute doch noch durchsetzen wird.]** Die Auflösung folgt dann meist zum Schluss. Menschen erleben diese Spannung zwischen Gut und Böse täglich in der Familie, im Kindergarten, in der Schule oder im Beruf.

[...13... Nahezu jedes Märchen vermittelt eine Botschaft.] Nehmen wir „Die Bremer Stadtmusikanten" mit vier Tieren, die alt sind, daher ausgedient haben, gemeinsam jedoch eine Strategie finden, um dem Tod zu entkommen: Von diesem Märchen werden wir an Werte wie Respekt vor dem Alter erinnert, an die Wichtigkeit einer Gruppe oder eines Teams. Das Märchen setzt sich mit Vorurteilen auseinander und mit Gerechtigkeit.

[...14... Inwiefern können Märchen psychologisch heilsam sein?] Wie kann man sie sich zunutze machen?

Märchen sind insofern heilsam, als dass man Hintergründe zu verstehen lernt und lernt, Erkenntnisse daraus in das eigene Leben zu übertragen. Sie sind wie eine Art Krimi, in dem sich oftmals zunächst das Böse durchsetzt.
Man kann aber aus dem Märchen lernen, dass sich die Dinge auch immer zum Guten wenden können, wenn man kämpft, zusammenhält und den Optimismus bewahrt. Außerdem können Märchen Menschen motivieren, die sich für das Gute einsetzen. Hierdurch haben Märchen das Potenzial, das sogenannte psychologische Kapital zu erhöhen. **[...15... Das heißt: optimistisch zu bleiben, nicht zu früh zu resignieren und sich selbst etwas zuzutrauen.]** Es heißt auch, bei Misserfolgen wieder aufzustehen und die Hoffnung nicht aufzugeben.

어휘 vermitteln [v.] 전달하다 | das Existenzielles [n.] 실존 | das Rotkäppchen [n.] (Grimm 동화에 나오는) 빨간 모자 소녀 | bedeutendst [a.] 가장 중요한 | das Opfer [n.] 희생자 | der Verfolger [n.] 추적자 | der Jäger [n.] 사냥꾼 | der Retter [n.] 구원자 | die Wende [n.] 반전 | die Sozialpsychologe [n.] 사회 심리학 | haben...analysiert [v.] 분석했다 (analysieren의 현재완료) | haben...festgehalten [v.] 분명히 밝혔다 (festhalten의 현재완료) | zufolge [prp.] ~에 따라서 | erfordern [v.] 필요하다 | pl. Anregungen [n.] 조언 (die Anregung) | das Handeln [n.] 행동 | pl. Rollen [n.] 역할 (die Rolle) | einnehmen [v.] 수용하다, 받아들이다 | überdenken [v.] 곰곰이 생각하다 | die Toleranz [n.] 관용 | die Menschlichkeit [n.] 인간성 | die Offenheit [n.] 개방성 | gegenseitig [a.] 상호의 | die Akzeptanz [n.] 존중 | basieren [v.] ~를 바탕으로 하다 | geeignet [p.a.] 적합한 | faszinierend [p.a.] 매력적인 | fesseln [v.] 사로잡다, 매료시키다 | die Aufmerksamkeit [n.] 관심, 주의 | gruselig [a.] 무서운 | der Bezug [n.] 관련 | die Auflösung [n.] 문제 해결 | haben...ausgedient [v.] 퇴역했다 (ausdienen의 현재완료) | der Respekt [n.] 고려 | die Gerechtigkeit [n.] 공정성 | sich zunutze machen (무엇을) 이용하다 | der Optimismus [n.] 낙관론 | bewahren [v.] 견지하다, 지키다 | der Misserfolg [n.] 실패

동화는 우리에게 무엇을 전해줄 수 있을까요?

우리는 동화의 첫 문장과 함께 환상적인 세계로 들어갑니다. 대부분 실존에 관한 것을 다루는 환상적인 세계 말입니다. 세계에서 가장 중요한 동화 수집가 그림형제의 《빨간모자》에서처럼 말입니다. 이 작품에서 할머니와 빨간모자가 먼저 희생되고, 악당 늑대는 추적자이며 샤냥꾼은 구원자입니다. 그리고 반전이 일어납니다. 빨간모자와 사냥꾼 그리고 할머니는 합심하여 추적자가 됩니다. 이들은 악당 늑대의 배에 돌을 채워 죽입니다. 이제 늑대가 희생자입니다. 선이 악을 무찌른 것이죠. [...O... 그러므로 동화는 근본적으로 우리에게 좋은 기분이 들게 해줍니다.]

만하임 대학교의 사회심리학 교수 Dietrich Zimmermann는 학생들과 함께 41편 이상의 동화를 분석했고 자신의 저서 《동화의 심리학》에 그 결과를 분명히 밝혔습니다.

Zimmermann 교수에 따르면 동화에는 타인의 행동에 조언하고 공감하는 과정이 필요합니다. 동화는 우리의 행동과 우리가 맡은 역할들을 수용할 수 있도록 곰곰이 생각하게 합니다. [...d... 동화는 항상 사람들이 우려해 왔던 두려움과 갈등, 감정과 가치를 다룹니다.] 그 작품들이 관용, 인간성, 개방성 그리고 상호 존중에 기반을 둔 사회에 대한 개념이 존재하지 않았던 수 세기 전에 나온 작품이라고 해도 말입니다. [...b... 동화는 서로에게 더 나은 공존을 위한 출발점이 될 수 있습니다.]

Zimmermann 교수는 "특히 동화는 인간과 인간성에 대한 더 깊은 이해와 감각을 발전시키는 데 적합하다"고 생각합니다. Zimmermann 교수는 왜 동화가 매력적이라고 여기는 것일까요? 동화는 흥미롭고 관심을 끕니다. 동화가 무서운 경우도 있습니다만, 끊임없는 선과 악의 대결을 다루기 때문에 현실과의 개연성을 띱니다. [...f... 사람들은 그래도 선이 우세할 것인지 여부에 열광합니다.] 문제 해결은 대체로 결말 부분에 나타납니다. 사람들은 매일 가족들과 유치원에서 학교에서 혹은 직장에서 이런 선과 악의 대결 구도 속 긴장을 경험합니다.

[...a... 거의 모든 동화에는 시사점이 담겨 있습니다.] 나이가 들어 퇴역했지만, 함께 죽음에서 벗어날 방법을 찾는 네 마리 동물들이 나오는 《브레멘 음악대》의 경우를 봅시다. 이 동화에서 우리는 고령자에 대한 존중, 그룹이나 팀의 중요성과 같은 가치를 떠올리게 됩니다. 이 동화는 공정성과 함께 편견에 대해 다룹니다.

[...h... 동화가 어느 정도 심리적으로 치유 효과를 보일 수 있을까요?] 동화를 어떻게 활용할 수 있을까요?

동화는 배경을 이해하는 법을 배우고, 깨달음을 통해 그것을 자신의 삶에 적용하는 법을 배운다는 측면에서 유익합니다. 동화는 처음에는 악이 우세한 일종의 범죄물과 같습니다.

하지만 동화에서 배울 수 있는 것은, 사람들이 맞서 싸우고 힘을 합치며 낙관론을 견지하면 세상 일은 언제나 선한 방향으로 기울 수 있다는 점입니다. 그뿐만 아니라 동화는 선한 일을 위해 힘쓰는 사람들에게 동기를 유발할 수도 있습니다. 이 점으로 인해 동화는 이른바 심리적 자본을 증가시켜 줄 수 있는 잠재력을 가지고 있습니다. [...e... **그 말은 낙관적인 태도를 견지하고, 너무 일찍 단념하지 말고 자기 자신을 신뢰하라는 것을 의미합니다.**] 이는 실패한 경우에도 다시 일어서고 희망을 포기하지 말라는 뜻이기도 합니다.

예제

0 그러므로 동화는 근본적으로 우리에게 좋은 기분이 들게 해줍니다.

a 거의 모든 동화에는 시사점이 담겨 있습니다.

b 동화는 서로에게 더 나은 공존을 위한 출발점이 될 수 있습니다.

c 하지만 악당이 승리할 때 사람들은 종종 낙담합니다.

d 동화는 항상 사람들이 우려해 왔던 두려움과 갈등, 감정과 가치를 다룹니다.

e 그 말은 낙관적인 태도를 견지하고, 너무 일찍 단념하지 말고 자기 자신을 신뢰하라는 것을 의미합니다.

f 사람들은 그래도 선이 우세할 것인지 여부에 열광합니다.

g 더 깊은 의미를 담은 동화를 찾는 것은 어렵습니다.

h 동화가 어느 정도 심리적으로 치유 효과를 보일 수 있을까요?

읽기 유형 3 ●●●●●● 권장 시간: 12분

당신은 신문에서 인터넷 시대에 고령자들의 행동에 관한 기사를 읽습니다.
각 질문에 알맞은 답을 선택하세요.

Die Veränderung unserer Gesellschaft

Heutzutage liegt die Zielgruppe der Produktpaletten und der Werbung der großen Anbieter weiterhin vor allem bei den 14 bis 49-Jährigen. Dabei hat, laut den Berechnungen des Deutschen Instituts für Wirtschaftsforschung, die Generation der über 60-Jährigen aufgrund ihrer großen Anzahl schon heute eine Kaufkraft von mehr als 316 Milliarden Euro. Dies bedeutet, dass demnach zurzeit jeder dritte Euro aus dem Portemonnaie eines Senioren kommt.

Die Steigerung der Kaufkraft dürfte aber auf die demographische Entwicklung zurückzuführen sein. Denn eine große Steigerung der Renten ist nur schwer denkbar. Im Gegenteil werden die Renten im Osten tatsächlich eher sinken. Der Grund dafür ist, dass die Generationen, die in ihrer Erwerbsbiografie viele Jahre Arbeitslosigkeit aufzuweisen haben, in den kommenden Jahren in Rente gehen.

Der Einfluss der Senioren auf die Wirtschaft ist nicht zu unterschätzen und ist von großer Bedeutung. Daher wird betont, dass sich eine erhöhte Kaufbereitschaft der Senioren auf vielfältige Bereiche auswirken würde.

Bei der Entwicklung von Produkten empfiehlt der Bundesverband der Verbraucherzentralen den Herstellern: Sie sollten sich an den Senioren orientieren und durch Senioren-Produkte auffallen wollen. Ihre Bedürfnisse sollten daher besser in bestehenden Produkten integriert werden. So könnten zum Beispiel Verpackungen seniorenfreundlicher gestaltet werden, indem sie leichter zu öffnen sind oder Verpackungshinweise in größerer Schrift geschrieben werden. Viele Anbieter haben bereits Schritte in diese Richtung unternommen, von denen ältere Menschen profitiert haben.

Auch die Wissenschaftlerin Ursula Knobloch argumentiert ähnlich. Wichtig sei, das Produktumfeld seniorengerecht zu gestalten. Sie spricht in diesem Zusammenhang voneinfachen Gebrauchsanweisungen in Supermärkten.

Die ehemalige Familienministerin Alexandra Schwarzer denkt noch einen Schritt weiter. Ihrer Meinung nach würden auch viele andere Menschen davon profitieren, wenn Produkte altersgerecht werden. Zum Beispiel sind die Niederflurstraßenbahnen auf Wunsch von Älteren entwickelt worden, aber heute freuen sich auch Familien mit Kinderwagen und Fahrradfahrer über den erleichterten Zugang.

어휘 pl. Produktpaletten [n.] 제품의 다양성 (die Produktpalette) | pl. Berechnungen [n.] 예상, 예측 (die Berechnung) | die Wirtschaftsforschung [n.] 독일 경제 연구소 | die Generation [n.] 세대 | das Portemonnaie [n.] 지갑 | pl. Senioren [n.] 노인, 고령자 (der Senior) | die Steigerung [n.] 향상 | die Kraftkauf [n.] 구매력 | demographisch [a.] 인구 통계학적(인) | zurückführen [v.] 되돌리다 | die Erwerbsbiografie [n.] 근무 경력 | empfehlen [v.] 권장하다 | der Bundesverband [n.] 독일 산업 연방 | die Verbraucherzentral [n.] 소비자 연합 본사 | sich orientieren [v.] 옳은 방향을 찾다 | auffallen [v.] 눈에 띄다 | seniorenfreundlich [a.] 노인 친화적 | pl. Bedürfnisse [n.] 요구 (das Bedürfnis) | werden...integriert [v.] 완전하게 되다 (integrieren의 수동태) | werden... gestaltet [v.] 만들게 되다 (gestalten의 수동태) | der Verpackungshinweise [n.] 포장 유의 사항 | haben...unternommen [v.] 조치를 취했다 (unternehmen의 현재완료) | haben...profitiert [v.] 혜택을 얻었다 (profitieren 의 현재완료) | argumentieren [v.] 주장하다 | gestalten [v.] 설계하다 | pl. Gebrauchsanweisungen [n.] 이용 안내서 (die Gebrauchanweisung) | altersgerecht [a.] 나이에 걸맞는 | erleichtert [p.a.] 쉬운 | der Zugang [n.] 접근

🔍 해석

우리 사회의 변화

오늘날, 주요 공급자들의 제품의 다양성 및 광고의 대상 그룹은 여전히 특히 14세에서 49세입니다. 그러나 독일 경제 연구소의 예상에 따르면 60세 이상의 세대는 그 수가 많아서 오늘날 이미 3억 1천 6백만 유로 이상의 구매력을 가지고 있다고 합니다. 이는 현재 3유로 중 1유로는 노인들 지갑에서 돈이 나오고 있음을 의미합니다.

그러나 구매력의 향상은 인구통계학적 발달을 되돌린 것으로 보입니다. 왜냐하면 연금의 대규모 증가는 상상하기가 어렵기 때문입니다. 이와 반대로 동독 지역에서는 오히려 연금이 줄어들 것입니다. 이에 대한 이유는 근무 경력상 수년간 실업 상태에 있었던 세대가 향후 몇 년 안에 은퇴할 것이기 때문입니다.

노인들이 경제에 미치는 영향은 과소평가 되어서는 안 되며 매우 중요합니다. 따라서 노인들이 더 많이 구매하고자 하는 것은 다양한 분야에 영향을 미칠 것이라고 강조됩니다.

독일 연방 소비자 연합 본사는 제조사에 제품을 개발할 때, 제품들이 노인들을 고려하고, 노인들을 위한 제품들로 쉽게 눈에 띌 수 있도록 해야 한다고 권장합니다. 그래서 노인들의 요구가 기존 제품에 더 완전하게 되도록 해야 합니다. 예를 들어 포장은 쉽게 뜯어지거나 제품 겉면의 유의 사항을 더 큰 글씨로 인쇄하는 등 조금 더 노인 친화적으로 만들 수도 있습니다. 수많은 제품 공급자들이 노인들이 혜택을 얻었던 이런 방향으로 조치를 해왔습니다.

과학자 Ursula Knobloch도 비슷한 주장을 하고 있습니다. 제품 환경을 노인에게 적합하게 설계하는 것이 중요하다고 말입니다. 이러한 맥락에서 그녀는 마트 내에서 간단한 이용 안내서가 있어야 한다고 말합니다.

전직 가족부 장관 Alexandra Schwarzer는 한 걸음 더 나아가고 있습니다. 그녀는 제품들이 연령대에 적합하게 되면 다른 수많은 사람도 혜택을 볼 수 있다고 주장합니다. 예를 들어 저상형 트램은 노년층의 요청에 따라 개발되었지만, 오늘날 유모차를 끌고 나온 가족들이나 자전거를 타는 사람들도 더 쉽게 접근할 수 있다는 것에 기뻐하고 있습니다.

예제

0 연금 수급자들은...

a 많은 돈을 가지기를 원한다.

b 저녁에 활동적이기를 원한다.

☒ 구매력의 상당 부분을 차지한다.

16 독일 사회에서는

a 젊은 사람과 고령자의 관계가 균형을 이룬다.

b 고령자보다 더 많은 젊은 사람들이 살고 있다.

☒ 고령자가 주로 살고 있다.

17 구 동독 지역 연금 수급자들은

a 항상 더 많은 돈을 사용할 수 있다.

b 실직해 본 적이 없다.

☒ 실직으로 인해 더 적은 연금을 받는다.

18 고령자의 구매력이 향상하면,

a 보건 및 의료 부문에 영향을 미친다.

☒ 많은 다양한 산업에 혜택을 가져온다.

c 많은 의문점과 결부된다.

19 제조업체는...

a 고령자를 위한 특별한 제품을 제공해야 한다.

☒ 고령자의 요구에 따른 방향성을 충족시켜야 한다.

c 고령자를 위한 제품을 개발해서는 안 된다.

20 Ursula Knobloch는 고령자에게 적합한 제품 환경을 설계하는 예로

☒ 마트 내에 간단한 이용 안내서가 필요하다고 말했다.

b 정부가 더 높은 연금이 지불해야 한다고 말했다.

c 마트 내에 더 많은 안내소가 필요하다고 말했다.

21 고령자에게 적합한 제품은 일상에서

a 가족들을 편안하게 한다.

b 모두를 더 어렵게 한다.

☒ 많은 사람을 편안하게 한다.

읽기 유형 4 ●●●●○ 권장 시간: 12분

당신은 잡지에서 "원격 학습 또는 대면 학습"의 삶의 형태에 관한 의견을 읽습니다. 어떤 의견이 어떤 표제에 적합합니까? 하나의 의견은 맞는 것이 없습니다. 의견 f는 예제이며 다시 사용될 수 없습니다.

예제

0	혼자 비용을 부담할 필요는 없다.	정답: f
22	원격 학습은 예속적이지 않다.	b
23	직업과 가정이 있어도 학위를 취득할 수 있다.	d
24	직장 생활을 위한 중요한 기술을 습득한다.	e
25	대면 학습에서 더 많은 사회적 관계를 맺을 수 있다.	g
26	두 가지 유형의 교육 형태 모두 긍정적, 부정적인 측면이 있다.	h
27	과중한 부담으로 삶의 질이 떨어진다.	a

Fernstudium oder Präsenzstudium
원격 학습 혹은 대면 학습

a Wer neben Beruf und Familie zum Studienabschluss gelangen möchte, kann sich zeitlich nicht so sehr auf das Studium konzentrieren wie Präsenzstudierende.

Deshalb dauert das gesamte Studium meistens länger. Studium, Arbeit und Freizeit überschneiden sich hier und überfordern den Fernstudierenden oft.

Leonie, Aachen

🔍 **해석**

직장 생활, 가정 생활을 하면서 학위를 취득하고자 하는 사람은 시간적인 측면에서 대면 학습을 하는 학생들만큼 공부에 집중하기가 어렵습니다.
그래서 전체 학위 과정이 대체로 더 오래 걸립니다. 여기에 공부와 일 그리고 여가시간이 서로 겹쳐서 원격 학습자에게 종종 과중한 부담을 줍니다.

아헨, Leonie

어휘 gelangen [v.] 무엇을 얻다 ㅣ sich konzentrieren [v.] 집중하다 ㅣ pl. Präsenzstudierende [n.] 대면 학습을 하는 학생들 ㅣ sich überschneiden [v.] 겹치다, 중복되다 ㅣ überfordern [v.] 부담을 주다 ㅣ pl. Fernstudierende [n.] 원격 학습을 하는 학생

b Fernstudierende sind flexibel. Wie viel sie wo und wann lernen bleibt ihnen überlassen. Per Live-Stream oder in Online-Foren können sie sich mit ihren Kommilitonen austauschen und das Studienmaterial kommt per Post oder Internet.

Tim, Füssen

🔍 **해석**

원격 학습자는 자유롭습니다. 얼마나, 어디에서, 언제 공부할지는 그들 자신에게 달려있습니다. 실시간 스트리밍이나 온라인 게시판을 통해서 동기들과 교류할 수 있고, 학습 자료를 우편이나 인터넷으로 받아봅니다.

퓌쎈, Tim

어휘 flexibel [a.] 변화할 수 있는, 유연한 ㅣ überlassen [v.] (~에) 맡기다 ㅣ Online-Foren [n.] 온라인 게시판 ㅣ austauschen [v.] 교류하다, 교환하다

C Das größte Problem bei einer Fernhochschule sind wahrscheinlich die Kosten. Die können für die Studierenden sehr hoch sein, abhängig vom Abschluss und vom Institut. Darüber sollte man sich sehr gut informieren, bevor man ein Fernstudium beginnt.

Sara, Köln

 해석

원격 학습 대학교의 가장 큰 문제는 아마도 비용일 것입니다. 이는 졸업 학위와 학교에 따라 학생들에게 매우 클 수 있습니다. 이에 대해서 원격 학습을 시작하기 전에 매우 상세히 알고 있어야 합니다.

쾰른, Sara

어휘 die Fernhochschule [n.] 원격 학습 대학교

d Ein Fernstudium ist vor allem für Berufstätige, die sich neben dem Job weiterqualifizieren wollen, geeignet. Es empfiehlt sich aber auch für Eltern, die während der Kindererziehung eine Auszeit vom beruflichen Leben genommen haben, und sich nun auf den Wiedereinstieg vorbereiten wollen.

Günter, Marburg

해석

원격 교육과정은 특히 자신의 직업과 더불어 추가적인 자격을 갖추고자 하는 직장인들에게 적합합니다. 하지만 자녀를 키우는 동안에 직장에서 휴직하고, 다시 직장에 복귀하기 위해 준비하고자 하는 부모들에게도 권장됩니다.

마부르크, Günter

어휘 weiterqualifizieren [v.] 그 밖에 자격을 갖추다 ㅣ geeignet [p.a.] 적합한 ㅣ sich empfehlen [v.] 권장하다 ㅣ die Auszeit [n.] 휴식 ㅣ der Wiedereinstieg [n.] 복귀

e Im Vergleich zum regulären Studium stellt das Fernstudium besondere Anforderungen an die Studenten: Sie müssen sich selbst motivieren, persönliche Ziele setzen und durchhalten, auch wenn es einmal schwierig wird. Ein gutes Zeitmanagement ist hier verlangt, um Privatleben, Beruf und Studium unter einen Hut zu bekommen. Das sind Schlüsselqualifikationen, die von Arbeitgebern sehr geschätzt werden.

Martin, Dortmund

🔍 **해석**

정규 학습과 비교했을 때 원격 학습은 학생들에게 특별한 요구 사항을 부여합니다. 학생들은 어려워도 스스로 동기부여를 해야 하고, 개인적인 목표를 설정하고 견뎌내야 합니다. 사생활과 직장 그리고 공부의 조화를 이루는 훌륭한 시간 관리가 요구됩니다. 이것이 고용주들이 매우 높게 평가하는 핵심 능력입니다.

도르트문트, Martin

어휘   regulär [a.] 정규적인 ┃ pl. Anforderungen [n.] 요구 사항 (die anforderung) ┃ **motivieren** [v.] 동기부여하다 ┃ durchhalten [v.] 견디어 내다. 끝까지 해내다 ┃ **das Zeitmanagement** [n.] 시간 관리 ┃ pl. Schlüsselqualifikationen [n.] 핵심 능력 (die Qualifikation) ┃ werden... geschätzt [v.] 평가되다 (schätzen의 수동태)

f Da wird immer behauptet, die Kosten für ein Fernstudium seien zu hoch! Oft gewähren die Fernunis Rabatte beispielweise für Angehörige von Soldaten bzw.

Bundesfreiwilligendienstlern. Außerdem gibt es staatliche Zuschüsse, wie z.B. das Meister-BAföG (Bundesausbildungsförderungsgesetz) und Steuersparmodelle.

Maria, Dresden

🔍 **해석**

사람들은 늘 원격 학습 비용이 너무 비싸다고 주장합니다! 사이버 대학교는 군인이나 연방 자원봉사자 친인척들에게 할인을 제공하곤 합니다. 그뿐만 아니라 마이스터-학자금 (독일 연방 교육 진흥법)과 절세 모델과 같은 정부 보조금도 있습니다.

드레스덴, Maria

어휘   werden...behauptet [v.] 주장되다 (behaupten의 수동태) ┃ gewähren [v.] 제공하다. 허용하다 ┃ die Angehörige [n.] 친척 ┃ pl. Bundesfreiwilligendienstlern [n.] 연방 자원봉사자 (der Bundesfreiwilligendienstler)

g Das Direktstudium an einer Uni gehört zu einem unvergesslichen Lebensabschnitt vieler Akademiker. Vor allem die Kommilitonen und gemeinsam geteilten Erfahrungen auf dem Campus machen das studentische Sozialleben aus. Virtuelle Kontakte zu seinen Mitstudenten und Dozenten, wie man sie im Fernstudium hat, sind nicht das Gleiche wie Fachschaftspartys, Treffen im Studi-Café oder das Leben im Studentenwohnheim.

Lisa, München

🔍 해석

대학교에서의 직접 공부하는 것은 많은 학계 종사자들의 잊을 수 없는 삶의 한 부분입니다. 특히 동기들과 캠퍼스에서 함께 나눈 경험은 대학 생활 중의 사회생활을 형성합니다. 원격 학습에서와 같이, 동기들과 강사들을 가능한 가상의 공간에서 만나는 것은, 학부 파티나 교내 카페에서 만나는 일 혹은 기숙사에서의 생활과 동일하지 않습니다.

뮌헨, Lisa

어휘 **unvergesslich** [a.] 잊을 수 없는 | **der Lebensabschnitt** [n.] 삶의 부분 | **virtuell** [a.] 가능한

---

h Der beste Schutz gegen Arbeitslosigkeit ist ein Studium. Dabei ist es nicht wichtig, ob man sich für ein Fern- oder Präsenzstudium entscheidet. Beide haben ihre Vor- und Nachteile. Die Hauptsache ist, dass man sich für ein Studium entscheidet, das zu einem passt und dass man es dann auch bis zum Ende durchzieht.

Dario, Lübeck

🔍 해석

실업으로부터 최선의 보호 수단은 공부입니다. 그러나 원격 학습을 선택했는지 혹은 대면 학습을 선택했는지는 중요하지 않습니다. 둘 다 모두 각각의 장단점이 있습니다. 중요한 것은, 자신에게 맞는 학습 과정을 선택하고 그것을 끝까지 해내는 것에 있습니다.

뤼벡, Dario

어휘 **sich entscheiden** [v.] 결정하다 | **durchziehen** [v.] 끝까지 해내다

읽기 유형 5 ••••• 권장 시간: 6분

Hans-여행사의 인턴십 계약을 읽으십시오. 목차에서 어떤 표제가 어떤 단락에 적합합니까? 네 개의 표제는 사용되지 않습니다.

Hans-Reisen GmbH
- Praktikantenvertrag -

Inhaltsverzeichnis

§ 0

Dieser Vertrag endet nach Ablauf der in § 1 oder nach § 4 veränderten Frist. Während der ersten vier Wochen können beide Parteien ohne Angabe von Gründen den Vertrag mit sofortiger Wirkung kündigen. Ab dem Beginn der fünften Woche kann der Vertrag von beiden Parteien mit einer Frist von einem Monat beendet werden. Die Möglichkeit, den Vertrag aus einem besonderen Grund ohne Einhaltung einer Frist zu beenden, bleibt davon unberührt. Die Kündigung bedarf der Schriftform.

§ 28

Die Praktikantin ist verpflichtet, gegenüber Dritten, über sämtliche betriebliche Vorgänge, die der Geheimhaltung unterliegen, Stillschweigen zu bewahren und den Verhaltenskodex des Unternehmens (Dienstanweisung: Betriebs- und Geschäftsgeheimnisse) entsprechend einzuhalten. Die Praktikantin hat darüber hinaus Akten, Aufzeichnungen oder sonstige Dokumente des Unternehmens, die nicht öffentlich zugänglich sind, sorgsam zu verwahren und Dritten gegenüber zu schützen.

§ 29

Das Unternehmen wird der Praktikantin ihr Fachgebiet betreffende praktische Kenntnisse und Erfahrungen vermitteln, soweit dies im Rahmen der betrieblichen Möglichkeiten liegt. Dazu stellt das Unternehmen ihr kostenlos die erforderlichen betrieblichen Arbeitsmittel zur Verfügung.
Die Praktikantin wird bei dem Unternehmen für die Zeit vom 01.Mai bis zum 31. Juli in der Zentrale des Unternehmens eingesetzt und, falls nicht betriebliche Gründe anderes ergeben, von Herrn Wölke betreut.

Die tägliche Arbeitszeit beträgt 7,5 Std. Die Praktikantin erhält nach erfolgreicher Beendigung des Vertrages eine Praktikumsbescheinigung, die den Vorgaben der Fachhochschule entspricht, sowie ein Zeugnis.

§ 30
Im Falle jeder Verhinderung hat die Praktikantin das Unternehmen unverzüglich zu unterrichten.

Bei krankheitsbedingter Verhinderung ist dem Unternehmen innerhalb von drei Tagen ab Beginn der Erkrankung eine ärztliche Arbeitsunfä higkeitsbescheinigung vorzulegen. In beiderseitigem Einvernehmen kann sich die Praktikumsdauer nach § 1 um die Krankheitstage verlängern.

어휘 der Ablauf [n.] 경과 | verändert [p.a.] 변경된 | pl. Parteien [n.] 당사자 (die Partei) | kündigen [v.] (계약을) 해지하다 | die Einhaltung [n.] 종료 | unberührt [a.] 영향을 받지 않는, 건드리지 않은 | verpflichtet [p.a.] 의무가 있는 | sämtlich [a.] 모든, 전체의 | betrieblich [a.] 경영의, 기업의 | pl. Vorgänge [n.] 일 (der Vorgang) | die Geheimhaltung [n.] 비밀 유지 | unterliegen [v.] 지배되다, 여지가 없다 | das Stillschweigen [n.] 비밀 엄수 | bewahren [v.] 지키다 | der Verhaltenskodex [n.] 행동 강령 | öffentlich [a.] 공적인 | zugänglich [a.] 접근할 수 있는 | sorgsam [a.] 주의해서 | verwahren [v.] 보호하다 | das Fachgebiet [n.] 전문 분야 | betreffend [p.a.] 관련된, 관계하는 | werden...eingesetzt [v.] 일하게 되다, (어떤 지위에) 앉히게 되다 (einsetzen의 수동태) | betreuen [v.] 담당하다 | betragen [v.] (어떤 수치에) 달하다 | die Beendigung [n.] 종료 | entsprechen [v.] (기준에) 준하는, 상응하는 | die Verhinderung [n.] 장애 | unverzüglich [a.] 즉시 | beiderseitig [a.] 양쪽의 | das Einvernehmen [n.] 합의 | verlängern [v.] 연장하다

Hans-Reisen 유한회사
– 인턴 계약서 –

목차

a 기밀

b 지급 (보수)

c 근무 방해

d 계약 대상

e 철회권

f 최종 조항

~~**g**~~ 인턴십 해지

h 특별 계약

§ 0 정답: g

이 계약은 제1조 혹은 제4조에 따라 변경된 기간이 경과한 후에 종료된다. 첫 4주 동안 양측 당사자는 사유 없이 즉시 계약을 해지할 수 있다. 다섯 번째 주 초부터 계약은 양측 당사자에 의해 한 달의 기간을 두고 종료될 수 있다. 특별한 이유로 기간 준수 없이 계약을 종료하는 경우는 이에 영향을 받지 않는다. 해약은 서면으로 해야 한다.

§ 28 정답: a

인턴은 비밀 유지의 대상이 되는 모든 기업 활동에 대해 제삼자에게 비밀을 엄수하며, 회사의 행동강령 (서비스 지침: 기업 및 영업비밀)을 적절히 준수해야 한다. 또한 인턴은 공개할 수 없는 회사 서류나 기록 또는 기타 문서를 주의해서 보관하고 제삼자로부터 보호해야 한다.

§ 29 정답: d

회사는 실무적으로 가능한 범위 내에서 해당 전문 분야와 관련된 실무적 지식과 경험을 인턴에게 제공한다. 이를 위해 회사는 필요한 업무용 도구를 인턴에게 무료로 제공한다.

인턴은 1월 5일부터 7월 31일까지 회사 본사에 투입되어 회사를 위해 일하게 되며, 경영상의 다른 이유가 없으면 Wölke 씨가 관리를 담당한다. 일일 근무 시간은 7.5시간이다.

계약의 성공적인 종료 후 인턴은 전문대학 기준에 준하는 인턴십 확인서와 증명서를 받는다.

§ 30 정답: c

장애가 있는 경우 인턴은 회사에 즉시 알려야 한다. 질병으로 인한 장애의 경우 발병 3일 이내에 병원에서 발급한 업무 수행 능력 불능 증명서를 회사에 제출해야 한다. 상호 합의에 의해 제1조에 따라 인턴십 기간은 질병으로 인한 결근 일수만큼 연장될 수 있다.

실전모의고사 | 제1회   HÖREN

듣기 유형 1 ● ● ● ●

MP3 01_01

당신은 5개의 대화와 의견을 듣습니다.

본문은 **한 번** 듣게 됩니다. 각 본문에 해당하는 2개의 문제를 풀어야 합니다. 각 문제에 알맞은 답을 선택하세요. 먼저 보기를 읽어 보세요. 이것을 위하여 당신은 15초의 시간이 있습니다.

Beispiel

📄 Skript

Frau Ich wollte mich nach dem Ferienprogramm erkundigen. Ab wann kann man sich denn anmelden?

Mann Wie immer ab dem 1. Juni. Das Programm steht ab nächster Woche im Internet.

Frau Dann kann man sich auch über das Internet anmelden?

Mann Für die kostenlosen Angebote Ja. Wenn es sich um ein kostenpflichtiges Angebot handelt, müssen Sie sich bei uns anmelden.

Frau Und wann bezahlt man dann?

Mann Direkt bei der Anmeldung, hier bei einem unserer Mitarbeiter. Sonst können wir den Platz nicht reservieren.

🔍 해석

여자 방학 중 개설되는 프로그램에 대해 문의하고 싶습니다. 언제부터 등록이 가능한가요?

남자 항상 그렇듯이 6월 1일부터이고, 해당 프로그램은 다음주부터 인터넷에 안내가 뜰 것입니다.

여자 그러면 인터넷으로도 등록할 수 있나요?

남자 무료 강좌들은 그렇습니다. 유료 강좌의 경우라면 저희 쪽으로 직접 등록을 해 주셔야 합니다.

여자 그럼 수강료는 언제 지불하게 되나요?

남자 등록하실 때 바로 저희 직원 가운데 한 명에게 납부하시면 됩니다. 자리 예약 안 해 드려도 될까요?

> **어휘** das Ferienprogramm [n.] 방학 프로그램 | sich erkundigen nach [v.] 문의하다 | kostenpflichtig [a.] 지불 의무가 있는 | sich handeln [v.] 무엇이 문제이다, 무엇이 중요하다

예제

01   여자는 여름에 하는 여가 활동에 대하여 묻는다.   Richtig | ~~Falsch~~

02   어느 정도 비용이 드는 상품은...   ⓐ 인터넷에서 등록해야 한다.

ⓑ 6월 1일 전에 등록해야 한다.

☒ 개인적으로 등록해야 한다.

vom Goethe-Institut

Aufgaben 1 und 2

📄 Skript

Frau   Warum hörst du gern Musik?
Mann   Wenn ich Musik höre, bin ich weniger gestresst. Ich befinde mich in meiner eigenen Welt und kann dort erleben, was ich wirklich will. Dafür sollte man sich in der Freizeit ausruhen, weil man sich durch die Erholung besser fühlt.

🔍 해석

여자   음악을 즐겨 듣는 이유가 있니?
남자   난 음악을 들을 때면 스트레스가 적어져. 난 나만의 세계에 빠지게 되고 그곳에서 내가 정말로 원하는 바를 경험할 수 있거든. 휴식을 취하면 더욱 기분이 좋아지기 때문에 여가시간에는 휴식을 취해야 해.

어휘   gestresst [p.a.] 스트레스를 받은 | sich befinden [v.] (~한) 상태이다. (~에) 있다 | eigen [a.] 자신의

1   한 남자가 왜 음악에 관심이 있는지 이야기한다.   Richtig | ~~Falsch~~

2   그 남자는 여가시간에 대하여 어떤 생각을 하고 있나?

ⓐ 여가시간에 음악을 듣는 것이 좋다.

☒ 그는 음악을 통해 휴식할 수 있다고 생각한다.

ⓒ 그는 종종 음악을 들을 시간이 충분하지 않다.

Aufgaben 3 und 4

 Skript

Mann Nach dem Tornado auf einem Campingplatz in Kalifornien ist die Zahl der Toten auf fünf gestiegen. Durch den Wirbelsturm kamen zwei Frauen und drei Männer ums Leben. 230 Menschen wurden verletzt und etwa 250 Wohnwägen zerstört. Die Bergungsarbeiten dauern an. Der Tornado war mit einer Geschwindigkeit von etwa 300 Kilometern pro Stunde über den Platz gezogen.

🔍 **해석**

남자 캘리포니아의 한 캠핑장에 토네이도가 몰아친 이후 사망자 수가 다섯 명으로 증가했습니다. 이번 큰 폭풍으로 두 명의 여성과 세 명의 남성이 목숨을 잃었습니다. 230명의 사람이 부상을 당했고, 250여 대의 캠핑카가 파괴되었습니다. 구조 작업은 계속되고 있습니다. 이 토네이도는 대략 시속 300킬로미터의 속도로 캠핑장을 휩쓸고 갔습니다.

어휘 der Tornado [n.] 토네이도 | pl. Toten [n.] 죽은 사람 (der Tote) | sein...gestiegen [v.] 증가했다 (steigen의 현재완료) | der Wirbelsturm [n.] 큰 폭풍 | wurden...verletzt [v.] 부상을 당했다 (verletzen의 수동태 과거) | pl. Wohnwägen [n.] 캠핑카 (der Wohnwagen) | wurden...zerstört [v.] 파괴되었다 (zerstören의 수동태 과거) | die Geschwindigkeit [n.] 속도

3 그 저널리스트는 일기예보를 보도한다.   Richter   ~~Falsch~~

4 그 구조 작업은...

- a 더 이상 불가능하다.
- b 풍속 때문에 더 어려워졌다.
- ☒ 계속된다.

Aufgaben 5 und 6

📄 Skript

Frau Unser nächstes Thema ist das Schreiben von Hausarbeiten. Was ist eine Hausarbeit? Was macht man als Vorstufe? Können Sie mir dazu einen Rat geben?

Mann Die Methode des Mind-Mappings dient der Ordnung und Hierarchisierung der Stichworte, die Sie beim Clustern gesammelt haben und die für das Thema von Relevanz sind. Dazu nehmen Sie sich ein großes leeres Papier, auf das Sie den Arbeitstitel Ihres Themas schreiben. Ordnen Sie nun die bereits gefundenen Stichworte so an, dass sich eine Ordnung ergibt. Mind-Maps sind eine Vorstufe zur Gliederung Ihrer Arbeit.

🔍 해석

여자 다음 주제는 레포트 작성하기입니다. 레포트란 무엇입니까? 준비 단계에서 무엇을 할 수 있겠습니까? 당신은 저에게 이에 관한 조언을 해 주실 수 있습니까?

남자 마인드맵을 그리는 방법은 클러스터링 기법을 통해 수집된 키워드들 가운데, 주제와 관련된 것을 정리하고 계층화를 하는 데 사용됩니다. 이를 위해 과제의 제목을 쓸 수 있는 큰 백지를 하나 준비하십시오. 그리고 이제 이미 찾은 규칙성이 있는 키워드를 정리하십시오. 마인드맵은 여러분의 과제를 구조화하는 사전 단계인 것입니다.

어휘 **die Hausarbeit** [n.] 레포트, 과제물 ┊ **die Vorstufe** [n.] 준비 단계, 앞 단계 ┊ **die Hierarchisierung** [n.] 계층화 ┊ **pl. Stichworte** [n.] 키워드 (das Stichwort) ┊ **pl. Clustern** [n.] 데이터 클러스터 (der Cluster) ┊ **die Relevanz** [n.] 관련성 ┊ **die Gliederung** [n.] 구조화

---

5 이것은 레포트가 무엇인지에 대한 것이다.　　　　　　　　　 Richtig　　 ~~Falsch~~

6 사람들은...

　　☒ 마인드맵 그리기를 통해 핵심 주제로부터 벗어나지 않을 수 있다.

　　b 주제를 찾기 전에 이 방법이 필요하다.

　　c 계층화를 잘하기 위하여 마인드맵의 목차를 그리는 것이 좋다.

Aufgaben 7 und 8

> ### 📄 Skript
>
> **Mann** Hi! Julia, Was machst du denn hier? Was ist das denn für ein Koffer?
>
> **Frau** Da hab' ich meine Klamotten drin. Ich mach' gerade mein Praktikum in 'ner Praxis.
>
> **Mann** Ich dachte, du studierst schon! Medizin, wenn ich mich recht erinnere...
>
> **Frau** Ja, ich habe den Studienplatz bekommen, aber eine Voraussetzung zum Medizinstudium ist, bereits Erfahrung zu haben. Dabei lerne ich etwas über meinen zukünftigen Beruf, ob er zu mir passt oder nicht. Und in den letzten Wochen habe ich bemerkt, dass Ärztin sein nichts für mich ist. Ich möchte lieber in einem kreativeren Bereich arbeiten, als Ärztin zu sein.
>
> ### 🔍 해석
>
> **남자** 안녕! Julia. 여기서 뭐 하니? 캐리어는 또 뭐야?
>
> **여자** 내 옷들이야. 개인 병원에서 인턴을 하고 있거든.
>
> **남자** 나는 네가 이미 대학교에 다닌다고 생각했는데. 내 기억이 맞는다면 전공이 의학인가 그랬을 텐데…….
>
> **여자** 맞아. 학교에 합격하기는 했는데 의학 전공에는 사전에 경험이 있어야 한다는 전제 조건이 있거든. 그 와중에 내 미래의 직업이 나한테 맞는지 안 맞는지도 배우고 있어. 지난 몇 주간 의사가 되는 건 나하고는 맞지 않는다는 걸 알게 되었거든. 나는 차라리 의사가 되는 것 보다 좀 더 창조적인 분야에서 일하고 싶어.

어휘 sich erinnern [v.] 기억하다 ｜ haben...bemerkt [v.] 알게 되었다 (bemerken의 현재완료)

7 한 젊은 여성은 그녀의 인턴십을 그만두려고 한다.   Richtig   ~~Falsch~~

8 그 여성은...

   a 의대 공부가 매우 흥미롭다고 생각한다.

   b 현장 업무를 느껴보고자 사전 인턴십을 하기를 원했다.

   ☒ 무엇인가 다른 공부를 하고 싶어 한다.

Aufgaben 9 und 10

> **📄 Skript**
>
> | | |
> |---|---|
> | **Junger Mann** | Hallo, Mia! Was ist denn das? Woher hast du denn diese beiden kleinen Hunde? Die sind so süß! |
> | **Junge Frau** | Das war ein Zufall. Ich habe sie gerettet! |
> | **Junger Mann** | Wie, gerettet? |
> | **Junge Frau** | Na. ich war vor einer Woche mit meinem Auto auf der Straße unterwegs, als diese beiden kleinen Hunde dort saßen. Da viele Autos an ihnen vorbeigefahren sind, hab' ich sie schnell von der Straße geholt und mitgenommen. Aber ich habe noch niemanden gefunden, der sie vermisst. Und jetzt wohnen sie beide bei mir. Aber nur für einige Zeit. Du weißt ja, dass ich oft nicht zu Hause, sondern immer unterwegs bin und viel zu tun habe. Kennst du vielleicht jemanden, der zwei süße Hunde möchte? Naja, du könntest ja auch einen bekommen, wenn du möchtest… |
>
> **🔍 해석**
>
> | | |
> |---|---|
> | **젊은 남자** | Mia야 안녕! 어떻게 된 일이야? 어디서 이렇게 작은 강아지 두 마리를 얻어 왔어? 얘네 엄청 귀엽다! |
> | **젊은 여자** | 우연히 그렇게 됐어. 내가 얘네를 구해냈거든! |
> | **젊은 남자** | 구해냈다니. 그게 무슨 말이야? |
> | **젊은 여자** | 그러니까 내가 지난주에 차를 몰고 가고 있었는데 이 두 마리 강아지들이 도로 위에 앉아 있었어. 많은 차가 얘네들을 빗겨 지나가는데 내가 얼른 길에서 주워서 데리고 왔어. 그런데 이 아이들을 잃어버린 사람이 누군지 찾지 못했어. 그래서 얘네는 지금 우리 집에서 사는 중이야. 근데 당분간만이야. 너도 알다시피 내가 자주 집을 비우고 늘 밖에 있고 또 할 일이 많잖아. 너 혹시 아는 사람 좀 없니? 이 두 마리 귀여운 강아지들 데려가고 싶어 하는 사람 말이야. 너도 만약 원한다면 한 마리 받아 갈 수도 있고… |

어휘　haben…gerettet [v.] 구했다 (retten의 현재완료)

9　한 젊은 여성이 우연히 개를 발견했다.　　　　　~~Richtig~~　　*Falsch*

10　그 여성은…

　　a　오래전부터 개를 갖고 싶어 했다.

　　b　두 마리의 개를 갖기를 원하는 친구들이 있다.

　　☒　두 마리 개를 키울 수 있는 누군가를 찾기 원한다.

듣기 유형 2 ●●○○

당신은 라디오에서 학계 인사와의 인터뷰를 듣습니다. 본문은 **두 번** 듣게 됩니다. 각 문제에 알맞은 답을 선택하세요. 이제 11번~16번의 문제를 읽어 보세요. 이것을 위하여 당신은 90초의 시간이 있습니다.

📄 Skript

Moderatorin Ich begrüße heute Doktor Elisabeth Kiene, Expertin zum Thema Influencer-Marketing. Frau Kiene, seit einigen Jahren sorgen sogenannte Influencer für Aufregung in der Werbebranche. Was genau versteht man unter Influencer-Marketing?

Frau Kiene Ein Influencer postet täglich neue Fotos von verschiedenen modischen Outfits. Und mehrere Tausend, ja manchmal sogar Millionen Fans schauen sich das an! Dass das für einen Werbespezialisten aufregend ist, ist verständlich. Und wenn Marketingabteilungen dann mit Influencern zusammenarbeiten, nennt man das Influencer-Marketing.

Moderatorin Wie kann diese Zusammenarbeit aussehen?

Frau Kiene Der Influencer thematisiert in seinem Blog oder auf seinem Kanal ein Produkt, er stellt es vor, hält es vielleicht in die Kamera, empfiehlt es auch mal ganz direkt. Dafür bekommt er vom Unternehmen eine Gegenleistung: Er erhält zum Beispiel das Produkt umsonst oder eine Gewinnbeteiligung, wenn seine Follower anschließend über einen Link direkt etwas kaufen.

Moderatorin Es ist aber nichts Neues, dass Vorbilder wie Prominente, Fußballer oder Schauspieler in der Werbung auftreten. Die Marketingexperten interessieren sich heute aber ganz besonders für digitale Influencer. Warum?

Frau Kiene Ein Grund ist, dass man es mit traditioneller Werbung heute schwer hat. Deshalb sind Werber auf der Suche nach neuen Kanälen, um Werbebotschaften zu vermitteln. Influencer sind so ein neuer Kanal. Dabei profitiert das Unternehmen davon, dass die Follower Influencer als Experten betrachten und deren Meinung vertrauen. Kommunikation in sozialen Netzwerken ist außerdem interaktiv. Die Follower schreiben Kommentare oder schicken den Beitrag an andere Personen weiter. Dadurch bekommt auch das Unternehmen eine Rückmeldung. Und zwar schnell, direkt und unkompliziert. Mühsame und teure Kundenumfragen zu starten ist gar nicht mehr nötig. Das ist für Unternehmen natürlich praktisch.

Moderatorin	Ist es nicht problematisch, wenn Influencer, die ja offensichtlich das Vertrauen von Jugendlichen genießen, Werbebotschaften vermitteln?
Frau Kiene	Ich gebe Ihnen Recht: Wenn die Werbebotschaften versteckt daherkommen, wenn also Schleichwerbung gemacht wird, ist das nicht akzeptabel. In Deutschland zumindest gibt es dafür aber strenge gesetzliche Regelungen. Werbung muss deutlich gekennzeichnet werden.
Moderatorin	In letzter Zeit nennen viele Jugendliche Influencer als ihren Traumjob. Wie denken Sie darüber?
Frau Kiene	Ich finde es furchtbar. Es ist aber nur natürlich, denn jeder Jugendliche findet es toll, aufregende Reisen zu machen und immer neue und schicke Klamotten zu haben und dafür auch noch Geld zu kriegen. Aber das ist nicht so einfach. Die Konkurrenz ist groß. Es ist also wirklich schwierig, eine Fangemeinschaft aufzubauen. Und man muss immer aufpassen, dass man seine Follower nicht verliert. Es gibt immer zwei Seiten einer Medaille und so ist es auch für Influencer, die dafür bezahlt werden Produkte zu vermarkten. Einerseits bringt es ihnen Geld, aber auf der anderen Seite besteht die Gefahr, unglaubwürdig zu wirken.
Moderatorin	Herzlichen Dank, Frau Elisabeth Kiene, für dieses interessante Gespräch.
Frau Kiene	Gerne.

어휘 Influencer-Marketing [n.] 인플루언서 마케팅 (SNS 유명인을 활용한 마케팅 방법) ┃ sogenannt [a.] 소위, 이른바 ┃ die Aufregung [n.] 혼란, 소동 ┃ die Werbebranche [n.] 광고 업계, 광고 분야 ┃ posten [v.] (사진이나 동영상을) 올리다 ┃ modisch [a.] 유행하는 ┃ pl. Outfits [n.] (특정한 경우 목적을 위해 입는 한 벌로 된) 옷 (das Outfit) ┃ sich anschauen [v.] 보다 ┃ der Werbespezialist [n.] 광고 전문가 ┃ aufregend [p.a.] 자극적인, 흥분되는 ┃ die Marketingabteilungen [n.] 마케팅 부서 ┃ thematisieren [v.] 주제로 삼다 ┃ der Kanal [n.] 채널 ┃ empfehlen [v.] 추천하다 ┃ das Unternehmen [n.] 기업 ┃ die Gegenleistung [n.] 보상 ┃ pl. Vorbilder [n.] 롤모델 (das Vorbild) ┃ die Prominente [n.] 유명 인사 ┃ auftreten [v.] 등장하다 ┃ pl. Marketingexperten [n] 마케팅 전문가 (der Marketingexperte) ┃ digital [a.] 디지털 ┃ pl. Werbebotschaften [n.] 광고 메시지 (die Werbebotschaft) ┃ vermitteln [v.] 전달하다 ┃ profitieren [v.] 이익을 얻다 ┃ betrachten [v.] 여기다, 간주하다 ┃ interaktiv [a.] 상호작용적인 ┃ pl. Kommentare [n.] 의사 표시, 입장 표명 (der Kommentar) ┃ die Rückmeldung [n.] 피드백 ┃ mühsam [a.] 번거로운, 수고하는 ┃ pl. Kundenumfragen [n.] 고객 설문 조사 (die Kundenumfrage) ┃ versteckt [p.a.] 숨겨진 ┃ die Schleichwerbung [n.] 불법 광고 ┃ akzeptabel [a.] 허용할 수 있는 ┃ pl. Regelungen [n.] 규정 (die Regelung) ┃ werden...gekennzeichnet [v.] 명시되다, 표시되다 (kennzeichnen의 수동태) ┃ furchtbar [a.] 끔찍한 ┃ aufregend [p.a.] 긴장감 있는 ┃ die Konkurrenz [n.] 경쟁 ┃ die Fangemeinschaft [n.] 팬층 ┃ aufbauen [v.] 구축하다

🔍 해석

진행자 인플루언서 마케팅 전문가 Elisabeth Kiene 박사님 어서 오십시오. Kiene 박사님, 지난 몇 년간 소위 인플루언서라고 하는 사람들이 광고 업계에서 돌풍을 일으키고 있습니다. 이 인플루언서 마케팅이란 정확히 무엇입니까?

Kiene 박사 인플루언서는 매일 최신 유행하는 다양한 의상들의 사진을 올립니다. 그리고 수천의, 때로는 수백만의 팬들도 이것을 봅니다! 광고 전문가에게는 스릴 있는 일이라고 이해가 됩니다. 그리고 마케팅 부서가 인플루언서와 협업을 하는 경우 이를 인플루언서 마케팅이라고 하는 것입니다.

진행자 그 협업이라는 것이 어떤 형태를 띠고 있습니까?

Kiene 박사 인플루언서는 자신의 블로그나 채널에서 한 제품을 주제로 정하고, 그것에 대해 소개하고, 카메라에 담거나 직접 추천하기도 합니다. 그 대신 기업으로부터 다음과 같은 대가를 받습니다. 예를 들면 팔로워가 이후 링크를 통해서 직접 무언가를 사면, 인플루언서는 제품을 무상으로 지급받거나 수익금을 분배받는 것입니다.

진행자 하지만 유명 인사나, 축구 선수 또는 배우와 같은 롤모델이 광고에 등장하는 것은 전혀 새로운 일이 아닙니다. 오늘날의 마케팅 전문가는 특히 디지털 인플루언서에 관심을 가지는데, 그 이유는 무엇입니까?

Kiene 박사 한 가지 이유는 오늘날 전통적인 방식의 광고로는 어렵기 때문입니다. 그래서 광고주는 광고 메시지를 전달할 새로운 채널들을 찾고 있습니다. 인플루언서들이 바로 그 새로운 채널입니다. 기업은 팔로워들이 인플루언서를 전문가로 여기고 그들의 의견을 신뢰한다는 사실로부터 이득을 보는 것입니다. SNS상에서의 커뮤니케이션 또한 상호작용적입니다. 팔로워들은 의견을 쓰거나 다른 사람들에게 글을 전달하기도 합니다. 기업은 이를 통해서도 피드백 얻습니다. 그리고 그것은 빠르고 직접적이며 복잡하지 않습니다. 더 번거롭고 값비싼 고객 설문 조사를 시작할 필요가 전혀 없습니다. 이는 당연히 기업 입장에서 실용적입니다.

진행자 젊은층으로부터 신뢰를 한 몸에 받아 누리는 인플루언서가 광고 메시지를 전하는 것이 문제가 되는 부분은 없습니까?

Kiene 박사 옳으신 말씀입니다. 광고 메시지가 숨겨진 채 전달되거나, 즉 은근슬쩍 끼워 넣기 식으로 불법 광고를 하는 경우, 그것은 허용될 수 없습니다. 하지만 독일에는 최소한 이에 대한 엄격한 법적 규정이 존재합니다. 광고는 명확하게 명시되어야 합니다.

진행자 최근 들어 많은 청소년들이 인플루언서가 꿈이라고 이야기합니다. 이에 대해서는 어떻게 생각하십니까?

Kiene 박사 끔찍한 일이라고 생각합니다. 하지만 당연한 일입니다. 모든 청소년은 스릴 있는 여행을 떠나고, 늘 새롭고 멋진 옷을 입고 그리고 그것을 통해 돈을 버는 일이 훌륭하다고 여기기 때문입니다. 그러나 그것은 그렇게 쉬운 일이 아닙니다. 경쟁이 치열합니다. 그래서 팬층을 구축하는 일은 정말 어렵습니다. 그리고 팔로워를 잃지 않기 위해 늘 조심해야 합니다. 동전에는 항상 양면이 있기 마련이고, 제품을 상품화함으로 대가를 받는 인플루언서의 경우에도 마찬가지입니다. 그것이 수익을 가져다주기도 하지만, 그러나 다른 한편으로는 신뢰도가 떨어져 보일 위험이 있습니다.

진행자 Elisabeth Kiene 박사님, 흥미로운 이야기를 해 주셔서 정말 감사합니다.

Kiene 박사 별 말씀을요.

11 "인플루언서–마케팅"의 뜻은 무엇인가?

☐a 회사에서 인플루언서를 위한 광고를 만든다.

☐b 인플루언서는 매일 자기 자신의 상품을 광고한다.

☒ 회사들은 그들의 상품을 광고하기 위하여 인플루언서와 협력한다.

12 마케팅 부서는 어떻게 인플루언서와 함께 일하는가?

☐a 인플루언서는 제품을 사용하기 위하여 회사에 돈을 지불한다.

☒ 인플루언서는 회사의 제품을 위해 홍보하고 그것에 대한 보상을 받는다.

☐c 인플루언서는 자신의 제품을 광고하고 회사와 함께 수익을 나눈다.

13 디지털 인플루언서와 협업하는 것에 대해 마케팅 전문가는 어떤 점을 특히 긍정적으로 평가하는가?

☐a 인플루언서 광고는 전통적인 광고보다 저렴하다.

☒ 팔로워들은 인플루언서를 신뢰하고 제품을 구매하기 쉬운 경향이 있다.

☐c 그들은 인플루언서와 함께 일하는 것을 좋아하지 않는다.

14 전통적인 광고와 인플루언서 마케팅 사이에는 어떤 차이점이 있는가?

☒ 인플루언서-마케팅을 통해 공급자는 추가 비용과 시간을 소비하지 않고 소비자의 반응을 즉시 경험할 수 있다.

☐b 인플루언서-마케팅은 기존의 광고처럼 복잡하다.

☐c 인플루언서-마케팅은 기존의 광고와는 다른 대상의 그룹에 도달하지 않는다.

15 불법 광고를 만들게 되면 어떻게 되는가?

　☒ 법을 위반하게 된다.

　[b] 독일에서는 불법 광고가 허용되므로 아무 일도 일어나지 않는다.

　[c] 그러면 사람들이 광고를 인식할 수 없게 된다.

16 Kiene 박사는 청소년들이 인플루언서가 되기를 원하는 것에 대하여 어떻게 생각하는가?

　☒ 그녀는 모든 사람이 그렇게 쉽게 성공할 수는 없기 때문에 두려운 일이라고 생각한다.

　[b] 그녀는 다양성이 보장되므로 좋다고 생각한다.

　[c] 그녀는 항상 직업의 달콤한 단면만 보이는 것이 두려운 일이라고 생각한다.

듣기 유형 3 ••••

MP3 01_03

당신은 라디오에서 여러 사람의 대화를 듣습니다. 사람들은 "동물과 사람"이라는 주제를 가지고 이야기합니다. 대화는 **한 번** 듣게 됩니다. 각 질문에서 선택하세요: 누가 무엇을 말합니까?

이제 17~22번까지의 문제를 읽어 보세요. 이것을 위하여 당신은 60초의 시간이 있습니다.

📄 Skript

Moderator	Hallo, liebe Zuhörerinnen und Zuhörer! Herzlich willkommen zu unserer heutigen Sendung „Mensch und Tier". Gerade in der jetzt anbrechenden Urlaubszeit stellt sich wieder für viele Besitzer von Haustieren die Frage: Was machen wir mit unserem Hund oder unserer Katze, wenn wir in den Urlaub fahren? Dazu haben wir als Gäste, Sabine Lauren vom Tierschutzbund und die Studentin Leonie Schwarz eingeladen. Frau Lauren, haben Sie einen Hund?
Sabine Lauren	Ja, ich liebe Tiere. Ich habe einen Hund und auch noch zwei Katzen.
Moderator	Und Leonie, haben Sie auch Tiere?
Leonie Schwarz	Früher hatte ich auch einen Hund. Aber ich habe mich entschieden, mir kein Tier mehr anzuschaffen. Es würde zeitlich einfach nicht gehen, da ich von früh bis spät in der Uni sein muss und ich könnte den Hund nicht in die Vorlesungen und Seminare mitnehmen.
Moderator	Lassen wir uns die Diskussion etwas strukturieren. Bevor wir über Tiere im Urlaub reden, vielleicht zuerst einmal die Frage: Weshalb überhaupt Haustiere haben? Es gibt bestimmt viele Millionen Haustiere in Deutschland.
Sabine Lauren	Das stimmt. Nach der Statistik gibt es ungefähr 30 Millionen Haustiere, in erster Linie Katzen und Hunde.
Leonie Schwarz	Wir haben zu Hause immer Tiere. Es ist großartig für Kinder, ein Tier zu haben. Wenn wir traurig sind, spenden unsere Tiere Trost. Als es mir schlecht ging, hat mich ihr Schnurren immer beruhigt und dann ging es mir viel besser.
Sabine Lauren	Unter pädagogischem Aspekt ist es auch für Kinder wichtig, mit einem Haustier aufzuwachsen. Sie können durch Tiere lernen, Verantwortung zu übernehmen. Wenn man sich für ein Tier entscheidet, wird dies zum Familienmitglied. Man muss sich Zeit nehmen, sich auch darum kümmern, wenn es krank und alt wird.
Leonie Schwarz	Das heißt aber auch, die Entscheidung für ein Tier muss eine bewusste Entscheidung sein. Und man kann dann auch nicht mehr so leicht in den Urlaub fahren, wie wenn man keine Tiere hat.

Moderator	Frau Lauren, wie machen Sie es, wenn Sie Urlaub machen? Haben Sie Stress deswegen?
Sabine Lauren	Nein, ich habe gar keinen Stress deswegen. Bei uns haben sich immer liebe Nachbarn um die Tiere gekümmert, wenn wir weg waren. Vor allem um unsere Katzen. Die kann man nicht einfach so mitnehmen. Auf jeden Fall braucht ein Tier einen Tierausweis, den kann der Tierarzt ausstellen. Das Tier muss geimpft werden, zum Beispiel gegen Tollwut. Am besten informiert man sich im Internet, zum Beispiel auf www.tierschutz.de, über die Einreisebestimmungen für Haustiere in den verschiedenen Ländern.
Leonie Schwarz	Viel wichtiger als die offiziellen Bestimmungen finde ich allerdings die Frage, ob ein Tier eine Reise wirklich gut vertragen kann. Denn ein Haustier sollte man nicht anders behandeln als ein Mitglied der Familie. Ganz schlimm ist es, wenn Tiere in dem Moment, in dem sie zur Last werden, abgegeben oder ausgesetzt werden. Ein Tier ist kein Spielzeug, keine Sache, die man kauft und wieder wegwirft.
Moderator	Da sind wir bei einem anderen Punkt: Wird das Tier denn immer noch vom Gesetz her als eine Sache angesehen? Ich denke, dass sich da einiges zum Positiven gewendet hat.
Sabine Lauren	Das ist kompliziert. Es gibt zwar seit längerer Zeit im Bürgerlichen Gesetzbuch einen neuen Paragrafen, in dem es heißt, dass Tiere keine Sachen sind. Auf der anderen Seite wird aber im Strafgesetzbuch immer noch von Tieren und anderen Sachen gesprochen. Ich bin keine Juristin, aber die Regelungen sind überhaupt nicht eindeutig.
Moderator	Liebe Zuhörerinnen und Zuhörer, wir müssen leider zum Ende kommen, in einer weiteren Gesprächsrunde können wir ja diesen Punkt noch weiter mit Experten diskutieren. Vielen Dank fürs Zuhören und bis zum nächsten Mal.

어휘 anbrechend [p.a.] 시작되는 ｜ der Besitzer [n.] 소유자 ｜ der Tierschutzbund [n.] 동물 보호 협회 ｜ sich haben...entschieden [v.] 결정했다 (sich entscheiden의 현재완료) ｜ anschaffen [v.] 사들이다 ｜ strukturieren [v.] (체계적으로) 조직하다 ｜ bestimmt [adv.] 분명히, 틀림없이 ｜ pl. Millionen [n.] 수백만 (die Million) ｜ die Statistik [n.] 통계 ｜ großartig [a.] 매우 좋은, 훌륭한 ｜ spenden [v.] 주다 ｜ der Trost [n.] 위로, 위안 ｜ das Schnurren [n.] (고양이가) 목을 그르렁 거리는 것 ｜ beruhigen [v.] 달래다, 진정시키다 ｜ pädagogisch [a.] 교육학적인 ｜ der Aspekt [n.] 관점, 시각 ｜ aufwachsen [v.] 자라다 ｜ übernehmen [v.] (책임을) 지다, 떠맡다 ｜ die Entscheidung [n.] 결정 ｜ bewusst [a.] 의식적인 ｜ der Tierausweis [n.] 반려동물 등록증 ｜ ausstellen [v.] 발행하다 ｜ werden...geimpft [v.] 예방접종을 받다 (impfen의 수동태) ｜ die Tollwut [n.] 광견병 ｜ pl. Einreisebestimmungen [n.] 입국 규정 (die Einreisebestimmung) ｜ offiziell [a.] 공식적인 ｜ pl. Bestimmungen [n.] 규정 (die Bestimmung) ｜ vertragen [v.] 감당하다, 견디다 ｜ behandeln [v.] 다루다 ｜ die Last [n.] 부담, 압박, 짐 ｜ das Gesetzbuch [n.] 법전 ｜ pl. Paragrafen [n.] 조항, 항목 (der Paragraf) ｜ das Strafgesetzbuch [n.] 형법전 ｜ pl. Experten [n.] 전문가 (der Experte)

해석

사회자	청취자 여러분, 안녕하십니까! 오늘 저희 프로그램 "인간과 동물"에 오신 것을 진심으로 환영합니다. 휴가철이 시작되어 다시금 수많은 반려동물을 키우시는 분들께 질문을 드립니다. 우리가 휴가를 떠났을 때, 우리의 개와 고양이를 어떻게 해야 할까요? 이에 대해 게스트로 동물 보호 협회의 Sabine Lauren 씨와 Leonie Schwarz 학생을 모셨습니다. Lauren 씨, 개를 키우십니까?
Sabine Lauren	네, 저는 동물을 사랑합니다. 개 한 마리와 고양이도 두 마리 키웁니다.
사회자	그리고 Leonie 학생도 동물을 키웁니까?
Leonie Schwarz	예전에는 강아지 한 마리가 있었어요. 하지만 더는 동물을 들여놓지 않기로 결정했습니다. 저는 아침 일찍부터 저녁까지 학교에 있어야 해서 시간적으로도 불가능할 것이고, 개를 수업에 데리고 갈 수도 없을 겁니다.
사회자	토론을 좀 더 체계적으로 해 보도록 하죠. 휴가 중 동물들에 대해 논하기에 앞서, 이런 질문을 하나 던져 봅니다. 대체 어떤 이유로 반려동물들을 키우는 걸까요? 통계에 따르면 독일에는 분명 수백만 마리의 반려동물들이 있을 겁니다.
Sabine Lauren	그렇습니다. 통계에 따르면 대략 3천만 마리의 반려동물들이 있고 그 가운데 고양이와 강아지가 1순위를 차지하고 있습니다.
Leonie Schwarz	저희는 집에 항상 동물들이 있습니다. 동물을 키우는 건 아이들에게는 매우 좋은 일입니다. 우리가 우울할 때, 우리의 반려동물들이 위로를 주죠. 제가 영 기분이 안 좋았던 당시에는, 이들의 그르렁거리는 소리가 저를 진정시켜주곤 했고 금방 다시 기분이 좋아지곤 했습니다.
Sabine Lauren	교육학적인 측면에서, 아이들이 반려동물과 함께 자라는 것도 중요합니다. 아이들이 동물들을 통해서 책임지는 법을 배울 수 있습니다. 반려동물을 기르기로 결정했다면, 그 동물은 가족 구성원이 되는 것입니다. 반려동물이 아프고 늙어갈 때도 시간을 들여 돌봐야 합니다.
Leonie Schwarz	그러나 반려동물을 선택하는 것도 의식적인 결정이야 한다는 것을 의미합니다. 그리고 동물이 없을 때처럼 쉽사리 휴가를 떠날 수도 없습니다.
사회자	Lauren 씨께서는 휴가 가실 때 어떻게 하십니까? 그 때문에 스트레스를 받으십니까?
Sabine Lauren	아닙니다. 저는 그걸로 스트레스를 받는 일은 없습니다. 저희는 집을 비울 때마다 좋은 이웃들이 동물들을 돌봐 주곤 했습니다. 특히 우리 고양이들을 말이죠. 반려동물들을 데리고 가는 건 쉽지 않습니다. 어쨌든 동물들에 수의사가 발행하는 반려동물 등록증이 필요합니다. 반려동물은 광견병 예방주사 같은 예방접종을 받아야 합니다. 가장 좋은 방법은 www.tierschutz.de에서 국가별 애완동물 입국 규정에 대한 정보를 얻는 것입니다.
Leonie Schwarz	저는 공식 규정보다 동물이 실제로 여행을 감당할 수 있는지의 여부가 더 중요하다고 생각합니다. 왜냐하면 반려동물들은 가족 구성원과 마찬가지로 다뤄져야 하기 때문입니다. 동물들이 부담되는 순간, 이들을 포기하거나 버리는 것은 매우 나쁜 일입니다. 동물은 사들이고 나서 다시 버려 버리는 장난감이나 물건이 아닙니다.

사회자	또 다른 점이 있습니다. 동물은 여전히 법적으로 물건 취급을 받고 있지 않습니까? 몇몇 부분에서는 그래도 긍정적으로 바뀌었다고 생각합니다만.
Sabine Lauren	그건 좀 복잡합니다. 오래전부터 민법상 새로운 조항이 생겼고, 동물들을 물건으로 보지는 않습니다만, 다른 측면에서 형법상 동물은 아직도 다른 물건들과 함께 언급되고 있습니다. 저는 변호사가 아니긴 합니다만 이 규정들은 전혀 일관되지 않다고 생각합니다.
사회자	청취자 여러분, 아쉽지만 이제 마칠 시간입니다. 다음번 논의 시간에 이 주제에 대해서 전문가 분들과 더 토론해 보겠습니다. 경청해 주셔서 감사합니다. 다음 시간에 뵙겠습니다.

0 반려동물을 키우는 많은 사람들은 휴가 기간 동안에 몇몇의 문제가 있다.

☒ Moderator   b Sabine Lauren   c Studentin

17 온종일 동물과 함께 있는 것은 나에게는 불가능한 일이다.

a Moderator   b Sabine Lauren   ☒ Studentin

18 동물은 아이들을 양육하는 데 도움이 된다.

a Moderator   ☒ Sabine Lauren   c Studentin

19 여행 중 자신의 동물을 동반하는 것은, 특정한 경우에만 가능하다.

a Moderator   ☒ Sabine Lauren   c Studentin

20 나에게는 형식적인 규제가 최우선 순위가 아니다.

a Moderator   b Sabine Lauren   ☒ Studentin

21 동물을 물건처럼 취급하는 몇몇 사람들을 이해할 수 없다.

a Moderator   b Sabine Lauren   ☒ Studentin

22 나는 오늘날 국가적인 측면에서 동물에게 더 많은 관심을 기울이고 있다고 생각한다.

☒ Moderator   b Sabine Lauren   c Studentin

듣기 유형 4 ••••

MP3 01_04

당신은 하나의 강의를 듣습니다. 발표자는 "호텔 마마"라는 주제를 가지고 이야기합니다.
본문은 **두 번** 듣습니다. 각 질문에 올바른 답을 선택하세요.
이제 질문 23~30번을 읽어 보세요. 이것을 위하여 당신은 90초의 시간이 있습니다.

📄 Skript

Herzlich willkommen meine sehr geehrten Damen und Herren zu meinem Vortrag „Hotel Mama". Ich bin Birte Müller von der Universität Karlsruhe.

In den letzten Jahrzehnten hat sich die Wohnungssituation junger Menschen grundlegend verändert. Mitte der 70er Jahre lebten in Deutschland ca. 20% der 25-jährigen noch bei ihren Eltern. Seitdem sind es jedes Jahr mehr geworden: 49% der jungen Männer und 45% der jungen Frauen wohnen im „Hotel Mama". Das sind mehr als doppelt so viele wie zuvor.

Wenn man die Altersgrenze zu den Dreißigjährigen überschreitet, wohnen immer noch 15% der Männer daheim, bei den Frauen sind es dann nur noch 7%.

Der Unterschied zwischen Männern und Frauen beruht einerseits darauf, dass Frauen häufig früher eine Berufsausbildung beginnen. Das heißt, sie haben diese dann meist auch früher abgeschlossen und sind finanziell unabhängig. Frauen binden sich außerdem früher als Männer. Im Durchschnitt heiraten Frauen heute mit 28, Männer mit 30 Jahren.

Wissen Sie, woran das liegt? Wollen junge Leute nicht mehr selbstständig sein oder wollen sie die Sicherheit Zuhause genießen? Haben sie sich überhaupt frei dazu entschieden oder wohnen junge Erwachsene aus anderen Gründen immer noch bei ihren Eltern? Haben sie keinen großen Drang zur Unabhängigkeit?

Bei den Eltern zu leben hat natürlich seine Vor- und Nachteile.

Ein Vorteil ist, dass junge Leute, die bei ihren Eltern wohnen, sich die Miete sparen. Das Wohnen ist somit also günstiger bzw. kostet gar nichts.

Das macht viel aus, denn die Mieten sind meistens teuer. Gleichzeitig ist es praktisch und angenehm, weil die Mutter gern die lästigen Hausarbeiten, wie Kochen und Waschen, übernimmt.

Auch wirtschaftliche Gründe wie Wirtschaftskrisen und die damit verbundene Jugendarbeitslosigkeit tragen dazu bei, dass das Wohnen bei den Eltern weiterhin attraktiv bleibt. Die finanziellen Vorteile machen sich bei keinem oder kleinem eigenen Einkommen stark bemerkbar.

Aber auf der anderen Seite ist es sehr anstrengend für die Eltern, die auch mal eine Pause brauchen. Sie haben sich schließlich jahrelang um ihre Kinder gekümmert.

Wenn auch wirtschaftliche Gründe und persönliche Vorlieben für ein weiteres Wohnen im

Elternhaus sprechen können, bedeutet das getrennte Wohnen für beide den Start in eine neue, selbstständige Lebensphase, die sich auf das Verhältnis zwischen Eltern und Kind nur positiv auswirken kann.

Je tiefer man in das Thema Hotel Mama einsteigt, desto schwieriger wird es, eine klare Meinung zu haben. Wir müssen aber in jedem Fall darüber nachdenken, wie wir realistische Lösungen für damit verbundene Probleme finden können. Damit bin ich am Ende meiner Präsentation angekommen.

Herzlichen Dank für Ihre Aufmerksamkeit.

어휘 sich haben...verändert [v.] 변화했다 (sich verändern의 현재완료) ㅣ die Wohnungssituation [n.] 주거 상황 ㅣ grundlegend [a.] 근본적으로 ㅣ doppelt [a.] 두 배로 ㅣ die Altersgrenze [n.] 연령 제한 ㅣ überschreiten [v.] 넘어가다 ㅣ der Unterschied [n.] 차이 ㅣ beruhen [v.] 기인하다, 근거하다 ㅣ haben...abgeschlossen [v.] 마쳤다, 끝냈다 (abschließen의 현재완료) ㅣ unabhängig [a.] 독립한 ㅣ sich binden [v.] 약혼하다 ㅣ selbstständig [a.] 자립적인 ㅣ die Sicherheit [n.] 안전 ㅣ sich haben...entschieden [v.] 결정했다 (sich entscheiden의 현재완료) ㅣ der Drang [n.] 열망, 갈망 ㅣ die Unabhängigkeit [n.] 독립 ㅣ sparen [v.] 아끼다 ㅣ angenehm [a.] 편안한 ㅣ lästig [a.] 성가신 ㅣ übernehmen [v.] 떠맡다 ㅣ verbunden [p.a.] 연결된 ㅣ die Jugendarbeitslosigkeit [n.] 청년실업 ㅣ attraktiv [a.] 매력적인 ㅣ eigen [a.] 자신의 ㅣ das Einkommen [n.] 수입 ㅣ anstrengend [p.a.] 아주 힘든 ㅣ sich haben...gekümmert 돌보았다 (sich kümmern의 현재완료) ㅣ wirtschaftlich [a.] 경제적인 ㅣ pl. Vorlieben [n.] 선호, 편애 (die Vorliebe) ㅣ sich auswirken [v.] 영향을 미치다 ㅣ einsteigen [v.] 관여하다 ㅣ realistisch [a.] 현실적인

🔍 해석

존경하는 여러분. 저의 강연 "Hotel Mama"에 오신 것을 진심으로 환영합니다. 저는 Karlsruhe 대학교의 Birthe Müller입니다.

최근 수십 년 동안 젊은 층의 주거 상황은 근본적으로 달라졌습니다. 1970년대 중반 독일에서는 25세의 약 20% 가량이 여전히 부모와 함께 살았습니다. 그 이후 매년 증가하여 젊은 남성의 49%, 젊은 여성의 45%가 "Hotel Mama"에서 살고 있습니다. 이는 이전 대비 두 배 이상 늘어난 것입니다.

30세의 연령 제한을 넘어서도, 여전히 남성은 15%가 부모 집에서 살고 있고, 여성의 경우는 7%에 불과합니다.

한편 남성과 여성 간의 이런 차이는, 여성들이 종종 더 일찍 직업 교육을 시작한다는 점에서 기인합니다. 즉, 여성이 대체로 일찍 교육 과정을 마치며 재정적으로 독립된다는 것을 의미합니다. 또 여성은 남성보다 일찍 약혼합니다. 오늘날 평균적으로 여성은 28세에, 남성은 30세에 결혼합니다.

이 현상이 어디에서 기인하는지 아십니까? 젊은층이 더 이상 자립적이지 못하거나 혹은 집에서의 안정적인 삶을 선택하는 것일까요? 그들이 그 삶을 자의적으로 결정하긴 한 겁니까, 아니면 청년들이 다른 이유가 있어서 여전히 부모와 함께 사는 것입니까? 그들은 독립에 대한 강한 열망이 없는 것일까요?

부모와 함께 사는 건 당연히 장단점이 있습니다.

한 가지 장점, 부모와 함께 사는 청년들은 월세를 아낄 수 있다는 것이죠. 그래서 주거 비용이 더 저렴하거나 아예 들지 않습니다.

이는 많은 것을 의미합니다. 대체로 월세는 비싸기 때문이죠. 그와 동시에 요리나 빨래와 같은 성가신 집안일들을 기꺼이 어머니가 도맡아서 해 주시기 때문에 실용적이고 편하죠.

경제 위기와 이것과 맞물려 있는 청년실업과 같은 경제적인 이유도, 부모님 집에서 사는 걸 계속해서 매력적으로 만들어 주는 데 한몫을 하고 있습니다. 자신의 수입이 전혀 없거나 혹은 적은 경우 이런 재정적인 이점은 매우 뚜렷하죠.

하지만 다른 측면에서 이따금씩 휴식이 필요한 부모의 입장으로 이는 매우 힘든 일입니다. 부모는 결국 자녀를 수년간 돌보는 것입니다.

경제적인 이유는 물론 개인적인 선호도와 관련하여 계속해서 부모님 집에서 계속 살 수 있다고 하더라도, 각자 떨어져서 사는 것이 양측 모두에게 새로운 독립적인 삶의 단계로 시작을 의미하며 이는 부모와 자녀 사이 관계에 긍정적인 영향을 미칠 수밖에 없습니다.

"Hotel Mama"라는 주제에 대해 깊이 생각할수록, 명확한 의견을 갖는 일은 점점 더 어려워집니다. 그러나 어쨌든 우리는 어떻게 하면 관련 문제에 대해서 현실적인 해결책을 찾을 수 있을지 고민해야 합니다.

이로써 제 발표는 끝났습니다.

경청해 주셔서 대단히 감사합니다.

23 최근들어

    ⓐ 사람들은 형제자매와 함께 사는 것을 선호한다.

    ⓑ 주거 상황은 변하지 않았다.

    ☒ 주거 상황이 근본적으로 바뀌었다.

24 요즘은

    ⓐ 25세의 20%가 부모와 함께 살고 있다.

    ☒ 30세가 넘은 여성의 7%가 "호텔 마마"에 살고 있다.

    ⓒ 젊은 여성의 45%가 혼자 살고 있다.

25 남성들은

    ⓐ 일반적으로 여성들보다 먼저 결혼한다.

    ⓑ 여성들보다 더 많은 돈을 번다.

    ☒ 평균적으로 그들의 직업 교육을 여성보다 늦게 마친다.

26 어머니들은

    ⓐ 그들의 자녀와 함께 하는 삶에 대하여 특별히 기뻐한다.

    ⓑ 그들의 자녀의 존재로부터 스트레스를 받는다.

    ☒ 빨래와 음식 준비를 떠맡는다.

27 많은 자녀들이 성인의 나이에도 아직 본가에서 살고 있다. 왜냐하면

    ☒ 그들에게 재정적인 독립성이 부족하기 때문이다.

    ⓑ 그들이 자신이 살 집을 찾을 수 없기 때문이다.

    ⓒ 분가할 자신이 없기 때문이다.

28 청년실업은...

☒ 부모 곁에 사는 것을 더욱더 매력적이게 한다.

b 문제가 되지 않는다.

c 부모가 사회로부터 돈을 받을 수 있도록 돕는다.

29 부모는...

a 자녀와 함께 머무는 것을 그다지 힘들게 생각하지 않는다.

b 더 이상 그들의 자녀를 돌보고 싶어 하지 않는다.

☒ 휴식도 필요하다.

30 따로 떨어져 사는 것은

a 경제적인 이유로 더 이상 불가능하다.

☒ 양쪽을 위해 긍정적으로 작용할 수 있다.

c 아이들에게만 긍정적이다.

쓰기 유형 1 •• 권장 시간: 50분

"동물 실험 금지"라는 주제로 공개 토론(포럼) 기고문을 작성하세요.

- 동물 실험에 대한 당신의 의견을 진술하세요.
- 동물 실험이 왜 이렇게 널리 행해지고 있는지 이유를 설명하세요.
- 동물 실험의 단점을 제시하세요.
- 동물 실험의 대안을 제시하세요.

서론과 결론에 대해 생각해 보세요. 성적에는 내용의 논점이 얼마나 정확하게 서술되었고 텍스트가 얼마나 정확한지, 그리고 각각의 문장과 단락이 언어적으로 얼마나 적절히 연결되었는지 등이 평가됩니다.
최소한 150 단어를 적으세요.

예시 답안

Tierversuche sind heutzutage in der Forschung weit verbreitet. In der Medizin werden Tierversuche benutzt, um die Wirkung von Medikamenten nachzuweisen und eventuelle Nebenwirkungen festzustellen und diese zu beheben.

Meiner Meinung nach sind Tierversuche in der Medizin leider notwendig, da es bisher nicht viele funktionierenden Alternativen gibt. Medikamente müssen an einem menschenähnlichen Organismus getestet werden, bevor sie an Menschen getestet werden können.

Anders ist dies bei nicht medizinischen Tierversuchen, wenn zum Beispiel Kosmetika an Tieren ausprobiert werden. Es gibt mittlerweile viele Kosmetikfirmen, die ihre Produkte nicht mehr an Tieren testen, sondern durch alternative Methoden auf Nebenwirkungen testen lassen.

Dabei kann zum Beispiel die Haut von Schlachttieren verwendet werden oder es werden Computersimulationen benutzt. Auch in der Medizin versucht man vermehrt alternative Methoden zu benutzen, aber es ist schwer, geeignete Tests zu entwickeln.

Nachteile von Tierversuchen sind die Kosten und der Zeitaufwand. Außerdem wird den Tieren Leid zugefügt, was eigentlich nicht sein sollte.

Zusammenfassend kann man sagen, dass Tierversuche leider noch nicht vollkommen durch alternative Testmethoden ersetzt werden können, es aber immer weiter versucht wird, neue Methoden zu erforschen, um den Tieren Leid zu ersparen. (183 Wörter)

해석

동물 실험은 최근 들어 연구에서 널리 사용됩니다. 의학 분야에서도 동물 실험은 의약품의 효과를 입증하고 때에 따라 (의약품의) 부작용을 확인하고 결함을 고치기 위해 사용됩니다.

저는 유감스럽게도 의학적으로 아직 기능을 발휘할 수 있는 많은 대안이 없기 때문에 의학에서 동물 실험이 필요하다고 생각합니다. 의약품은 사람에게 실험하기에 앞서, 사람과 유사한 유기체를 대상으로 실험되어야 합니다.

예를 들어 화장품을 동물에 실험해 보는 것과 같은 비의료 동물 실험은 다른 이야기입니다. 많은 화장품 회사들이 화장품을 더 이상 동물에게 실험하지 않고 대체적인 방법을 통해 부작용을 테스트하고 있습니다.

예를 들면, 도축용 가축의 피부가 사용되거나 컴퓨터 시뮬레이션이 사용됩니다. 또 의료계에서도 대체 방법의 사용을 더 많이 시도하지만 적절한 실험으로 발전시키는 것은 어렵습니다.

동물 실험의 단점은 비용과 시간의 소비입니다. 그 밖에도 사실은 동물에게 하면 안 되는 고통을 가하게 됩니다.

요약하자면, 동물 실험은 유감스럽게도 아직 대체 실험 방법을 통해 완전하게 대체될 수는 없지만, 동물들의 고통을 줄이기 위한 새로운 방법을 연구하기 위해 지속해서 시도되고 있습니다.

어휘   der Tierversuch [n.] 동물 실험 ┃ die Forschung [n.] 연구, 탐구 ┃ verbreitet [p.a] 널리 사용된, 널리 유포된, ┃ nachweisen [v.] 지시하다, 증명하다 ┃ eventuelle [adv.] 경우에 따라서는 ┃ die Nebenwirkung [n.] 부작용 ┃ feststellen [v.] 규명하다, 밝혀내다 ┃ beheben [v.] 결함을 제거하다, 장애를 극복하다 ┃ notwendig [a.] 꼭 필요한, 필연적인, 당연한 ┃ funktionierenden [v.] 기능을 발휘하다 ┃ menschenähnlichen Organismus [n.] 사람을 닮은 유기체, 생물체 ┃ pl. Kosmetika 화장품 (das Kosmetikum) ┃ mittlerweile [adv.] 점차 ┃ das Schlachttier [n.] 도축용 가축 ┃ verwenden [v.] 돌리다, 향하게 하다 ┃ die Computersimulation [n.] 컴퓨터 시뮬레이션 ┃ vermehrt [p.a.] 증가하는, 늘어나는 ┃ entwickeln [v.] 전개시키다, 발전시키다, 생겨나게 하다 ┃ der Zeitaufwand [n.] 시간의 소비 ┃ das Leid [n.] 슬픔, 불행, 괴로움 ┃ werden...zugefügt [v.] (고통 따위를) 주게 되다, 가하게 되다 (zufügen의 수동태) ┃ vollkommen [a.] 완전한, 완벽한 ┃ ersetzen [v.] 바꾸다, 대체하다 ┃ erforschen [v.] 연구하다, 탐구하다 ┃ ersparen [v.] 줄이다

쓰기 유형 2 •• 권장 시간: 50분

당신은 어학원에서 현재 실습 중입니다. 당신은 보통 매일 14시까지 어학원에서 근무합니다.
하지만 이번 주 목요일에는 한 시간 일찍 퇴근하고 싶습니다. 상사인 Müller 부인에게 편지를
적으세요.

당신의 상황에 대한 이해를
부탁하세요.

무슨 일 때문인지 서술하세요.

어떻게 상황을 해결하고 싶은지
제안하세요.

직장 상사에게 일의 상황에 대한
이해를 구하세요.

내용의 논점을 알맞은 순서로 준비하세요. 내용의 논점을 얼마나 정확하게 서술하였는지,
텍스트의 정확도 및 각각의 문장과 단락이 언어적으로 얼마나 적절히 연결되었는지가
평가됩니다. 마지막 부분에 호칭과 안부를 생각하세요. 최소 100 단어를 적으세요.

예시 답안

Sehr geehrte Frau Müller,

ich schreibe Ihnen, weil ich eine Bitte an Sie habe. Am Donnerstag habe ich um 14 Uhr einen Zahnarzttermin, den ich leider nicht auf eine andere Uhrzeit verschieben kann. Seit ein paar Tagen habe ich schreckliche Zahnschmerzen und daher wäre es mir sehr wichtig, diesen Termin wahrzunehmen.

Wäre es vielleicht möglich, dass ich am kommenden Donnerstag bereits um 13 Uhr den Sprachkurs verlasse? Ich kann Ihnen versichern, dass es ein einmaliges Vorkommnis ist und wirklich eine Ausnahme bleiben wird.

Um die versäumte Zeit im Unterricht aufzuholen, könnte ich vielleicht am Freitag eine Stunde eher ins Büro kommen und Ihnen bei den Vorbereitungen für den Tag helfen.

Die Teilnahme am Unterricht ist ein wichtiger Bestandteil meines Praktikums und ich weiß, dass ich dadurch wertvolle Einblicke in Ihre Arbeitsweisen erlangen kann. Mir ist bewusst, dass Sie derzeit viel beschäftigt sind, da die Abschlussprüfungen im Sprachkurs bevorstehen. Ich bitte um Ihr Verständnis und verspreche Ihnen, dass ich Ihnen nicht weiter zur Last fallen werde. Hiermit möchte ich mich vielmals für die Umstände entschuldigen und wünsche Ihnen einen angenehmen Tag.

Mit besten Grüßen,
Marie Peterson (185 Wörter)

해석

존경하는 Müller 부인,

저는 당신에게 하나의 부탁할 일이 있어서 편지를 씁니다. 저는 목요일 14시에(오후 2시에) 치과 진료 예약이 있는데, 유감스럽게도 그 시간을 다른 시간을 옮길 수가 없습니다. 저는 며칠 동안 끔찍한 치통이 있었기 때문에 이 예약을 지키는 것이 매우 중요합니다.

혹시 제가 돌아오는 목요일 13시에(오후 1시에) 어학원에서 퇴근하는 것이 가능할까요? 저는 이런 일이 단 한 번 일어날 수 있는 갑작스러운 일이고, 실제로 예외적인 일이 될 것을 당신에게 약속할 수 있습니다. 수업 중 빠진 시간을 보충하기 위해서 제가 금요일에 한 시간 더 일찍 사무실에 나와서 어쩌면 당신이 그 날을 위해 준비하는 것을 도울 수 있을 거예요.

수업에 참여하는 것은 실습에서 하나의 중요한 부분이며 그것을 통하여 제가 업무 수행 방식에 대한 가치 있는 통찰력을 얻을 수 있다는 것을 알고 있습니다. 저는 당신이 언어 코스의 최종 시험이 임박했으므로 현재 매우 바쁘다는 것을 알고 있습니다. 저는 당신이 이해해 주시기를 부탁드리고 제가 더는 당신에게 부담이 되지 않을 것을 약속합니다. 이상으로 저는 상황에 대해 진심으로 사과하기를 원하며 좋은 하루 보내시기를 바랍니다.

최고의 안부를 담아
Marie Peterson

어휘   versichern [v.] 보증하다, 약속하다 ㅣ einmalig [a.] 한 번의, 전례 없는 ㅣ das Vorkommnis [n.] (갑작스러운) 사건 ㅣ die Ausnahme [n.] 제외, 예외 ㅣ die versäumte Zeit [n.] 결석한 시간 ㅣ aufholen [v.] 만회하다, 회복하다 ㅣ die Teilnahme [n.] 참여 ㅣ der Bestandteil [n.] (구성) 요소 ㅣ der Einblick [n.] 통찰, 인식 ㅣ erlangen [v.] 도달하다, 얻다, 획득하다 ㅣ bewusst [a.] 알고 있는, 의식적인 ㅣ die Abschlussprüfung [v.] 최종 시험, 졸업 시험 ㅣ bevorstehen [v.] 임박해 있다 ㅣ jm. zur Last fallen 누구에게 짐(부담)이 되다 ㅣ vielmals [adv.] 진심으로, 매우, 여러 번 ㅣ der Umstand [v.] 사정, 형편

참가자 A

말하기 유형 1 •• 프레젠테이션 하기 두 명의 참가자 시간을 합쳐서: 약 8분

당신은 세미나에 참여하여 그곳에서 하나의 짧은 프레젠테이션을 해야 합니다. 하나의 주제를 선택하세요. (주제 1 또는 주제2) 당신의 파트너는 당신을 경청한 후 당신에게 질문합니다.

당신의 프레젠테이션을 서론과 본론 그리고 결론으로 구성하세요. 준비 시간 동안에 당신의 메모와 아이디어를 적어 두세요. 약 4분 정도 이야기하세요.

주제 1

> **흡연 금지**
>
> · 다양한 원인을 설명하세요. (예시. 건강)
>
> · 하나의 원인을 더 상세하게 설명하세요.
>
> · 장점과 단점을 언급하고 이를 평가하세요.

예시 답안

Meiner Meinung nach macht ein allgemeines Rauchverbot in öffentlichen Gebäuden und Restaurants oder Bars Sinn, denn Rauchen an öffentlichen Plätzen schädigt nicht nur die eigene Gesundheit, sondern auch die Gesundheit von den Leuten, die in der Nähe der rauchenden Person stehen. Außerdem schmeißen viele Raucher die Zigarettenstummel, die am Ende übrigbleiben, nicht in einen Mülleimer oder Aschenbecher, sondern lassen sie einfach auf dem Boden liegen. Dadurch entsteht Müll und die Straßen sehen dreckig aus.

Wenn man in der Nähe von einer rauchenden Person steht, dann raucht man passiv mit, ob man möchte oder nicht und es wurde bewiesen, dass passives Rauchen fast genauso gesundheitsschädlich ist wie aktives Rauchen. Dies ist vor allem auch ein Problem, wenn sich Kinder in der Nähe einer rauchenden Person befinden. In der Öffentlichkeit ist das nicht so einfach zu kontrollieren, da viele Leute die gleichen Wege nutzen oder zusammen in Restaurants sitzen.

Jeder kann selbst entscheiden, wie er mit seiner Gesundheit umgehen möchte, doch schaden Raucher, die einfach überall ohne Rücksicht rauchen, auch den Menschen um sich herum.

Vorteile eines Rauchverbots an öffentlichen Plätzen ist, dass vielleicht einige Menschen aufhören zu rauchen, wenn sie stärker darin eingeschränkt werden, wo sie rauchen dürfen und wenn sie nicht mehr in öffentlichen Gebäuden, wie Restaurants, rauchen dürfen und immer dafür rausgehen müssen.

Ein Nachteil könnte sein, dass Bars Kunden verlieren könnten, wenn sie in den Räumen nicht mehr rauchen dürfen, weil sie immer rausgehen müssen.
Meiner Meinung nach wiegen die Vorteile des Rauchverbots mehr als die Nachteile. Die Gesundheit eines Menschens ist sehr wichtig und ich finde es nicht gut, wenn die Gesundheit einer Person unter dem Verhalten einer anderen Person leiden muss.

해석

저는 공공건물과 식당 또는 바(업소)에서의 전반적인 흡연을 금지하는 것은 의미가 있다고 생각합니다. 그 이유는 공공장소에서의 흡연은 자신의 건강뿐만 아니라 담배를 피우는 사람과 가까이 있는 사람들의 건강에도 해를 끼치기 때문입니다. 또한 많은 흡연자는 쓰레기통이나 재떨이에 남은 담배꽁초를 버리지 않고 그냥 바닥에 둡니다. 이것으로 쓰레기가 만들어지고 거리는 지저분해집니다.

흡연자가 근처에 있다면, 당신이 그것을 좋아하든지 좋아하지 않든지 수동적으로 함께 흡연하게 되며, 간접흡연은 직접 흡연하는 것과 같이 건강에 거의 동일하게 해롭다는 것이 입증되었습니다. 이것은 흡연자 주변에 어린이가 있을 때 특히 문제가 됩니다. 많은 사람들이 같은 길을 이용하거나 식당에서 함께 앉기 때문에 공공장소에서 통제하기는 쉽지 않습니다. 모든 사람이 자신의 건강에 대하여 어떻게 다루고 싶은지 스스로 결정할 수 있는 것이지만, 그럼에도 불구하고 어디에서나 쉽게 배려 없이 담배를 피우는 흡연자는 주변 사람들에게 해를 끼칩니다.

공공장소에서 흡연을 금지하는 것의 장점은 흡연이 허용되는 곳이 더욱 제한되고 더 이상 식당과 같은 공공건물에서 담배를 피울 수 없게 되어 항상 그것을 위해 밖으로 나가야만 한다면 일부 사람들은 어쩌면 담배를 끊을 수 있다는 것입니다.

단점은 실내에서 흡연이 금지된다면, 그들은 항상 밖으로 나가야 하므로 바(업소)에서는 고객을 잃을 수도 있다는 점입니다. 저는 흡연 금지로 인한 장점의 무게가 단점보다 더 크다고 생각합니다. 한 사람의 건강은 매우 중요하며 한 사람의 건강이 다른 사람의 행동으로 해를 입는 것은 좋지 않다고 생각합니다.

어휘 schädigen [v.] 해를 끼치다 ┃ schmeißen [v.] 내던지다 ┃ übrigbleiben [v.] 남겨져 있다 ┃ wurden...bewiesen [v.] 입증되었다 (beweisen의 수동태 과거) ┃ befinden [v.] (어떤) 상태에 있다 ┃ die Öffentlichkeit [n.] 공개 ┃ entscheiden [v.] 결정하다 ┃ umgehen [v.] 다루다 ┃ schaden [v.] 해를

끼치다 ㅣ **öffentlich** [a.] 공공의 ㅣ **werden...eingeschränkt** [v.] 제한되다 (einschränken의 수동태) ㅣ **wiegen** [v.] 무게가...이다 ㅣ **leiden** [v.] 해를 입다

주제 2

> **외국에서 대학 공부 (학업)**
>
> - 다양한 원인을 설명하세요. (예시. 교환학생).
> - 하나의 원인을 더 상세하게 설명하세요.
> - 장점과 단점을 언급하시고 이를 평가하세요.

예시 답안

Es gibt verschiedene Möglichkeiten für ein Studium im Ausland. Man kann zum Beispiel als Austauschstudent ins Ausland gehen, oder man kann sein ganzes Studium im Ausland absolvieren. Außerdem gibt es die Möglichkeit während des Studiums ein Praktikum im Ausland abzulegen.

Wenn man während des Studiums ins Ausland geht, dann lernt man nicht nur andere Kulturen, sondern auch andere Lebensweisen kennen. Des Weiteren fällt es leichter, eine andere Sprache zu lernen oder man bekommt die Möglichkeit, eine bereits gelernte Sprache im Alltag anzuwenden. Dadurch kann man sich schnell sicherer in der Anwendung einer fremden Sprache fühlen. Außerdem lernt man interkulturelle Kompetenzen, da man nicht nur für ein paar Monate oder Jahre in einem anderen Land lebt und mit den dortigen Gepflogenheiten zurechtkommen muss, sondern auch viel mit anderen Ausländern zusammen ist, wenn man zum Beispiel gemeinsam einen Sprachkurs belegt. Dadurch hat man die Möglichkeit, Menschen aus aller Welt kennen zu lernen.

Ein Nachteil, wenn man zum Beispiel als Austauschstudent für ein oder zwei Semester ins Ausland geht, ist, dass man Zeit verliert und man dadurch eventuell seinen Abschluss erst später machen kann, wenn das Auslandsstudium nicht in der Studien vorgesehen ist. Es kann außerdem ziemlich überwältigend sein, allein, ohne dass man jemanden kennt, in ein fremdes Land mit einer fremden Kultur zu ziehen.

Der wohl größte Nachteil ist es, dass es auch sehr teuer sein kann im Ausland zu studieren, je nachdem in welches Land man geht. Daher ist es ein Privileg, wenn man während des Studiums einige Zeit im Ausland verbringen kann. Dennoch denke ich, dass man die Chance auf jeden Fall nutzen sollte, wenn man kann, da man nicht nur seine sprachlichen Fähigkeiten fördern kann, sondern sich auch die eigene

Persönlichkeit positiv entwickeln kann.

 해석

외국에서 학업을 할 수 있는 한 여러 가지 가능성이 있습니다. 예를 들어 교환학생으로 외국에 가거나, 아니면 전체 대학 과정을 외국에서 마칠 수도 있습니다. 또 학업을 하는 동안에 외국에서 실습할 수도 있습니다.

학업을 하는 동안에 외국에 가면 다른 문화뿐만 아니라, 다른 생활 습관도 알게 됩니다. 또 다른 언어를 더 쉽게 배울 수 있거나, 이미 배운 언어를 일상생활에서 사용할 기회를 얻습니다.

그것을 통하여 외국어를 사용하는 데 빠르게 자신감을 느낄 수 있습니다. 몇 달 또는 몇 년 동안 다른 나라에 살면서 현지 관습을 익힐 뿐만 아니라 예를 들어 함께 어학 강좌를 신청하는 등 다른 외국인들과 많은 시간을 보내므로 이문화 역량을 배웁니다. 이를 통해 전 세계 사람들을 알게 되는 가능성을 갖게 됩니다.

단점으로, 한 학기 또는 두 학기를 위해 외국으로 가는 교환학생을 예로 들면 시간을 잃어버리고, 그로 인해 때에 따라서는 해외 교육 이수가 인정되지 않으면 졸업이 늦춰질 수 있습니다. 그 밖에도 아무도 아는 사람이 없이 혼자 낯선 땅에서 낯선 문화와 함께 살아가는 것이 꽤 견디기 힘들 수 있습니다.

가장 큰 단점은 어느 나라로 가는지에 따라 유학 비용도 매우 많이 들 수 있다는 것입니다. 그 때문에 학업을 하는 동안 어느 정도의 시간을 외국에서 보낼 수 있다는 것은 하나의 특권입니다. 하지만 저는 언어 능력을 향상할 수 있을 뿐만 아니라 자신의 개성을 긍정적으로 발전시킬 수 있기에 가능한 한 이 기회를 활용해야 한다고 생각합니다.

어휘   der Austauschstudent [n.] 교환학생 ㅣ absolvieren [v.] 졸업하다 ㅣ ablegen [v.] 이행하다 ㅣ die Lebensweise [n.] 생활 습관 ㅣ anwenden [v.] 사용하다 ㅣ interkulturell [a.] 문화 간 ㅣ die Kompetenz [n.] 능력, (모국어 사용자의) 언어 능력 ㅣ die Gepflogenheit [n.] 관습, 관례 ㅣ zurechtkommen [v.] 잘 다루다 ㅣ belegen [v.] 신청하다 ㅣ eventuell [adv.] 경우에 따라 ㅣ überwältigend [p.a] 견딜 수 없는, 강력한 ㅣ das Privileg [n.] 특권 ㅣ fördern [v.] 강화하다 ㅣ entwickeln [v.] 발전시키다

말하기 유형 2 •• **토론하기** 두 명의 참가자 시간을 합쳐서: 약 5분 MP3 01_06

당신은 토론 클럽의 참가자이며 최근 시사 질문에 대한 토론을 합니다.

교사는 성과에 따른 돈을 지불받아야 합니까?

- 당신의 관점과 논쟁들을 주고받으세요. (교환하세요.)

- 당신의 파트너의 논쟁에 적절한 반응을 하세요.

- 마지막에 요약하세요: 당신은 동의하십니까 아니면 반대하십니까?

이 주요 사항들을 사용하면 도움이 됩니다.

교사의 동기 부여가 증가합니까? / 감소합니까?
수업은 더 좋아집니까? / 나빠집니까?
공정성이 주어집니까?
평가가 익명으로 유지됩니까?
…

💬 예시 답안

A Meiner Meinung nach ist es eine gute Idee, dass Lehrer nach ihrer Leistung bezahlt werden. Schüler werden ja auch schließlich nach ihrer Leistung im Unterricht und in den abgelegten Prüfungen mit Noten bewertet.

B Dem stimme ich zu. Aber ich denke, dass es schwierig sein könnte, eine faire Grundlage für die Bezahlung der Lehrer zu finden. Wer kann beschließen, ob ein Lehrer seinen Job gut macht oder nicht? Es könnte dazu führen, dass Schüler sich gegen einen bestimmten Lehrer verbinden und ihn schlecht bewerten, sollten sie einen Lehrer nicht mögen.

A Das könnte in der Tat ein Problem bei der Leistungsbewertung werden. Dennoch bin ich der Meinung, dass eine Entlohnung gemäß der Leistung die Lehrer auch dazu motivieren könnte, sich mehr und besser auf die Schüler und ihre Bedürfnisse einzulassen. Dieser Logik nach würden sich dann im Endeffekt auch die Noten der Schüler verbessern, da sie besser mit dem Unterricht zurechtkommen und mehr Spaß am Lernen haben.

B Das stimmt natürlich. Die Qualität des Unterrichts könnte positiv beeinflusst werden, wenn der Lehrer dadurch motiviert wird, dass er ein höheres Gehalt erhalten kann, wenn sein Unterricht als besser und effektiver eingestuft wird. Aber dennoch bin ich sehr besorgt darum, wer für die Beurteilung des Unterrichts zuständig sein soll. Wenn die Schüler die Qualität des Unterrichts ihres Lehrers bewerten sollen, wer kann dann garantieren, dass die Bewertung anonym stattfindet? Wenn der Lehrer weiß, welche Schüler ihn wie bewertet haben, dann könnte es passieren, dass er den Schülern im Gegenzug schlechte Noten für eine schlechte Bewertung gibt.

A Deshalb denke ich, dass es am Besten wäre, wenn eine unabhängige Person für die Bewertung zuständig sein wird. Wenn die Schüler selbst entscheiden dürfen, wie sie den Unterricht der einzelnen Lehrer bewerten wollen, so kann es zu allen möglichen Problemen kommen. Wie zum Beispiel zu dem bevor genannten Problem, dass sich die Schüler gegen einen Lehrer verbünden. Es sollte ein spezielles Komitee aufgestellt werden, dessen einzige Aufgabe es ist, den Unterricht und die Lehrweise der Lehrer zu beobachten, zu analysieren und zu bewerten.

Dieses Komitee sollte aus Experten bestehen, die genau wissen, wie ein effektiver Unterricht und ein sensibler Lehrer aussehen sollte. Demnach würde es auch das Problem nicht geben, dass ein Lehrer die Bewertung der Schüler eventuell persönlich nimmt und im Gegenzug schlechte Noten an Schüler vergibt. Letztendlich könnten auch in solch einem System noch immer die Schüler nach ihrer Meinung gefragt und diese Meinungen mit in die Bewertung einbezogen werden.

B Ich bleibe skeptisch. Meiner Meinung nach mangelt es einfach an einer guten Methode, die sich auch in der Praxis umsetzen lässt. Ich denke einfach, dass die Qualität des Unterrichts darunter leiden würde, anstatt dass sie verbessert würde. Denn ein Lehrer, der weniger Gehalt bekommt, weil sein Unterricht als nicht so gut eingestuft wird, würde demotiviert werden und sein Unterricht vielleicht noch schlechter werden. Es gibt keine Garantie, dass die Lehrer sich durch eine eventuelle höhere Bezahlung motivierter fühlen als ohne ein derartiges System.

🔎 해석

A 저는 교사가 성과에 따라 보수를 받는 것이 좋다고 생각합니다. 학생 또한 결국 그들의 수업 시간에서의 성과와 치른 시험의 점수로 평가받습니다.

B 그것에 대하여 저는 동의합니다. 하지만 저는 교사의 급여에 공정한 근거를 찾는 것은 어렵다고 생각합니다. 교사가 자신의 업무를 잘 수행하는지 아닌지에 대하여 누가 결정할 수 있습니까? 학생들이 좋아하지 않는 특정 교사를 상대로 연합하고, 그를 나쁘게 평가할 수도 있습니다.

A 이것은 실제로 업무 능력 평가에 문제가 될 수 있습니다. 그럼에도 불구하고 저는 교사의 성과에 따른 급여 지급은 교사들이 학생들과 그들의 필요에 의해 더 잘 관여하도록 동기를 부여할 수 있다고 생각합니다. 이 논리에 따르면, 학생들의 성적은 최종적인 결과로 향상될 것입니다. 왜냐하면 그들이 수업 시간에 잘 해내고 더 재미있게 배울 수 있기 때문입니다.

B 물론 맞습니다. 교사의 수업이 더 좋고 효과적인 것으로 분류되어 더 높은 급여를 받을 수 있다는 사실이 교사에게 동기 부여가 된다면 수업의 질에 긍정적인 영향을 줄 수 있습니다. 그러나 저는 여전히 누가 수업을 평가할 권한이 있는지 매우 우려됩니다. 학생들이 교사의 교육 수준을 평가해야 한다면, 누가 익명으로 평가하는 것을 보증해 줄 수 있습니까? 어떤 학생이 어떻게 평가를 했는지 교사가 알게 된다면, 교사는 반대로 학생들에게 나쁜 평가에 대한 대가로 나쁜 점수를 줄 수도 있습니다.

A 따라서 저는 이 평가에 대해 예속되지 않는 사람이 결정하는 것이 가장 좋다고 생각합니다. 학생들이 각 교사의 수업을 평가하기를 원하는지 스스로 결정할 수 있다면 모든 종류의 문제가 발생할 수 있습니다. 예를 들어, 앞서 언급한 문제와 같이 학생들이 한 교사를 모함하기에 협력한다면 말입니다. 그것은 교사의 수업과 교수법을 관찰, 분석 및 평가하는 것을 유일한 임무로 가진 특별 위원회로 구성되어야 합니다. 이런 위원회는 효과적인 수업과 민감한 교사의 모습을 정확히 아는 전문가들로 구성되어야 합니다. 따라서 교사가 학생의 평가를 개인적으로 받아 자칫하면 그 결과로 학생들에게 나쁜 점수를 줄 수 있는 문제는 없을 것입니다. 결국 이러한 시스템에서 여전히 학생들은 그들의 의견을 물을 수 있으며 이러한 의견은 평가에 포함될 것입니다.

B 저는 여전히 회의적입니다. 저는 실제로 실현 가능성이 있는 좋은 방법이 부족하다고 생각합니다. 저는 수업의 질이 향상되는 대신에 어려움을 겪으리라고 생각합니다. 왜냐하면 자신의 수업이 그렇게 좋지 않다고 분류되어 급여를 적게 받는 교사는 동기를 잃게 되고 그의 수업의 질은 어쩌면 더 낮아질 수도 있기 때문입니다. 교사에게 이러한 시스템이 없는 것보다 혹여나 더 많은 급여를 지급받는 것이 더 동기 부여될 것으로 느낀다는 보장도 할 수 없습니다.

어휘 die Leistung [n.] 성과 ┃ abgelegt [p.a.] (시험을) 마친 ┃ werden...bewertet [v.] 평가되다 (bewerten의 수동태) ┃ beschließen [v.] 결정하다 ┃ führen [v.] 수행하다 ┃ bestimmt [a.] 특정한 ┃ die Leistungsbewertung [n.] 실행 평가 ┃ die Entlohnung [n.] 급여 지급 ┃ gemäß [prp.] ~에 따라서 ┃ pl. Bedürfnisse [n.] 필요 (das Bedürfnis) ┃ einlassen [v.] 무엇에 관여하다 ┃ der Endeffekt [n.] 최종 결과 ┃ zurechtkommen [v.] 잘 해내다 ┃ werden...beeinflusst [v.] 영향을 주다 (beeinflussen의 수동태) ┃ werden...eingestuft [v.] 분류되다 (einstufen의 수동태) ┃ die Beurteilung [n.] 판단 ┃ zuständig [a.] 권한이 있는 ┃ garantieren [v.] 보증하다 ┃ anonym [a.] 익명의 ┃ der Gegenzug 반대, 역습 ┃ genannt [a.] 언급된 ┃ sich verbünden [v.] 연합하다 ┃ das Komitee [n.] 위원회 ┃ werden...aufgestellt [v.] 구성되다 (aufstellen의 수동태) ┃ beobachten [v.] 관찰하다 ┃ analysieren [v.] 분석하다 ┃ der Experte [n.] 전문가 ┃ bestehen aus [v.] ~으로 구성되다 ┃ eventuell [a.] 자칫하면 ┃ letztendlich [a.] 결국 ┃ skeptisch [a.] 회의적인 ┃ umsetzen [v.] 실현하다 ┃ werden...motiviert [v.] 동기부여 되다 (motivieren의 수동태)

참가자 B

MP3 01_07

말하기 유형 1 •• **프레젠테이션 하기** 두 명의 참가자 시간을 합쳐서: 약 8분

당신은 세미나에 참여하여 그곳에서 하나의 짧은 프레젠테이션을 해야 합니다. 하나의 주제를 선택하세요. (주제 1 또는 주제2) 당신의 파트너는 당신을 경청한 후 당신에게 질문합니다.

당신의 프레젠테이션을 서론과 본론 그리고 결론으로 구성하세요. 준비 시간에 당신의 메모와 아이디어를 적어 두세요. 약 4분 정도 이야기하세요.

주제 1

> **건강한 삶**
>
> - 다양한 원인을 설명하세요. (예시: 건강한 식생활)
> - 하나의 원인을 더 상세하게 설명하세요.
> - 장점과 단점을 언급하시고 이를 평가하세요.

💬 예시 답안

Ein gesundes langes Leben ist etwas, das wir alle anstreben. Es gibt viele Möglichkeiten, mit denen man sich bemühen kann, gesünder zu Leben. Zu den am weitesten verbreiteten Methoden gehören gesunde Ernährung, viel Bewegung und Sport treiben, aber auch spirituelle Methoden wie Meditieren haben ihre Anhänger. Persönlich bin ich ein Fan von Sport.

Dabei meine ich nicht nur, dass ich mir am Wochenende gerne ein Fußballspiel anschaue, sondern betätige ich mich auch selbst gern in meiner Freizeit sportlich. Sport zu treiben kann nicht nur beim Abnehmen helfen. Regelmäßiger Sport ist wichtig. Jede Form der Bewegung sorgt dafür, dass das Herz mehr gefordert wird und der Druck in den Blutgefäßen steigt, sodass sie sich weiten.

Das Risiko von Blutgerinnseln sinkt, außerdem wird der Blutdruck gesenkt und die Herzmuskulatur gestärkt. Eine Sportart als Hobby hilft dabei, den Fett- und Stoffwechsel anzuregen und kann so Diabetes und Übergewicht vorbeugen.

Sport ist damit wichtig für alle lebenswichtigen Vorgänge im Körper und hilft dabei das Risiko auf Herzinfarkte, Schlaganfälle und auf Krebs zu senken. Auch hilft uns Sport dabei, mental abzuschalten und den alltäglichen Stress zu vergessen. Somit trägt Sport zu einem gesünderen Leben bei.

Zu den Nachteilen gehört jedoch, dass nicht jeder Zeit dazu hat, regelmäßig Sport zu treiben. Heutzutage sind wir alle so verwickelt in unsere Arbeit, dass wir vergessen, uns Zeit für uns selbst zu nehmen. Der Faktor Kosten kann auch für viele Menschen belastend sein, je nachdem, welche Sportart man präferiert. Dennoch denke ich, dass wir alle versuchen sollten, uns mehr zu bewegen. Ein Start kann es bereits sein, auf dem Weg zur Arbeit die Treppen zu nehmen und nicht den Aufzug.

🔍 해석

건강하게 오래 사는 삶은 우리 모두가 추구하는 것입니다. 건강한 삶을 위해 노력하는 방법에는 여러 가지가 있습니다. 가장 널리 알려진 방법은 건강한 식습관, 많은 운동 및 스포츠를 하는 것이 포함되지만 명상과 같은 정신적인 방법을 좋아하는 사람도 있습니다. 개인적으로 저는 스포츠 팬입니다.

그 말은 제가 주말에 축구 경기를 보는 것뿐만 아니라 여가 시간에 직접 운동을 하는 것을 좋아한다는 것입니다. 운동을 하는 것은 체중 감량에만 도움을 주는 것이 아닙니다. 규칙적인 운동은 중요합니다. 모든 형태의 운동은 심장을 더 많이 뛰게 하고 혈관의 압력이 상승하여 확장되도록 합니다.

혈전의 위험을 감소하고, 그밖에도 혈압이 낮아지며 심장 근육이 강화됩니다. 취미로 운동을 하면 지방과 신진대사를 자극하여 당뇨병과 비만을 예방할 수 있습니다.

따라서 운동은 신체의 모든 기본적인 과정을 위해 중요하며 심근경색, 뇌졸중 및 암의 위험을 줄이는 데 도움이 됩니다. 또한 운동은 정신적인 것에 신경을 쓰지 않고 일상적인 스트레스를 잊는 데 도움이 됩니다. 그러므로 스포츠는 더 건강한 삶을 살게 해줍니다.

단점으로는 모든 사람이 규칙적으로 운동할 시간이 없다는 것입니다. 오늘날 우리는 모두 이렇게 우리의 복잡한 일에 관여하여 우리 자신을 위한 시간을 갖는 것을 잊어버립니다. 어떤 운동을 선호하는지에 따라 비용이라는 요소가 많은 사람에게 스트레스를 줄 수 있습니다. 그래도 저는 모두가 더 많이 움직여야 한다고 생각합니다. 출근하러 가는 길에 엘리베이터가 아닌 계단을 이용하는 것이 이미 하나의 시작일 수 있습니다.

어휘 anstreben [v.] 노력하다, 힘쓰다 ┃ verbreitet [a.] 널리 알려진 ┃ spirituell [a.] 정신의 ┃ Meditieren [n.] 명상 (동명사) ┃ der Anhänger [n.] 추종자, 팬 ┃ sich betätigen [v.] 활동하다, 일하다 ┃ pl. Blutgefäße [n.] 혈관 (das Blutgefäß) ┃ sich weiten [v.] 확장되다 ┃ das Blutgerinnsel [n.] 혈전 ┃ sinken [v.] 감소하다 ┃ werden...gesenkt [v.] 낮아지다 (sinken의 수동태) ┃ die Herzmuskulatur [n.] 심장 근육 ┃ werden...gestärkt [v.] 강화되다 (stärken의 수동태) ┃ das Fett [n.] 지방 ┃ der Stoffwechsel [n.] 신진대사 ┃ anregen [v.] 자극하다 ┃ der Diabetes [n.] 당뇨병 ┃ das Übergewicht [n.] 비만 ┃ vorbeugen [v.] 예방하다 ┃ lebenswichtig [a.] 기본적인, 중대한 ┃ pl. Vorgänge [n.] 과정 (der Vorgang) ┃ der Herzinfarkt [n.] 심근경색 ┃ der Schlaganfall [n.] 뇌졸증 ┃ mental [a.] 정신의, 심중의 ┃ abschalten [v.] 신경을 끄다, 차단하다 ┃ verwickelt [a.] 복잡한, 까다로운 ┃ präferieren [v.] 선호하다

주제 2

무기법

- 다양한 원인을 설명하세요. (예시: 금지)

- 하나의 원인을 더 상세하게 설명하세요.

- 장점과 단점을 언급하시고 이를 평가하세요.

예시 답안

Waffen können gefährlich sein, wenn sie in untrainierte Hände gelangen. Das ist ein Fakt. Wie jedoch sollen wir mit Waffen in der Gesellschaft umgehen? Im Allgemeinen scheint die Forderung nach einem klaren Waffengesetz berechtigt.

Dies kann in verschiedenen Formen durchgesetzt werden. So kann zum Beispiel ein vollständiges Waffenverbot der Diskussion ein abruptes Ende setzen. Möglich sind jedoch auch Gesetze die zum Beispiel besagen, dass bestimmte Waffen bestimmte „Waffenführerscheine" notwendig machen.

Dabei sollten zum einen Lehrgänge verpflichtend sein, in welchen der richtige Umgang mit der jeweiligen Waffe detailliert gelehrt wird. Hinzu sollten außerdem ausreichen Tests auch im Bezug auf die psychischen Zustände der Scheinanwerber durchgeführt werden, um festzustellen, ob sie geeignet sind die Waffe des jeweiligen Kalibers zu nutzen.

Zu den Vorteilen eines klaren Waffengesetzes gehört eindeutig, dass man sich in einer Gesellschaft mit derartigen klaren Regeln sicher fühlen kann, wenn man weiß, dass Waffen nur von bestimmten trainierten Leuten wie zum Beispiel der Polizei gehändelt werden.

Außerdem kann damit einer Reihe an Gewalttaten schon an der Wurzel vorgebeugt werden.

Nicht unbedingt ein Nachteil, aber eine definitive Schwierigkeit bei der Durchführung eines Waffengesetzes ist es, dass es schwierig ist, klare Regeln zu formulieren, wenn es zu Berufen kommt, welche das Führen von Waffen, wie zum Beispiel die Polizei oder Jäger, beinhalten.

해석

무기가 훈련 받지 않은 누군가의 손에 들어간다면, 위험할 수 있습니다. 그것은 사실입니다. 그것은 사실입니다. 그러나 우리는 사회에서 무기를 어떻게 다루어야 할까요? 일반적으로 명확한 무기법에 대한 요구는 정당한 것으로 보입니다.

이것은 다양한 형태로 실시될 수 있습니다. 예를 들어 무기 자체를 완전히 금지한다면 토론을 바로 끝내버릴 수 있습니다. 그러나 예를 들어 특정 무기에 대해서는 특정한 무기 취급 자격증을 반드시 필요하도록 하는 법률도 가능할 것입니다.

한편으로, 각 무기의 올바른 취급에 대해 자세히 가르치는 과정은 의무적이어야 합니다. 또한, 자격증을 희망하는 사람의 심리적 상태와 관련하여 각 (총포) 구경의 무기를 사용하기에 적합한지 여부를 결정하기 위해 충분한 테스트가 수행되어야 합니다.

확실한 무기법의 장점 중 명백한 한 가지를 예를 들면 경찰과 같이 훈련된 특정 사람들만 무기를 거래하게 된다는 것을 알면 그러한 명확한 규정과 함께 사회에서 안전하다고 느낄 수 있다는 것입니다.

또한 그것으로 집단 폭력 행위의 근원을 예방할 수 있습니다.

무조건적인 단점은 아니지만 무기법을 시행하는 데 있어 어려운 부분은 경찰이나 사냥꾼과 같은 무기 사용을 포함하는 직업에 관한 명확한 규칙을 정하기가 어렵다는 것입니다.

어휘 untrainiert [a.] 훈련된 | gelangen [v.] 닿다. 도달하다 | das Fakt [n.] 기정사실 | die Forderung [n.] 요구 | berechtigt [a.] 정당한 | werden...durchgesetzt [v.] 시행되다 (durchsetzen의 수동태) | vollständig [a.] 완전한 | das Waffenverbot [n.] 무기 금지 | abrupt [a.] 갑작스러운 | besagen [v.] 의미하다 | verpflichtend [p.a.] 의무적인 | psychisch [a.] 심리적인 | pl. Zustände [n.] 상태 (der Zustand) | der Scheinanwerber [n.] 자격증 취득을 원하는 사람 | werden...durchgeführt [v.] 수행되다 (durchführen의 수동태) | geeignet [p.a.] 적합한 | das Kaliber [n.] (총포의) 구경 | der Waffengesetz [n.] 무기법 | eindeutig [a.] 명백한 | werden...gehändelt [v.] 거래되다 (handeln의 수동태) | die Reihe [n.] 집단 | die Gewalttat [n.] 폭력 행위 | werden...vorgebeugt [v.] 예방되다 (vorbeugen의 수동태) | die Durchführung [n.] 시행하다 | beinhalten [v.] 포함하다

말하기 유형 2 •• 토론하기 두 명의 참가자 시간을 합쳐서: 약 5분

당신은 토론 클럽의 참가자이며 최근 시사 질문에 대한 토론을 합니다.

교사는 성과에 따른 돈을 지불받아야 합니까?

- 당신의 관점과 논쟁들을 주고받으세요. (교환하세요.)

- 당신의 파트너의 논쟁에 적절한 반응을 하세요.

- 마지막에 요약하세요: 당신은 동의하십니까 아니면 반대하십니까?

이 주요 사항들을 사용하면 도움이 됩니다.

교사의 동기 부여가 증가합니까? / 감소합니까?
수업은 더 좋아집니까? / 나빠집니까?
공정성이 주어집니까?
평가가 익명으로 유지됩니까?
...

제2회

실전모의고사
정답 및 해설

B2

읽기 유형 1 ●●●●● 권장 시간: 18분

당신은 포럼에서 사람들이 성공적인 건강한 다이어트에 대하여 어떻게 생각하는지 읽습니다.
네 사람 중 어느 사람이 각 진술에 대하여 이야기하였습니까? 사람은 여러 번 선택할 수
있습니다.

	예제	
0	커피 섭취는 너무 빠르게 다시 배고픔을 유발한다.	정답: c

1	너무 적게 먹으면 운동할 때 심장이 더 빨리 뛰게 된다.	d
2	과일 섭취 후에는 강한 식욕이 생긴다.	b
3	극단적인 체중 감량 방법은 피하는 것이 좋다.	d
4	몸이 부담을 가지고 있을 때 체중을 감량해서는 안 된다.	b
5	간식을 먹는 것은 장기적으로 이완시키지 못한다.	a
6	다이어트 후에 쉽게 다시 무게가 증가할 수 있다.	a
7	잘 알려진 몇몇의 다이어트 방법 중에는 터무니없는 것들도 있다.	b
8	사람들은 자주 체중 감량 시 목표를 너무 높게 설정하고 너무 빨리 달성하려고 한다.	d
9	일부 성분은 소화를 위해 아주 많이 좋지 않다.	c

A Petra

Ich hasse den Begriff skinny fat. Fakt ist, Essen bereitet uns Freude und gibt uns die Möglichkeit, soziale Bindungen zu stärken. Wenn man nachhaltig und gesund abnehmen will, ist es nicht von Vorteil, seine Mahlzeiten auf ein Minimum zu reduzieren und plötzlich extrem viel Sport zu machen. Diese Kombination ist für den Körper alles andere als gesund. Zudem hat es einen starken Jojo-Effekt zur Folge, wenn man wieder anfängt, normal zu essen: Man nimmt mehr und schneller zu als es sonst der Fall wäre.

Meiner Meinung nach kann es schon ein erster Schritt sein, weniger Süßigkeiten zu essen. Viele denken, dass Süßigkeiten gegen Stress hilfreich sind, aber sie wirken nur für den Moment befriedigend, und sie lindern nicht den eigentlichen Grund für den Stress einer Person.

🔍 해석

저는 마른 비만이라는 표현을 매우 싫어합니다. 음식은 우리에게 기쁨을 주고 사회적 유대를 강화할 수 있는 기회를 준다는 점은 사실입니다. 만일 지속적이고 건강하게 체중을 줄이고자 하는 경우, 식사를 최소화하고 갑자기 매우 많은 운동을 하는 것으로는 어떤 이득도 얻을 수 없습니다. 이 조합은 건강에 전혀 도움이 안 됩니다. 게다가 다시 정상적인 식사를 시작하면 강한 요요현상의 결과를 가져옵니다. : 그러면 그렇지 않은 경우보다 더 많이 그리고 더 빨리 밥을 먹습니다.

저는 군것질거리를 적게 먹는 것이 첫걸음이 될 수 있다고 생각합니다. 많은 사람들은 단것들이 스트레스 해소에 도움이 된다고 생각하지만, 그것들은 단지 잠시 동안만 만족감을 줄 뿐, 한 사람의 스트레스에 대한 실질적인 원인을 완화해 주지는 않습니다.

어휘 **der Fakt** [n.] 사실 | **die Bindung** [n.] 유대. 연결 | **stärken** [v.] 강화하다 | **nachhaltig** [a.] 지속적인 | **zur Folge haben** 어떤 (부정적인) 결과를 가져 오다 | **befriedigend** [p.a] 만족시키는 | **lindern** [v.] 완화시키다

B Martin

Um gesund abzunehmen, muss man sich ausgewogen ernähren. Jeder weiß das, aber wenige Leute machen das.

Es gibt zahlreiche Abnehm-Mythen, aber man sollte nicht einfach allem vertrauen. Einige dieser Mythen sollten ein für alle Mal aus der Welt geschaffen werden.

Zum Beispiel, dass Früchte wie Ananas, Papaya oder Kiwi die Fettverbrennung aufgrund der Beschaffenheit ihrer Enzyme anregen. Forscher fanden allerdings heraus, dass diese Enzyme, sobald sie im Magen sind, ziemlich schnell verdaut werden. Der Fruchtzucker lässt den Blutzuckerspiegel schnell ansteigen, die Früchte werden schnell verdaut und man hat leider auch schnell wieder Hunger. Man sollte darüber nachdenken, ob es wirklich Sinn macht. Auch Stress ist ein wichtiges Thema, weil Stress unglücklich macht und ein ausgeglichenes Abnehmen verhindert, da der Körper sich so ohnehin in einem belasteten Zustand befindet.

🔍 해석

건강하게 다이어트를 하기 위해서는, 균형 잡힌 식사를 해야 합니다. 누구나 이 사실을 알고는 있지만, 그렇게 하는 사람은 별로 없습니다.

다이어트에 관한 수많은 통념이 존재하지만, 그것들을 모두 믿어서는 안 됩니다. 그 통념들 가운데 일부는 완전히 갖다 버려야 합니다.

예를 들면, 바나나, 파파야 혹은 키위와 같은 과일들은 효소적인 특성상 지방의 연소를 촉진한다고 하는 이야기입니다. 그러나 연구진들은 이 효소들이 위에 도달하자마자 상당히 빨리 소화되어 버린다는 사실을 발견했습니다. 과당(과일의 당)은 혈당 수치를 빠르게 상승시키고, 과일은 빨리 소화되며 안타깝지만 빠르게 배고픔을 느끼게 만들기도 합니다. 그래서 그런 이야기들이 실제로 말이 되는지 잘 생각해 봐야 합니다. 스트레스 역시 중요한 주제입니다. 왜냐하면, 스트레스는 우울하게 하고, 몸은 더욱이 스트레스가 가중된 상태라서 균형 잡힌 다이어트를 방해하기 때문입니다.

어휘 ausgewogen [p.a] 균형잡힌 | sich ernähren [v.] ~을 먹다 | zahlreich [a.] 수많은 | pl. Abnehm-Mythen [n.] 가공의 이야기 (der Mythos) | die Fettverbrennung [n.] 지방의 연소 | aufgrund [prp.] ~로 인하여 | die Beschaffenheit [n.] 특성 | pl. Enzyme [n.] 효소 (das Enzym) | anregen [v.] 촉진시키다 | werden...verdaut [v.] 소화되다 (verdauen의 수동태) | der Fruchtzucker [n.] 과당 (과일의 당) | der Blutzuckerspiegel [n.] 혈당 수치 | ausgeglichen [p.a] 균형잡힌 | verhindern [v.] 방해하다 | ohnehin [adv.] 더욱이 | belastet [p.a] 짐을 지우는, 가중된 | der Zustand [n.] 상태

C Sophia

Chili und andere scharfe Gewürze sollen angeblich die Fettverbrennung anregen. Doch sie tun nur eines: Sie regen die Verdauung an. Sie sind natürliche Abführmittel und können bei übermäßigem Einsatz den Darm schädigen. Gegen ein wenig gesunde Schärfe ist natürlich nichts einzuwenden, man sollte es aber nicht übertreiben oder hoffen, dass nur durch Würzen die Kilos wie gewünscht purzeln.

Manche Menschen sagen, dass man mit Kaffee gesund abnehmen kann. Kaffee regt den Stoffwechsel zwar an, führt aber bei übermäßigem Verzehr auch zu Herzrasen und Zittern und ist somit nicht gesund. Der Effekt ist ähnlich wie bei scharfen Gewürzen, es können bei zu schnellem Stoffwechsel keine wichtigen Nährstoffe mehr aufgenommen werden und es ist nur eine Frage der Zeit bis man Heißhunger bekommt.

🔍 **해석**

고추와 여타 매운 향신료들은 지방 연소를 자극하는 것으로 알려져 있습니다. 그러나 그것들은 단지 한 가지, 소화를 촉진하는 역할만 합니다. 그 매운 향신료들은 천연 설사약이며 과도하게 넣어 먹으면 장을 손상할 수 있습니다. 적정한 수준의 약간의 매운 향신료에 대해서는 아무도 문제를 제기하지 않습니다만, 과다하게 사용하거나, 향신료를 원하는 만큼 쏟아붓지 않기를 바랍니다.

어떤 사람들은 커피로 건강하게 살을 뺄 수 있다고 이야기합니다. 커피가 신진대사를 촉진하기는 합니다만, 과다복용 시 부정맥과 떨림을 유발하기에 건강에 좋지 않습니다. 매운 향신료들의 경우와 효과가 비슷한데, 신진대사가 너무 빨라지면 중요한 영양소들을 더 이상 흡수할 수 없게 될 수 있고, 강렬한 식욕을 불러오는 건 시간 문제입니다.

어휘 pl. Gewürze [n.] 향신료, 양념 (das Gewürz) ┃ angeblich [a.] 추정되는 ┃ anregen [v.] 자극하다 ┃ die Verdauung [n.] 소화 ┃ das Abführmittel [n.] 설사약 ┃ übermäßig [a.] 과도하게 ┃ der Einsatz [n.] 삽입 ┃ der Darm [n.] 장 ┃ schädigen [v.] 손상시키다 ┃ einwenden [v.] 이의를 제기하다 ┃ übertreiben [v.] 지나치게 하다 ┃ purzeln [v.] 나자빠지다, 떨어지다 ┃ der Verzehr [n.] 소비 ┃ das Herzrasen [n.] 부정맥 ┃ das Zittern [n.] 떨림 ┃ der Stoffwechsel [n.] 신진대사 ┃ pl. Nährstoffe [n.] 영양소 (der Nährstoff) ┃ werden...aufgenommen [v.] 흡수되다 (aufnehmen의 수동태)

D Michael

Bei einer Diät, die gut für den Körper sein soll, solltest du auf radikale Methoden verzichten. Das heißt: Keine Kohlsuppe, keine Abnehmpillen und kein extremes Hungern. Gerade in Kombination mit Sport ist Hungern sehr ungesund, da du eigentlich keine Energie besitzt, die dir Kraft für den Sport geben kann. Dein Kreislauf leidet und dein Puls schnellt in die Höhe. Wenn du nachhaltig und gesund abnehmen willst, musst du deine körperliche Betätigung deinem Energielevel anpassen. Ich finde, Schlafen ist auch sehr wichtig. Im Schlaf verbrennst du auch Kalorien und sammelst neue Kraft, um dich bewegen zu können. Zudem fördert Schlafmangel deinen Appetit.

Außerdem haben viele Menschen zu hohe Erwartungen, deshalb nehmen sie sich zu viel vor, sind enttäuscht, geben ihre Diät auf oder schieben sie vor sich her. Nachhaltiges und gesundes Abnehmen braucht seine Zeit.

🔍 **해석**

몸에 좋은 다이어트를 하고자 할 때는, 급진적인 방법은 피하는 게 좋아. 이 말은, 양배추 수프도 다이어트 약도, 극단적인 금식도 피하라는 말이지. 특히 굶으면서 운동하는 건 건강에 매우 안 좋아. 운동할 때 필요한 힘을 주는 에너지가 없기 때문이야. 네 혈액순환이 나빠지고 맥박은 높아지게 돼. 지속해서 건강하게 살을 빼고 싶다면, 네 신체 활동을 네 에너지 수준에 맞춰야 해. 나는 수면도 매우 중요하다고 생각해. 자면서 칼로리를 소모하고, 네가 운동할 수 있는 새로운 힘을 모으거든. 게다가 수면 부족은 식욕을 촉진해. 게다가 많은 사람의 기대치가 너무 높아서, 과한 결심을 하고, 실망해서 다이어트를 포기하거나 미루게 되지. 지속적이고 건강한 다이어트에는 시간이 필요한 법이야.

어휘 radikal [a.] 급진적인 | verzichten [v.] 피하다 | die Kohlsuppe [n.] 양배추 수프 | pl. Abnehmpillen [n.] 다이어트 알약, 환 (die Abnehmpille) | der Kreislauf [n.] 혈액순환 | der Schlafmangel [n.] 수면 부족

읽기 유형 2 ●●○○○ 권장 시간: 12분

당신은 잡지에서 감정에 대한 하나의 기사를 읽습니다. 어떤 문장이 빈칸에 알맞을까요?
두 문장은 적합하지 않습니다.

Positive Gefühle und negative Gefühle

Was sind Gefühle überhaupt? Die kürzeste Definition lautet: Gefühle sind verkörperte Informationen. [...0... Sie aktivieren sowohl das Denken als auch das Handeln.] Die Gesamtheit unserer Gefühle stellt ein Signalsystem dar, das uns einen schnellen Zugang zu unseren Begegnungen mit der Umwelt und mit anderen Menschen gibt. Dabei werden diese Begegnungen positiv oder negativ codiert und mit einem dementsprechenden Wert aufgeladen.

Unsere heutigen Gefühle sind zunehmend komplexer gewordene Abpassungsmechanismen, und sie unterschieden sich in einer Reihe von Merkmalen:

Die negativen Emotionen wie Wut, Ekel, Hass oder Angst verengen das Spektrum unserer Denk- und Handlungsalternativen. Sie blenden alles aus, was nicht unmittelbar einer Problemlösung dient, und sie fokussieren Geist und Körpers in kritischen Situationen, in Herausforderungen, Bedrohungen und Konflikten auf das jeweils sinnvolle Spektrum von Fähigkeiten oder Handlungsweisen: Wir laufen weg, wenn wir Angst vor etwas haben, drohen oder greifen an, wenn wir wütend auf jemanden sind, spucken aus, wenn wir uns vor etwas ekeln, verkriechen uns aus Scham und versuchen, Wiedergutmachung bei Schuldgefühlen zu erlangen. [...10... Negative Gefühle sind zudem oft von heftigen körperlichen Reaktionen begleitet:] Erröten und erhöhter Blutdruck, sowie heftige Muskelanspannung.

Die positiven Emotionen wie Freude, Zufriedenheit oder Heiterkeit dagegen erweitern das Spektrum unserer Denk- und Handlungsalternativen. Sie sind weit weniger präskriptiv, das heißt, es wird nicht, wie bei negativen Gefühlen, ein Flüchten oder Kämpfen-Programm ausgelöst und auch keine Reflexe wie etwa bei Ekel oder Scham. Positive Gefühle wirken oft unscheinbar und etwas vage, weil sie uns nicht so sichtbar mobilisieren, sondern eher den Geist als den Körper in Gang setzen. Deshalb fällt es uns auch so viel leichter uns über etwas aufzuregen oder betrübt über etwas zu sein, als uns auf die positiven Dinge zu konzentrieren.

[...11... Der Mensch neigt von Natur aus dazu negativ gestimmt zu sein.]

Die Hauptwirkung der positiven Gefühle liegt darin: Sie machen uns offener, freier, zugänglicher und integrativer. **[...12... Positive Gefühle erweitern deshalb den Wahrnehmungshorizont.]** Wenn wir uns gut fühlen, sind wir zugleich auf das Sammeln von Informationen und auf die Erforschung der Umwelt eingestimmt.

Die amerikanische Psychologin Maria Schäffer konnte in zahlreichen Experimenten nachweisen, dass wir unter Einfluss guter Gefühle bemerkbar wacher, aufmerksamer und als Folge darauf auch klüger werden. **[...13... Wir profitieren daher nicht nur durch gute Laune, sondern auch durch Produktivität und Wachsamkeit von guten Gefühlen.]** Während Gefühle wie Ärger, Wut, Zorn, Angst, Aggression und der sie begleitende Stress uns körperlich und seelisch aus der Balance bringen, haben die positiven Gefühle einen vierfachen Langzeitnutzen:

– Sie begünstigen den Aufbau und die Pflege sozialer Beziehungen und Bindungen, die uns das Leben erleichtern und auf die wir in Krisenzeiten zurückgreifen können.

– Sie ermöglichen und fördern das Lernen, die Kreativität und alle anderen Intelligenzleistungen, die uns Problemlösungen auf höherem Niveau erlauben.

– Sie wirken sich positiv auf die körperliche Gesundheit aus, indem sie Stressreaktionen mildern und schneller abbauen und wie ein Puffer gegenüber zukünftigem Stress wirken.

– Sie verbessern die Qualität unserer psychischen Fähigkeiten, wie Widerstandskraft, Zielgerichtetheit und Optimismus, und sie ermöglichen die Festigung der Identität.

[...14... Heißt das, dass wir permanent gut drauf sein müssen, um ein gutes Leben zu führen?]

Ist ständig anhaltende Zufriedenheit und Glücklichkeit der Weg zum Erfolg? Eine Prise Ängstlichkeit, Aggressivität oder Selbstunsicherheit macht uns in vielen Bewährungssituationen effektiver, wie der Glücksforscher Ed Diener herausfand. Ein Maximum an Glück ist nicht nur nicht realisierbar, sondern es wäre auch kontraproduktiv. Eine Beziehung, zum Beispiel, in der es keine Differenzen, damit auch keine Kritik und keine Enttäuschungen gäbe, ist kaum vorstellbar. Denn in einer solchen Partnerschaft würden auch die positiven Emotionen ihre Wirkung verlieren: Wenn überhaupt nie kritisiert oder geschmollt wird, verlieren Lob und Anerkennung ihre Wirkung. **[...15... Letztendlich würde es somit ohne die negativen Gefühle auch keine positiven Gefühle geben.]**

어휘   verkörpert [p.a.] 구체화된 ǀ das Handeln [n.] 행동 ǀ die Gesamtheit [n.] 총체 ǀ das Signalsystem [n.] 신호 체계 ǀ codieren [v.] 부호화하다 ǀ dementsprechend [a.] 상응하는, 그에 따른 ǀ werden...aufgeladen [v.] 충전되다 (aufladen의 수동태) ǀ komplex [a.] 복합적인 ǀ pl. Abpassungsmechanismen [n.] 적응기제 (조정 메커니즘) (der Abpassungsmechanismus) ǀ verengen [v.] 좁히다, 수축시키다 ǀ das Spektrum [n.] 범위 ǀ pl. Handlungsalternativen [n.] 행동 대안 ǀ fokussieren [v.] 초점을 맞추다 ǀ pl. Bedrohungen [n.] 위협, 위기 (die Bedrohung) ǀ pl. Konflikten [n.] 분쟁 (der Konflikt) ǀ drohen [v.] 위협하다, 협박하다 ǀ angreifen [v.] 공격하다 ǀ sich verkriechen [v.] 숨다 ǀ ausspucken [v.] 침을 뱉다 ǀ sich ekeln [v.] 혐오감을 느끼다 ǀ das Erröten [n.] 얼굴을 붉힘 ǀ erhöht [a.] 상승한 ǀ heftig [a.] 격렬한 ǀ die Muskelanspannung [n.] 근육의 긴장 ǀ erweitern [v.] 넓히다, 확장하다 ǀ präskriptiv [a.] 규범적인 ǀ pl. Reflexe [n.] 반사 작용 (der Reflex) ǀ der Ekel [n.] 역겨움 ǀ die Scham [n.] 수치심 ǀ vage [a.] 불분명한, 불확실한 ǀ mobilisieren [v.] 활성화하다 ǀ sich aufregen [v.] 분개하다 ǀ betrüben [v.] 슬프게 하다 ǀ neigen [v.] ~한 경향이 있다 ǀ offen [a.] 개방적인 ǀ zugänglich [a.] 붙임성 있는 ǀ integrativ [a.] 통합하는 ǀ eingestimmt [p.a.] 조화를 이루는, 일치시키는 ǀ nachweisen [v.] 입증하다, 증명하다 ǀ der Einfluss [n.] 영향 ǀ profitieren [v.] 이득을 보다 ǀ die Produktivität [n.] 생산성 ǀ die Wachsamkeit [n.] 주의 ǀ der Zorn [n.] 분노 ǀ seelisch [a.] 정신적인 ǀ begünstigen [v.] ~을 장려하다, 지지하다, 북돋우다 ǀ sich erleichtern [v.] 안심하게 하다 ǀ zurückgreifen [v.] (누구에게) 의지하다 ǀ fördern [v.] 촉진시키다 ǀ pl. Intelligenzleistungen [n.] 지적 능력 (die Intelligenzleistung) ǀ pl. Stressreaktionen [n.] 스트레스 반응 (die Stressreaktion) ǀ mildern [v.] 완화하다 ǀ abbauen [v.] 감소하다 ǀ der Puffer [n.] 완충 장치 ǀ psychisch [a.] 정신적인 ǀ die Widerstandskraft [n.] 저항력 ǀ die Zielgerichtetheit [n.] 목표성 ǀ der Optimismus [n.] 낙관성 ǀ ständig [a.] 항상 ǀ anhaltend [p.a.] 지속적인 ǀ pl. Bewährungssituationen [n.] 관찰 상황 (die Bewährungssituation) ǀ kontraproduktiv [a.] 비생산적인 ǀ pl. Differenzen [n.] 차이 (die Differenz) ǀ werden...geschmollt [v.] 실망하게 되다 (schmollen의 수동태)

해석

긍정적인 감정과 부정적인 감정

감정이란 대체 무엇일까요? 가장 짧은 정의는 감정이 구체화된 정보라는 것입니다. [...0... **감정은 사고와 행동 모두를 촉진시킵니다.**]

우리 감정의 총체는, 우리가 주변 환경 및 다른 사람들과 만남에 빠르게 접근할 수 있는 신호 체계를 제공합니다. 이러한 만남은 긍정적 혹은 부정적으로 그려지며, 이에 상응하는 값으로 채워집니다. 오늘날 우리의 감정은 점점 더 복잡해지는 적응 기제이며, 여러 가지 특성에 따라 구분됩니다.

분노, 불쾌감, 증오 혹은 두려움과 같은 부정적인 감정들은 우리의 사고와 행동 대안의 범위를 좁힙니다. 그것들은 문제 해결에 직접적으로 도움이 되지 않는 모든 것들을 감춰버리고 중요한 상황, 도전, 위협 및 분쟁 상황에서 정신과 육체를 각각 의미 있는 능력이나 행동 범위로 초점을 맞춥니다. 분노, 불쾌감, 증오 혹은 두려움과 같은 부정적인 감정들은 우리의 사고와 행동 대안의 범위를 좁힙니다.

이를테면 우리는 어떤 것에 두려움을 느끼면 도망치고, 어떤 이에게 분노를 느끼면 위협을 하거나 공격을 하고, 어떤 일에 혐오감을 느끼면 침을 뱉고, 수치심이 들면 숨어들려고 하고, 죄책감이 들면 일을 다시 바로잡으려고 합니다. [...h... **부정적인 감정은 때때로 격한 신체적인 반응을 동반하기도 하는데,**] 얼굴 붉어짐이나 혈압 상승 및 격한 근육의 긴장 등이 있습니다.

반대로 기쁨, 만족 혹은 즐거움과 같은 긍정적인 감정들은 우리의 사고와 행동 대안의 범위를 넓혀 줍니다. 이것들은 훨씬 덜 규범적이라서 부정적인 감정의 경우와 같이 도망이나 투쟁의 계획을 일으키지 않으며, 역겨움이나 수치심을 느낄 때와 같은 반사 작용을 유발하지도 않습니다. 긍정적인 감정들은 눈에 띄는 어떤 행동을 하게 하는 것이 아니라, 대체로 몸보다는 정신이 작동하게끔 하므로, 이들은 눈에 띄지 않고 불분명하게 보입니다. 그렇기 때문에 우리는 긍정적인 것에 집중하기보다, 어떤 것에 대해 분개하거나 슬퍼하는 것이 훨씬 쉽습니다. [...a... **인간은 본질적으로 부정적인 경향이 있습니다.**]

긍정적인 감정은 우리를 더 개방적이고 자유로우며 붙임성이 있게 그리고 통합되게 만드는 주된 효과가 있습니다. [...e... **그러므로 긍정적인 감정은 인식의 시야를 넓힙니다.**] 우리는 기분이 좋으면 그와 동시에 정보를 수집하고 주변 환경 연구에 적합하게 됩니다.

미국 심리학자 Maria Schäffer는 수많은 실험을 통해 좋은 감정의 영향을 받아 우리가 눈에 띄게 정신적으로 더 깨어 있게 되고, 더 주의 깊어지고, 그 결과로 더 현명해졌다는 것을 입증할 수 있었습니다. [...b... **그러므로 우리는 좋은 기분뿐만 아니라, 긍정적인 감정의 생산성과 주의를 통해서도 이득을 볼 수 있습니다.**] 짜증, 분노, 노여움, 두려움, 공격적인 태도 그리고 그런 것들에 따라오는 스트레스와 같은 감정들이 우리를 육체적으로나 정신적으로나 균형을 잃게 하지만 반면에, 긍정적인 감정들은 네 가지 장기적인 이점이 있습니다.

– 긍정적인 감정들은 사회적 관계와 유대를 형성하고 관리하는 데 도움이 됩니다. 그것은 우리의 삶을 안심하게 하고 위기에서 의지할 수 있게 합니다.

– 긍정적인 감정들은 우리에게 더욱 높은 수준의 문제 해결을 가능케 하는 학습, 창의성 및 기타 모든 지적 능력이 이루어질 수 있도록 하고 이를 촉진합니다.

– 긍정적인 감정들은 스트레스 반응을 완화하고 더욱 빠르게 감소시키며, 미래의 스트레스에 대한 완충 장치와 같은 역할을 함으로써 신체 건강에 긍정적인 영향을 미칩니다.

– 긍정적인 감정들은 저항력, 목표성 및 낙관성과 같은 우리의 정신적 능력의 질을 향상하고, 정체성을 확고히 할 수 있도록 합니다.

[...g... 그것이 우리가 항상 좋은 삶을 살기 위해 지속해서 좋은 기분으로만 있어야 한다는 것을 의미합니까?] 지속적인 만족과 행복이 성공의 길입니까? 행복 연구가 Ed Diener가 발견한 것처럼 약간의 두려움, 공격성 혹은 자기 불확실성은 수많은 관찰 상황에서 우리를 더 효율적으로 행동하게 했습니다. 행복의 최대치는 실현 불가능일 뿐만 아니라, 비생산적일지도 모릅니다. 예를 들어서, 어떤 차이점도 없고 그래서 비판도 실망도 없는 그런 관계는 상상하기 어렵습니다.

왜냐하면 이러한 동료 관계에서는 긍정적인 감정 또한 그 효과를 잃기 때문입니다. 조금의 비평도 불평도 없다면, 칭찬도 인정도 그 효과를 잃습니다. [...d... 그러므로 결국 부정적인 감정이 없다면, 긍정적인 감정 또한 존재하지 않을 것입니다.]

예제

0 그들은 사고와 행동을 모두 활성화합니다.

a 인간은 본질적으로 부정적인 경향이 있습니다.

b 그러므로 우리는 좋은 기분뿐만 아니라, 긍정적인 감정의 생산성과 주의를 통해서도 이득을 볼 수 있습니다.

c 인간은 자연적으로 긍정적인 경향이 있습니다.

d 그러므로 결국 부정적인 감정이 없다면, 긍정적인 감정 또한 존재하지 않을 것입니다.

e 그러므로 긍정적인 감정은 인식의 시야를 넓힙니다.

f 결국 부정적인 감정을 잊어버리면 진심으로 행복해질 수 있습니다.

g 그것이 우리가 항상 좋은 삶을 살기 위해 지속해서 좋은 기분으로만 있어야 한다는 것을 의미합니까?

h 부정적인 감정은 때때로 격한 신체 반응을 동반하기도 합니다.

읽기 유형 3 ●●●●● 권장 시간: 12분

당신은 신문에서 좋은 학습법에 대한 기사를 읽습니다.
각 질문에 알맞은 답을 선택하세요.

Ist „Büffeln ohne Ballast" eine gute Lernmethode?

Wenn die Prüfung naht, bekommt man langsam mehr Stress, und für viele beginnt der Ausnahmezustand. In der Küche stapeln sich Berge von Geschirr, man hat keine Zeit mehr, Freunde zu treffen. Man lernt zehn Stunden am Tag, aber nicht immer folgt auf diese Bemühungen auch die Belohnung.

„Studierende, die eine Prüfung nicht bestanden haben, berichten oft, dass sie sehr viel gelernt hätten", sagt Tobias Bauer, Psychologe und Experte für Lerntechniken von der Universität Dortmund. Man muss gute Lernstrategien mit einer vernünftigen Zeitplanung kombinieren, um eine schwere Prüfung zu bestehen.

Lernen fängt mit dem Verstehen an, aber wenn die Zeit knapp ist, ist es verlockend, nur noch zu pauken. Andrea Lachenmann, Lernforscherin und Professorin an der Universität Frankfurt, sagt das sei Fehler. „Auswendiglernen hat zwar seinen Platz im Lernprozess, aber nur zur Festigung dessen, was vorher verstehend gelernt wurde." Der Stoff muss am Anfang durchdacht und innerlich durchdiskutiert werden.

Es gibt zwei Arten von Strategien, die dabei helfen: Reduktion fängt damit an, mit dem Textmarker das Wichtigste zu unterstreichen. Aber auch, wer sich eine Skizze oder ein Schaubild anfertigt, wirft überflüssigen Ballast fort.

Das Gegenstück zum Vereinfachen und Aussortieren ist das so genannte elaborative Lernen. Das neue Wissen soll dabei mit dem vorhandenen Vorwissen verknüpft werden und wird so besser verankert. Elaborativ zu lernen bedeutet, Fragen an den Text zu stellen und Antworten zu suchen, sich Beispiele auszudenken oder zu überlegen, wo das neue Wissen praktisch eingesetzt werden könnte.

Es ist auch nützlich, eine Zusammenfassung in eigenen Worten zu schreiben.

Beim Lesen und Verstehen von Fachliteratur hilft eine Reihe von Techniken dabei, nicht an Nebensächlichkeiten hängen zu bleiben und ein Thema nur oberflächlich wahrzunehmen. Man sollte nicht gleich vorne anfangen zu lesen, sondern sich erst einmal einen Überblick verschaffen, was Vorwort, Inhaltverzeichnis und Überschriften verraten. Und man sollte aufmerksam lesen, was in der Zusammenfassung steht.

Das alles sollte man vor der Formulierung der Fragen über den Text machen.

In welchem Verhältnis steht der Text zum Thema, von dem er handelt. Dann wird abschnittsweise gelesen und festgehalten, wie die Hauptaussagen lauten und was unklar ist. Außerdem werden die Fragen beantwortet, die man am Anfang formuliert hat. In diesem Teil können auch neue Fragen aufgenommen werden.

Lernen muss man jedoch trotz allem. Wiederholungen müssen von Anfang an eingeplant werden, weil es nichts bringt, immer mehr Stoff in sich hineinzufressen und erst nach ein paar Tagen wieder mit dem Repetieren zu beginnen. Ebenso unsinnig ist es aber zum Beispiel auch, Vokabeln an einem einzigen Tag zigmal zu wiederholen und sie dann nie wieder anzuschauen. Experten raten zum so genannten verteilten Lernen. Man unterteilt den Stoff in sinnvolle Abschnitte und wiederholt jeden Abschnitt im Laufe der Zeit mehrere Male.

Die besten Lernstrategien lohnen sich wenig, wenn am Ende die Zeit zu knapp ist. Deshalb sollte man von Anfang an einen realistischen Zeitplan aufzustellen. „Viele verschätzen sich enorm", beobachtet Sabine Kauker von der psychologischen Beratung der Freien Universität Berlin. Sie gibt den Rat: *„Ehrlich festlegen, wie lange man konzentriert arbeiten kann. Von der realistisch eingeschätzten Arbeitszeit nur zwei Drittel konkret verplanen; und auf gar keinen Fall vergessen, dass man Einkaufen und auch mal Freunde treffen will."*

어휘 der Ausnahmezustand [n.] 비상 사태 ǀ sich stapeln [v.] 무더기로 쌓이다 ǀ die Belohnung [n.] 보상 ǀ vernünftig [a.] 합리적인 ǀ verlockend [p.a.] 유혹되는 ǀ pauken [v.] 주입식으로 교육하다 ǀ das Auswendiglernen [n.] 암기식 학습 ǀ die Festigung [n.] 강화 ǀ durchdacht [p.a.] 깊이 생각한. 숙고한 ǀ innerlich [a.] 내부적으로 ǀ werden...durchdiskutiert [v.] 충분히 토론되다 ǀ der Textmarker [n.] 형광펜 ǀ unterstreichen [v.] 밑줄을 긋다 ǀ die Skizze [n.] 스케치 ǀ das Schaubild [n.] 도면 ǀ anfertigen [v.] 제조하다 ǀ überflüssig [a.] 과도한 ǀ der Ballast [n.] 기초 작업 ǀ fortwerfen [v.]

포기하다 │ **der Gegenstück** [n.] 반대되는 것 │ **das Vereinfachen** [n.] 단순화 │ **das Aussortieren** [n.] 선별 │ **das elabotive Lernen** [n.] 정교화 학습 │ **vorhanden** [a.] 기존의, 현존의 │ **das Vorwissen** [n.] 선지식 │ **werden...verknüpft** [v.] 연결되다 (verknüpfen의 수동태) │ **ausdenken** [v.] 생각해내다 │ **die Fachliteratur** [n.] 전문 서적 │ pl. **Nebensächlichkeiten** [n.] 부수적인 것, 중요하지 않은 것 (die Nebensächlichkeit) │ **verschaffen** [v.] 마련하다 │ **verraten** [v.] 발설하다. 말하다 │ **abschnittsweise** [adv.] 단락별로, 단편적으로 │ **werden...festgehalten** [v.] 확인되다, 밝혀지게 되다 │ **haben...formuliert** [v.] 작성했다 (formulieren의 현재완료) │ **werden...aufgenommen** [v.] 수용되다, 받아들여지다 (aufnehmen의 수동태) │ **werden...eingeplant** [v.] 계획되다 (einplanen의 수동태) │ **hineinfressen** [v.] 파고들다, 파먹다 │ **das Repetieren** [n.] 반복 │ **zigmal** [adv.] 매우 자주 │ **verteilen** [v.] 분배하다 │ **unterteilen** [v.] 분할하다, 세분하다 │ **sinnvoll** [a.] 의미있는, 중요한 │ **aufstellen** [v.] 세우다 │ **sich verschätzen** [v.] 잘못 예상하다 │ **enorm** [a.] 크게, 대단히 │ **festlegen** [v.] 정하다 │ **realistisch** [a.] 현실적으로 │ **eingeschätzt** [a.] 산정된, 평가된 │ **konkret** [a.] 구체적인 │ **verplanen** [v.] 쓸 용도를 정하다

 해석

"남는 것 없이 달달 외우는 것"이 좋은 학습법입니까?

사람들은 시험이 다가오면, 더 많은 스트레스를 받게 되고, 많은 사람에게서 비상 상태가 시작됩니다. 부엌에서는 그릇이 산더미를 이루고, 친구들을 만날 시간이 없습니다. 하루에 10시간 동안 공부하지만, 이런 노력에 대해 항상 보상이 뒤따르는 것은 아닙니다.

도르트문트 대학교 심리학자이자 학습 기술 전문가 Tobias Bauer 씨는 "시험에 합격하지 못한 학생들이 자신들은 정말 열심히 공부했다고 이야기한다"고 말했습니다. 어려운 시험에 합격하려면, 좋은 학습 전략을 합리적인 시간 계획과 조합해야 합니다.

학습은 이해에서 시작되지만, 시간이 촉박할 경우, 통째로 외울까 하는 유혹이 다가옵니다. 프랑크푸르트 대학교의 학습 연구원이자 교수인 Andrea Lachenmann는 이것이 실수라고 말합니다. "암기식 학습도 학습 과정에서 그 자체의 역할이 있습니다만, 이는 사전에 제대로 이해하고 학습한 내용을 더 강화하는 역할뿐입니다." 자료는 처음부터 깊이 생각하고 내부적으로 충분히 토론돼야 합니다.

이 과정에서 도움이 되는 두 가지 유형의 전략이 있습니다. 내용 절감은 가장 중요한 부분을 형광펜으로 밑줄 긋는 것으로 시작됩니다. 그러나 스케치나 도면을 만드는 사람도 과도한 기초 작업은 포기할 것입니다.

단순화와 선별의 정반대 유형이 이른바 정교화 학습입니다. 새로운 지식은 기존의 선지식과 연결되어야 하며, 그래서 더 잘 자리 잡게 됩니다. 정교화 학습은 텍스트에 대해 질문을 던지고 해답을 찾으며, 사례를 떠올리거나, 새로운 지식이 어디에서 실제로 적용될 수 있을지를 생각하는 것을 의미합니다. 또한 자신만의 단어로 요약본을 작성하는 것도 유용합니다.

전문 서적을 읽고 이해할 때, 일련의 기술들은 부수적인 요소들에 얽매이지 않게 도와주고, 어떤 주제를

피상적으로만 인식하게 되지 않도록 도와줍니다. 사람들은 무턱대고 먼저 읽기를 시작할 것이 아니라. 먼저 머리말, 목차, 그리고 표제가 무엇을 말하고 있는지 먼저 개괄적으로 파악해 볼 필요가 있습니다. 그리고 요약 내용을 주의 깊게 읽어봐야 합니다.

이 모든 것들을 텍스트에 대한 질문을 만들기 전에 해야 합니다. 본문이 다루는 주제가 텍스트와는 어떤 연관성을 띠고 있습니까? 그런 다음 단락별로 읽고 주요 내용은 어떻게 되는지 그리고 불분명한 부분은 어떤 것인지를 밝히십시오. 또한 처음에 작성한 질문들에 대한 답변도 주어집니다. 이 부분에서는 새로운 질문도 포함될 수 있습니다.

이런 모든 것에도 불구하고 사람들은 배워야 합니다. 점점 더 많은 자료로 파고들기만 하는 것은 아무 의미가 없기 때문에 반복 학습은 처음부터 계획되어야 하며, 첫 며칠이 지난 후 또다시 반복 학습을 시작해야 합니다. 그러나 예를 들어 단어들을 하루 사이 매우 자주 반복하고 다시는 펼쳐보지 않는 것 또한 아무런 의미가 없습니다. 전문가들은 이른바 분산 학습을 권장합니다. 자료들을 중요한 부분으로 나눠서 각 부분을 점차 여러 차례에 걸쳐서 반복하는 것입니다.

아무리 최상의 학습 전략이라고 해도 시간이 너무 짧으면 별 소용이 없습니다. 따라서 처음부터 현실적인 일정을 세워야 합니다. 베를린 자유대학교 심리 상담소의 Sabine Kauker는 "많은 사람이 크게 잘못 생각하고 있다."고 판단합니다. 그녀는 다음과 같이 조언합니다. – "집중적으로 일할 수 있는 시간을 정직하게 정하십시오. 현실적으로 산정된 근무시간의 2/3만을 구체적인 계획으로 잡으십시오. 그리고 사람들은 쇼핑하고 친구들을 만나고 싶어 한다는 점도 잊지 마십시오."

예제

0 어떻게 어려운 시험에 합격할 수 있는가?

☒ 좋은 시간 계획과 효과적인 학습 전략을 통하여.

ⓑ 4주 동안 하루에 10시간씩 집중적으로 공부해야 한다.

ⓒ 스포츠 활동과 이완 훈련을 통하여.

16 정교화 학습법은, ...

ⓐ 배운 요소들을 요약하여 작성하는 것이다.

ⓑ 지속해서 어휘를 배우는 것이다.

☒ 스스로 의미에 대해 질문을 하는 것이다.

17 기술은 전문 문헌을 읽고 이해하는 데 도움을 준다, ...

☒ 왜냐하면 사소한 문제에 오래 매달리지 않도록 하기 때문이다.

b 왜냐하면 더 집중하여 빠르게 습득할 수 있기 때문이다.

c 왜냐하면 그것을 통하여 어휘 학습이 불필요해지기 때문이다.

18 사람들은 전문 지식을 얻을 수 있다...

a 본문에 대한 질문 작성을 통하여 그것을 읽고 그 후에.

b 전체의 본문을 읽고 요약 정리를 통하여.

☒ 정보의 근원에 대한 방향을 통하여, 예를 들면 표제에서.

19 복습은 중요한 역할을 한다,

☒ 그렇지 않으면 효과적으로 학습할 수 없기 때문이다.

b 왜냐하면 더 적은 주제만 수용할 수 있기 때문이다.

c 왜냐하면 그것이 단기 기억력을 훈련하기 때문이다.

20 분리 학습은 무엇을 의미하는가?

☒ 주제를 여러 부분으로 나누고 각 부분을 더 많이 복습하는 것.

b 주제를 집중해서 읽고 그것을 2~4주 동안 복습하는 것.

c 주제를 적절한 관점으로 분류하고 그것에 대하여 계속 생각하는 것.

21 Sabine Kauker는 조언한다,

a 현실적인 근무 시간의 2배를 계획해야 한다고.

b 자신만의 단어로 요약본을 작성해야 한다고.

☒ 실질적으로 일할 수 있는 시간을 정직하게 정하는 것이 좋다고.

읽기 유형 4 ●●●●● 권장 시간: 12분

당신은 잡지에서 "환경 보호"를 주제로 한 의견을 읽습니다. 어떤 의견이 어떤 표제에 적합합니까? 하나의 의견은 맞는 것이 없습니다. 의견 a는 예제이며 다시 사용될 수 없습니다.

예제

| 0 | 산업과 정부는 활동적이어야 한다. | 정답: a |

| 22 | 아무도 환경 보호를 강요할 수 없다. | g |

| 23 | 사용의 제한보다 플라스틱 포장을 전혀 사용하지 않는 것이 더 중요하다. | c |

| 24 | 가격으로 통제하여 환경 보호를 하는 것은 중요하다. | f |

| 25 | 새로운 방법은 재활용에 분명히 도움을 줄 것이다. | e |

| 26 | 환경 보호는 어릴 때부터 가르쳐져야 한다. | b |

| 27 | 구매 습관을 바꾸는 것이 포기해야 한다는 것을 의미하는 것은 아니다. | h |

Umweltschutz durch weniger Plastikverbrauch
플라스틱 사용의 절감을 통한 환경 보호

a Der Verbrauch von Plastiktüten nimmt aufgrund neuer Gesetze bereits ab. Ich denke, das reicht aber nicht.

Man braucht ein komplettes Verbot von Plastikverpackungen. Auch die Hersteller müssen hier in die Pflicht genommen werden. Sonst wird sich auch in Zukunft nichts wirklich ändern.

Mira, Stuttgart

🔍 **해석**

새로운 법으로 인해 비닐봉지 사용은 이미 감소하고 있습니다. 그러나 저는 아직 충분치 않다고 생각합니다.

비닐 포장을 완전히 금지해야 합니다. 또한 제조사들도 이에 의무적으로 참여해야 합니다. 그렇지 않으면 앞으로도 아무것도 달라지지 않을 것입니다.

슈투트가르트, Mira

어휘 der Verbrauch [n.] 소비 (이용, 소모) │ abnehmen [v.] 감소하다 │ komplett [a.] 완전히 │ pl. Plastikverpackungen [n.] 비닐봉지 (die Plastikverpack) │ werden...genommen [v.] 참여되다 (nehmen의 수동태)

b Wenn man kein Plastik verwendet, wird keines mehr hergestellt. Die Entwicklung eines ökologischen Bewusstseins beginnt bereits in der Schule. Das muss durch Schulprojekte, die in diese Richtung gehen, unbedingt gefördert werden.

Peter, Köln

🔍 **해석**

사람들이 플라스틱을 사용하지 않으면, 더는 생산되지 않습니다. 생태론적 의식의 발달은 이미 학교에서부터 시작됩니다. 이 인식은 이러한 방향으로 가는 학교 프로젝트를 통해서 반드시 장려되어야 합니다.

쾰른, Peter

어휘 verwenden [v.] 사용하다 │ werden...hergestellt [v.] 생산되다 (herstellen의 수동태) │ ökologisch [a.] 생태학의, 생태계의 │ das Bewusstsein [n.] 의식, 자각 │ werden...gefördert [v.] 장려되다, 지원되다 (förden의 수동태)

C Eigentlich darf man es nicht vergessen, aber es passiert mir auch immer wieder, dass es neben Plastik auch noch andere Probleme gibt. Zum Beispiel benötigt man ein anderes Verpackungsmaterial, wenn es keine Plastikverpackungen mehr gibt. Dann werden viele Bäume für Papier gefällt, aber das ist auch nicht umweltfreundlich. Ich glaube, dass nicht die Art der Verpackung das Hauptproblem ist, sondern unser Konsum.

Jens, Berlin

🔍 **해석**

저도 항상 다시 깨닫고 있습니다. 예를 들면 비닐 포장을 더 이상 쓰지 못하게 한다면, 다른 포장재가 반드시 필요합니다. 그러면 종이를 사용하기 위해 수많은 나무를 베어야 하지만, 이 또한 환경 친화적이지 않습니다. 저는 포장재의 종류가 아니라 우리의 소비 행태가 문제의 핵심이라고 생각합니다.

베를린, Jens

어휘 **das Verpackungsmaterial** [n.] 포장 소재 | **umweltfreundlich** [a.] 환경 친화적인

d Alle wissen, dass Plastik schädlich für die Umwelt ist. Bei den Verbrauchern hat auch schon ein Umdenken stattgefunden. Bei den Herstellern geht die Umstellung jedoch um einiges langsamer. Aber auf der anderen Seite ist Recycling selbst auch schon ein riesiger Industriezweig geworden.

Alles muss sich lohnen, auch der Umweltschutz.

Claudia, Krefeld

🔍 **해석**

플라스틱이 환경에 해롭다는 사실은 모두가 다 압니다. 소비자들 사이에서도 이미 인식의 전환이 일어나고 있습니다. 그러나 제조업체의 경우 전환이 훨씬 느리게 진행되고 있습니다. 반면 자원 재활용 또한 그 자체로 거대한 산업 분야가 되었습니다.

모든 건 가치가 있기 마련입니다. 환경 보호도 마찬가지죠.

크레펠트, Claudia

어휘 **das Umdenken** [n.] 인식의 전환 | **haben...stattgefunden** [v.] 일어났다 (stattfinden의 현재완료) | **das Recycling** [n.] 재활용 | **der Industriezweig** [n.] 산업 분야 | **sich lohnen** [v.] 가치가 있다

e Es kann sein, dass es in 20 Jahren in den Meeren mehr Plastik als Fische gibt, wenn nicht bald mehr passiert. Man kann an Techniken, diesen Plastikmüll aus den Meeren zu entfernen, arbeiten. Riesige Anlagen sind geplant, um ihn zu recyceln und erneut als Rohstoff zu verkaufen. Doch müssen wir solche Ansätze für neue Methoden bereits jetzt ernstnehmen und Dinge nicht in die Zukunft verschieben.

Andrea, München

🔍 해석

앞으로 아무 일도 일어나지 않는다고 해도, 20년 후에는 바다에 물고기보다 플라스틱이 더 많을 수 있습니다. 이 플라스틱 쓰레기들을 바다에서 제거하는 기술을 연구할 수 있습니다. 그것들을 재활용하고 자원으로 재생하여 판매하기 위한 거대한 시설이 계획되어 있습니다. 우리는 새로운 방법에 대해 이러한 시작을 곧바로 진지하게 받아들여야 하고, 일을 미래로 미루지 않아야 합니다.

뮌헨, Andrea

어휘 entfernen [v.] 제거하다 | pl. Anlagen [n.] 시설 (die Anlage) | recyceln [v.] 재활용하다 | erneut [a.] 새롭게 | der Rohstoff [n.] 자원 | pl. Ansätze [n.] 시작, 출발점, 단초 (der Ansatz) | ernstnehmen [v.] 진지하게 임하다 | verschieben [v.] 미루다

f In letzter Zeit haben viele Leute schon einiges getan. So ist etwa der Verbrauch von Plastiktüten beträchtlich zurückgegangen. Es liegt sicherlich auch daran, dass diese heute in der Regel nicht mehr kostenlos ausgegeben werden. Aber wen kann eine Gebühr von 10 bis 20 Cent pro Tüte wirklich abschrecken? Ich denke, die Kosten sollten erhöht werden.

Natalia, Wien

🔍 해석

최근 많은 사람이 이미 몇몇의 일을 했습니다. 이를테면 비닐봉지 사용이 현저히 줄어든 것과 같은 일입니다. 물론 그것은 최근에 비닐봉지가 규정상 더는 무료로 제공되지 않기 때문이기도 합니다. 하지만 비닐봉지 하나당 10에서 20센트의 요금을 가지고 정말 누군가를 겁먹게 할 수 있겠습니까? 저는 그 비용이 더 인상되어야 한다고 생각합니다.

비엔나, Natalia.

어휘 beträchtlich [a.] 현저히 | sein...zurückgegangen [v.] 줄어들었다, 감소했다 (zurückgehen의 현재완료) | werden...ausgegeben [v.] 배포되다 (ausgeben의 수동태) | abschrecken [v.] 겁을 주다 | werden...erhöht [v.] 인상되다 (erhöhen의 수동태)

g Niemand will beim Einkaufen ein schlechtes Gewissen haben. Alles muss auf freiwilliger Basis geschehen. Ich meine nicht, dass die Reduktion von Plastikverpackungen unwichtig ist. Nur Verbote gibt es schon genug, doch funktionieren sie nur selten. Wer kann das schon kontrollieren?

Eva, Zürich

🔍 **해석**

장을 볼 때 죄책감을 느끼려고 하는 사람은 아무도 없습니다. 모든 것은 자발적인 기반 위에서 행해져야 합니다. 비닐 포장을 줄이는 일이 중요하지 않다는 말이 아닙니다. 단지, 금지 조항들은 이미 충분히 있지만 그것들은 거의 기능을 발휘하지 않습니다. 이것을 누가 통제할 수 있다는 말입니까?

취리히, Eva

어휘 geschehen [v.] 행해지다. 벌어지다 | die Reduktion [n.] 경감, 축소 | kontrollieren [v.] 통제하다

h Es ist wichtig, dass man als Konsument aktiv wird. Inzwischen gibt es an vielen Orten Unverpackt-Läden, die alle Sachen ohne Verpackung verkaufen.

Entweder bringt der Kunde seine eigenen Behälter mit, oder man kann sich Behälter ausleihen. An diesen Projekten sieht man, dass es nicht darum geht, weniger zu konsumieren.

Tobias, Frankfurt

🔍 **해석**

소비자로서 적극성을 띠는 것은 중요합니다. 그러는 사이에 물건을 포장재 없이 판매하는 비포장 상점이 여기저기에 많이 생겼습니다.

고객이 자기 용기를 직접 가지고 오거나, 용기를 대여할 수 있습니다. 이 프로젝트는 소비를 줄이는 것이 주요한 것이 아님을 보여주고 있습니다.

프랑크푸르트, Tobias

어휘 der Konsument [n.] 소비자 | pl. Unverpackt-Läden [n.] 비포장 상점 (der Laden) | der Behälter [n.] 용기 | konsumieren [v.] 소비하다

읽기 유형 5 ●●●●● 권장 시간: 6분

당신은 게스트하우스 Pauline의 주의 사항을 읽으려고 합니다. 목차에서 어떤 표제가
어떤 단락과 일치합니까? 네 개의 표제는 사용되지 않습니다.

Hausordnung
- Gästehaus Pauline -

Inhaltsverzeichnis

a Verhaltensregeln

b Zimmerausstattung

~~c~~ Bedingungen für den Aufenthalt

d Essen

e Ankunft und Abreise

f Schließfächer

g Unterbringung

h Selbstversorger

§ 0

Wenn Sie bei uns günstiger übernachten wollen, können Sie sich als Mitglied des Gasthauses anmelden. Personen, die nicht Mitglied sind, aber eine deutsche Adresse haben, können auch übernachten. Ausländische Gäste müssen eine „Internationale Gastkarte" kaufen.

§ 28

Eine Reservierung ist zu empfehlen. Reservierte Zimmer stehen ab 15 Uhr zur Verfügung und werden bis 18 Uhr freigehalten, danach können Sie von anderen Gästen gebucht werden, die bis 22 Uhr Einlass erhalten. Wenn Sie Ihren Aufenthalt beenden, achten Sie bitte darauf, dass die Zimmer bis 12 Uhr geräumt werden. Ihr Gepäck können Sie gerne bis 20 Uhr im abschließbaren Gepäckraum unterbringen.

§ 29

Wir bieten nicht nur Einzelzimmer, sondern auch Mehrbettzimmer an. Sollten die Gäste Mehrbettzimmer wählen, so übernachten die Gäste in der Regel nach Geschlecht getrennt. Familien können aber gemeinsam in einem Zimmer übernachten, insofern es freie Zimmer gibt. Toiletten und Duschen befinden sich im eigenen Zimmer.

Von 11 bis 14 Uhr können die Räume zu Reinigungszwecken geschlossen sein.

§ 30

Nachtruhe gilt von 22 Uhr bis 7 Uhr. Verhalten Sie sich daher bitte leise und nehmen Sie Rücksicht auf die anderen Gäste. Eigene Speisen und Getränke dürfen nicht in den Speisesaal mitgenommen werden. Rauchen und Alkohol sind ebenfalls verboten.

어휘 übernachten [v.] 숙박하다 ㅣ empfehlen [v.] 권장하다 ㅣ die Verfügung [n.] 이용 ㅣ
werden...freigehaltan [v.] (장소, 좌석 따위를) 비워 놓게 되다 (freihalten의 수동태) ㅣ werden...gebucht
[v.] 예약되다 (buchen의 수동태) ㅣ der Einlass [n.] 입장 허가 ㅣ der Aufenthalt [n.] 체류 ㅣ w
erden...geräumt [v.] 비워 주다 (räumen의 수동태) ㅣ abschließbar [a.] 잠글 수 있는 ㅣ unterbringen
[v.] 보관하다 ㅣ anbieten [v.] 제공하다 ㅣ das Einzelzimmer [n.] 1인실 ㅣ das Mehrbettzimmer [n.]
다인실 ㅣ nach Geschlecht 성별에 따라 ㅣ insofern [adv.] 그 점에 있어서는 ㅣ eigen [a.] 개인적으로 ㅣ
der Reinigungszweck [n.] 청소 목적 ㅣ die Nachtruhe [n.] 수면 ㅣ die Rücksicht [n.] 고려 ㅣ der
Speisesaal [n.] (호텔 등의) 대식당, 식사하는 홀 ㅣ werden...mitgenommen [v.] 가지고 가게 되다
(mitnehmen의 수동태)

투숙객 주의 사항
– Pauline 게스트하우스 –

목차

a 행동 강령

b 객실 시설

✗ 체류 조건

d 음식

e 도착 및 출발

f 사물함

g 숙박

h 자급

§ 0 정답: c

저희 게스트하우스에서 좀 더 저렴하게 숙박을 하고자 하시는 경우, 저희 게스트하우스 회원으로 등록하실 수 있습니다. 회원이 아니지만, 독일 내 주소지를 가지고 있는 경우에도 숙박하실 수 있습니다. 외국인 투숙객의 경우 "국제 게스트 카드"를 구입해야 합니다.

§ 28 정답: e

사전 예약을 권장합니다. 사전에 예약된 객실은 15시부터 이용 가능하며 18시까지는 오픈 상태로 유지됩니다. 이후 22시까지 들어오는 다른 투숙객에게 예약될 수 있습니다. 체류를 마치신 후 객실은 12시까지 비워주셔야 함을 유의해 주십시오. 고객님의 짐은 잠금 장치가 있는 화물 보관실에 20시까지 얼마든지 보관하실 수 있습니다.

§ 29 정답: g

저희는 1인실뿐만 아니라 다인실도 제공합니다. 고객님께서 다인실을 선택하시면 대개 성별에 따라 따로 투숙하시게 됩니다. 가족일 경우에는 빈 방이 있으면 한 방에서 함께 투숙하실 수 있습니다. 화장실과 욕실은 각각 방마다 있습니다. 11시부터 14시까지는 청소 목적으로 객실이 폐쇄될 수 있습니다.

§ 30 정답: a

22시부터 07시까지는 수면 시간입니다. 따라서 조용히 행동해 주시고 다른 투숙객들을 배려해 주십시오. 외부 음식과 음료는 식당으로 가져가실 수 없습니다. 흡연과 음주 또한 금지입니다.

실전모의고사 | 제2회 HÖREN

듣기 유형 1 ● ● ● ●

MP3 02_01

당신은 5개의 대화와 의견을 듣습니다.

본문은 **한 번** 듣게 됩니다. 각 본문에 해당하는 2개의 문제를 풀어야 합니다. 각 문제에 알맞은 답을 선택하세요. 먼저 보기를 읽어 보세요. 이것을 위하여 당신은 15초의 시간이 있습니다.

Beispiel

📄 Skript

Frau	Ich wollte mich nach dem Ferienprogramm erkundigen. Ab wann kann man sich denn anmelden?
Mann	Wie immer ab dem 1. Juni. Das Programm steht ab nächster Woche im Internet.
Frau	Dann kann man sich auch über das Internet anmelden?
Mann	Für die kostenlosen Angebote Ja. Wenn es sich um ein kostenpflichtiges Angebot handelt, müssen Sie sich bei uns anmelden.
Frau	Und wann bezahlt man dann?
Mann	Direkt bei der Anmeldung, hier bei einem unserer Mitarbeiter. Sonst können wir den Platz nicht reservieren.

🔍 해석

여자	방학 중 개설되는 프로그램에 대해 문의하고 싶습니다. 언제부터 등록이 가능한가요?
남자	항상 그렇듯이 6월 1일부터이고, 해당 프로그램은 다음주부터 인터넷에 안내가 뜰 것입니다.
여자	그러면 인터넷으로도 등록할 수 있나요?
남자	무료 강좌들은 그렇습니다. 유료 강좌의 경우라면 저희 쪽으로 직접 등록을 해 주셔야 합니다.
여자	그럼 수강료는 언제 지불하게 되나요?
남자	등록하실 때 바로 저희 직원 가운데 한 명에게 납부하시면 됩니다. 자리 예약 안 해 드려도 될까요?

어휘 das Ferienprogramm [n.] 방학 프로그램 | sich erkundigen nach [v.] 문의하다 | kostenpflichtig [a.] 지불 의무가 있는 | sich handeln [v.] 무엇이 문제이다, 무엇이 중요하다

예제

01　여자는 여름에 하는 여가 활동에 대하여 묻는다.　　　　　　 Richtig 　 ~~Falsch~~

02　어느 정도 비용이 드는 상품은...　　　　　 a 　인터넷에서 등록해야 한다.

　　　　　　　　　　　　　　　　　　　　　　 b 　6월 1일 전에 등록해야 한다.

　　　　　　　　　　　　　　　　　　　　　　 ☒ 　개인적으로 등록해야 한다.

vom Goethe-Institut

Aufgaben 1 und 2

📄 **Skript**

Frau　Was machen Sie für Ihr gesundes Leben?

Mann　Momentan probiere ich „Lachtherapie" aus. Anfangs habe ich Dinge wie diese einfach nicht für sinnvoll gehalten. Aber die Lachtherapie ist seit langem ein fester Bestandteil der Forschung in der medizinischen Gemeinschaft. Außerdem kann Lachen verwendet werden, um körperliche oder emotionale Schmerzen und Stress zu lindern. Es wird als ergänzende Maßnahme zur Förderung der Gesundheit und zur Überwindung von Krankheiten eingesetzt. Ich weiß schon, wie wichtig gute Ernährung ist und was das bedeutet. Aber im Alltag verhalte ich mich trotzdem oft anders. Da siegt meistens der billige Snack vom Imbiss an der Ecke. Man sollte versuchen, in der Kantine gesündere Gerichte, mit weniger Fleisch und mehr Gemüse und Salat anzubieten.

🔍 **해석**

여자　건강하게 살기 위해 무엇을 하십니까?

남자　저는 현재 "웃음 요법"을 해 보고 있습니다. 처음에는 이런 일이 의미가 있다고 생각하지 않았습니다. 그러나 이 웃음 요법은 오래전부터 의료계의 확고한 연구 분야였습니다. 웃음은 또한 육체적 또는 정서적 고통과 스트레스를 완화시키는 데 사용될 수 있습니다. 웃음은 건강을 증진 시키고 질병을 극복하기 위한 보완적인 수단으로 사용됩니다. 저는 우수한 식단이 얼마나 중요한지 그리고 그것이 무엇을 의미하는지 이미 알고 있습니다. 그러나 그럼에도 저는 일상에서 종종 다른 행동을 합니다. 대체로 길모퉁이에 있는 간이식당에서 파는 저렴한 간식거리에 굴복하고 말기 때문입니다. 구내식당에서는 고기가 적고 채소와 샐러드가 더 많이 들어 있는 더욱 건강한 식단을 제공하려고 노력해야 합니다.

어휘 die Lachtherapie [n.] 웃음 요법 | haben...gehalten [v.] (~라고) 생각했다 (halten의 현재완료) | die Maßnahme [n.] 수단, 조치 | die Überwindung [n.] 극복 | werden...eingesetzt [v.] 사용되다 (einsetzen의 수동태)

1 한 남자가 웃음 치료가 왜 무의미한가에 대하여 이야기한다.

2 그 남자는 건강한 삶을 위해 무엇을 하는가?

- [a] 그는 스낵 코너에서 자주 즐겨 먹는다.
- [×] 그는 웃음 치료가 유용할 수도 있다고 생각한다.
- [c] 그는 채식으로 섭취하는 것은 도움이 되지 않는다고 생각한다.

Aufgaben 3 und 4

📄 **Skript**

Nachrichtensprecher Viele elektronische Geräte, wie zum Beispiel Smartphones und Energiesparlampen, enthalten sogenannte seltene Erden. Ohne sie würde kein elektronisches Gerät mehr funktionieren. Doch besonders nachhaltig werden sie meist nicht behandelt: Wenn beispielsweise das Handy kaputt ist, wird dieses weggeworfen, obwohl der Abbau dieser seltenen Erden äußerst teuer ist. Nun haben Dresdner Forscher ein günstiges Recyclingverfahren entwickelt, das auf einer Idee beruht, die mit dem Chemie-Nobelpreis ausgezeichnet worden ist. Bisher ist das Recyceln der elektronischen Geräte zu kompliziert und kaum bezahlbar gewesen. Aber in etwa fünf Jahren, so die Forscher, könnte das neue Recyclingverfahren in der Praxis Anwendung finden.

🔍 **해석**

뉴스 앵커 스마트폰이나 절전형 전등과 같은 수많은 전자기기는 이른바 희토류를 포함하고 있습니다. 이것이 없으면 어떤 전자기기도 동작하지 않을 것입니다. 그러나 그것들은 대체로 딱히 지속해서 사용할 수 있게 취급되지 않습니다. 예를 들어서 핸드폰이 고장 나면 버려집니다. 이 희토류의 채굴이 상당히 비싼데도 말입니다. 현재 드레스덴의 연구원들은 노벨 화학상을 받은 한 아이디어에서 기인한 저렴한 재활용 방법을 개발했습니다. 지금까지 전자기기의 재활용은 매우 복잡했고 비용적으로도 거의 감당할 수 없었습니다. 그러나 이 연구원들은 대략 5년 안에 새로운 재활용 방법이 실제로 적용될 수 있을 것이라고 합니다.

어휘 pl. seltene Erden [n.] 희토류 | nachhaltig [a.] 지속적인 | werden...behandelt [v.] 취급되다 (behandeln의 수동태) | das Recyclingverfahren [n.] 재활용 방법 | haben...entwickelt [v.] 발전시켰다 (entwickeln의 현재완료) | der Chemie-Nobelpreis [n.] 노벨 화학상 | ausgezeichnet [a.] 수상한

3 노벨상 수상에 관한 내용이다. 　　　　　　　　　　 Richtig 　~~Falsch~~

4 이 혁신은…
　　　　　　　　　　　　　　　　a 희귀한 금속을 대체한다.

　　　　　　　　　　　　　　　　b 복잡하고 고가이다.

　　　　　　　　　　　　　　　　☒ 약 5년 후에 시장에 도입될 것이다.

Aufgaben 5 und 6

📄 Skript

Mann Ich will nachher in die Bibliothek gehen. Kommst du auch mit?

Frau Ja, ich muss sowieso dahin! Ich habe eine Mahnung bekommen und muss 70 Euro Strafe zahlen.

Mann Was? 70 Euro? Hast du die Bücher verloren? Oder einige Bücher nicht rechtzeitig zurückgegeben? Aber die Ausleihfrist kannst du doch verlängern!

Frau Ja, das weiß ich auch. Und ich habe die Bücher noch. Aber die Bibliothek hatte mir per E-Mail bereits eine Benachrichtigung geschickt, dass ich die Bücher zurückgeben muss. Aber diese Mails habe ich nie bekommen. Die Mails von der Bibliothek wurden einfach automatisch aussortiert, ohne dass ich das gemerkt habe. Wenn ich das gewusst hätte, hätte ich nie so eine Mahnung erhalten.

Mann Tja, dann solltest du dich möglichst schnell mit der Bibliothek in Verbindung setzen!

🔍 해석

남자 나는 이따가 도서관에 가려고 하는데 너도 같이 갈래?

여자 그래, 나도 어쨌든 도서관에 가야 하니까! 난 연체료 고지서를 받았는데 70유로로 벌금을 내야 해

남자 뭐라고? 70유로? 너 혹시 책을 잃어버렸어? 아니면 책을 제때 반납하지 않은 거야? 근데 대여 기간을 연장할 수도 있잖아!

여자 응. 그건 나도 알아. 책도 아직 가지고 있고. 근데 도서관에서 이미 책을 반납해야 한다고 통지서를 나한테 메일로 보냈어. 그런데 난 그 메일을 전혀 받지 못했거든. 도서관에서 보낸 그 메일이 나도 모르는 사이에 자동으로 (스팸 등으로) 분류되어 버린 거야. 내가 알았으면. 절대 이런 연체료 고지서를 받지 않았을 거야.

남자	휴… 그럼 가능한 한 빨리 도서관 측하고 연락을 해 보는 게 좋을 것 같아!

어휘 die Mahnung [n.] 연체료, (지급의) 독촉 ⎸ die Strafe [n.] 벌금 ⎸ rechtzeitig [a.] 시기에 알맞은 ⎸ haben...verloren [v.] 잃어버렸다 (verlieren의 현재완료) ⎸ haben...zurückgegeben [v.] 반납했다 (zurückgeben의 현재완료) ⎸ aussortieren [v.] 분류하다, 선별하다

5 그 여자는 요금을 지불해야 한다.   ⎸ Falsch ⎸

6 그 여자는…

⎸a⎸ 책들을 이미 반납하였다.

⎸b⎸ 도서관에서 오는 이메일이 차단된 것을 알고 있었다.

⎸☒⎸ 스팸으로 취급되어 이메일을 받지 못했다.

Aufgaben 7 und 8

📄 Skript

Mann Warum lernen Sie verschiedenen Fremdsprachen?

Frau Der Grund ist einfach: Wenn ich die Sprache nicht verstehe, dann kann ich keinen direkten Zugang zu dieser Kultur erlangen. Für mich ist es ein Zugang zu einer neuen Kultur. Und wenn ich in einem anderen Land bin und die Landessprache beherrsche, dann werde ich auch von den Einheimischen eher akzeptiert, als wenn wir uns über eine andere Sprache verständigen müssten. Außerdem können Sprachen im späteren Berufsleben helfen. Aber es gibt noch einen anderen Grund, warum ich so gerne Sprachen lerne. Es macht mir einfach Spaß.

🔍 해석

남자 여러 외국어를 배우시는 이유가 있습니까?

여자 이유는 단순합니다. 언어를 이해하지 못하면, 문화에 직접 접근할 수 없습니다. 저에게는 그게 새로운 문화에 대한 접근 경로입니다. 그리고 다른 나라에 가게 되고 그 나라 현지 언어를 능숙하게 구사한다면, 서로 다른 언어로 소통해야 할 때 보다 현지인들에게 더 잘 받아들여질 것입니다. 그뿐만 아니라 언어는 이후 직장 생활에서도 도움이 될 수 있습니다. 그러나 제가 언어 공부를 즐기는 또 다른 이유가 하나 더 있습니다. 외국어 공부는 그냥 재미있습니다.

어휘 der Zugang [n.] 접근 | erlangen [v.] 접근하다, 다다르다 | beherrschen [v.] 구사하다 | Einheimischen [n.] 현지인 | sich verständigen [v.] 소통하다

7 한 여성이 외국어를 배우고 외국 문화를 배우는 학습 방법에 관해 이야기한다.

Richtig | ~~Falsch~~

8 그 여자는 말했다,…

[a] 최소한 하나의 다른 언어를 배우는 것이 좋다고.

[X] 언어는 다른 문화를 이해하기 위해 중요하다고.

[c] 외국어 지식이 직장 생활을 위한 열쇠가 된다고.

Aufgaben 9 und 10

📄 **Skript**

Frau	Weißt du schon, dass unser Deutschkurs heute nicht stattfindet? Frau Fischer ist krank. Deshalb kann sie heute nicht unterrichten.
Mann	Ach, das wusste ich nicht. Hast du schon eine Idee für unsere Abschiedsparty? Unser Deutschkurs endet ja bald.
Frau	Nein, ich habe noch keine Idee.
Mann	Wie wäre es, wenn wir bei mir zu Hause feiern?
Frau	Das ist eine gute Idee. Dann kann ich dir beim Einkaufen helfen. Aber du musst am Freitag ein Referat halten, oder? Hast du schon ein Thema für das Referat?
Mann	Ja, das ist kein Problem. Ich habe mich schon gut darauf vorbereitet.
Frau	Gut, dann sehen wir uns am Samstagvormittag. Und ich gehe dann mit dir einkaufen.
Mann	Toll!

🔍 **해석**

여자	우리 오늘 독일어 수업 없는 거 알고 있어? Fischer 선생님이 편찮으셔. 그래서 오늘 수업을 하실 수가 없어.
남자	앗, 그건 몰랐네. 우리 종강 파티 어떻게 할지 아이디어는 좀 있어? 조만간 우리 독일어 코스 끝나잖아.
여자	아니, 나도 아직 별 아이디어가 없네.
남자	우리 집에서 파티 하는 건 어떨까?

여자	그거 좋은 생각이네. 그럼 난 네가 장 보는 걸 도와줄 수 있어. 근데 너 금요일에 발표를 해야 하지 않니? 발표 주제 정했어?
남자	응. 그건 문제없어. 이미 준비 다 했어.
여자	좋네. 그럼 우리 토요일 오전에 보자. 그리고 너랑 같이 장 보러 갈게.
남자	좋아!

어휘 das Referat [n.] 발표, (연구 결과의) 보고 강연 | halten [v.] 행하다

9 두 친구가 어학 강좌에 대하여 이야기하고 있다. $\boxed{\text{Richtig}}$ ~~Falsch~~

10 두 친구는 …을 준비하고 있다. $\boxed{a}$ 하나의 논문을

$\boxed{b}$ 하나의 프레젠테이션을

$\boxtimes$ 하나의 행사를

듣기 유형 2 ● ● ● ●

MP3 02_02

당신은 라디오에서 학계 인사와의 인터뷰를 듣습니다. 본문은 **두 번** 듣게 됩니다. 각 문제에 알맞은 답을 선택하세요. 이제 11번~16번의 문제를 읽어 보세요. 이것을 위하여 당신은 90초의 시간이 있습니다.

📄 Skript

Interviewerin	Liebe Hörerinnen und Hörer, wenn es Ihnen aufgrund der hochsommerlichen Temperaturen hier bei uns im Norden ein bisschen zu warm geworden ist, dann haben wir jetzt eine richtige kleine Abkühlung für Sie. Bei mir am Telefon ist Herr Werner aus Garmisch-Partenkirchen. Herr Werner arbeitet bei der Bayerischen Zugspitzbahn. Und er ist gerade an seinem Arbeitsplatz auf der Bergstation. Hallo, Herr Werner. Sie werden es kaum glauben, aber hier in Hamburg sind's knapp 30 Grad. Wie ist denn das Wetter bei Ihnen?
Herr Werner	Ja, guten Tag, liebe Hörer, liebe Frau Mayor. Kalt ist es. Hier auf dem Zugspitzgipfel haben wir circa einen Meter Schnee, etwas weiter unten liegt ein dreiviertel Meter. Es ist wie in der höchsten Wintersaison zurzeit. Allerdings ohne Skibetrieb muss ich sagen.
Interviewerin	Aha, Wintersport ist also noch nicht möglich.
Herr Werner	Nein, dafür reicht's dann doch noch nicht.
Interviewerin	Wie sieht's denn in Garmisch-Partenkirchen aus? Liegt da denn auch etwas Schnee oder nur weiter oben?
Herr Werner	Nein, die Schneefallgrenze liegt circa bei 2.000 Meter. Darunter ist alles grün. Das ist schön. Man kann wunderbar spazieren gehen, wenn es nicht regnet.
Interviewerin	Also regnen tut es auch noch?
Herr Werner	Ja, zwischendurch regnet's immer wieder mal. Damit die Leute nicht übermütig werden, regnet es weiter unten halt ein bisschen.
Interviewerin	Bei uns im Norden sind ja die Wetterprognosen für die kommenden Wochen sehr gut. Es soll sommerlich bleiben. Haben Sie sich erkundigt, wie es bei Ihnen werden wird?
Herr Werner	Ab Montag soll es besser werden. Wir hoffen allerdings, dass wir schon am Sonntag besseres Wetter bekommen. Denn an der Bergstation der Alpschutzbahn tritt der Tridentiner Bergchor auf. Da wird eine Messe gefeiert und wir hoffen natürlich auf ein einigermaßen schönes Wetter.

Interviewerin	Eine Messe?
Herr Werner	Ja, ein Gottesdienst, und da wollen wir den Herren auch ein kleines bisschen um besseres Wetter bitten.
Interviewerin	Herr Werner, können Sie mal versuchen zu beschreiben, wie die Landschaft bei Ihnen im Moment aussieht? Ist es eher so eine Zuckerbäckerlandschaft, wenn Sie so auf die Gipfel schauen, oder ist alles verhangen im Nebel? Sieht man die Zugspitze?
Herr Werner	Die Zugspitze sehe ich zurzeit, wenn ich aus meinem Bürofenster rausschaue. Die Zugspitze ist tief verschneit. Der Wettersteingrat ist auch verschneit. Aber wie gesagt, weiter unten ist alles grün und es ist wirklich gut zum Anschauen.
Interviewerin	Was sagen eigentlich die Feriengäste zum schlechten Wetter in den Bergen? Beschweren die sich schon kräftig oder sagen die sich „Na ja, wir machen was draus"?
Herr Werner	Na, das ist Gott sei Dank in Garmisch-Partenkirchen so, dass es genügend Alternativen gibt. Wir haben ja unheimlich viel zu bieten und das schätzen die Leute. Es gibt ein Schwimmbad, es gibt ein Eisstadion, wo die Leute Schlittschuh laufen können. Zurzeit fahren Sie auch gern rauf nach Oberammergau zu den Passionsspielen. Es gibt 200 Kilometer lange Wanderwege. Also, genügend Alternativen, um sich auch bei Schlechtwetter zu beschäftigen. Es gibt dreimal täglich Kurkonzerte und so. Es wird den Leuten nicht langweilig. Das ist wichtig.
Interviewerin	Aber das Problem ist natürlich, dass man das alles im Regen machen muss. Aber wenn die Sonne scheinen würde, wäre es ein bisschen schöner, nicht?
Herr Werner	Absolut richtig, Frau Mayor, absolut.
Interviewerin	Ja, Herr Werner, und wie geht's Ihnen? Schlägt der Schnee oder der Regen aufs Gemüt? Man hat jetzt nicht unbedingt den Eindruck bei Ihnen.
Herr Werner	Na, das schlägt nicht aufs Gemüt, nur, weil's mal ein bisschen schneit. Es ist jedes Jahr irgendwann einmal so, dass ein langanhaltendes Tief da ist und da muss man einfach durch und hinterher kommt mit Sicherheit wieder die Sonne. Der Sommer kommt ja noch, da bin ich ganz optimistisch.
Interviewerin	Also, das heißt, es hat Sie auch nicht besonders überrascht, dass es jetzt Neuschnee gegeben hat? Das ist keine einzigartige Situation?
Herr Werner	Nein, wir hatten im Juni dieses Jahr durchgehend schönes Wetter. Und irgendwann holt uns das schlechte Wetter wieder mal ein.
Interviewerin	Und so in den vergangenen Jahren, wenn Sie zurückblicken, gab es da auch mal im Juli schon Neuschnee?

Herr Werner	Nein, im Juli nicht. Aber dafür im Juni und im August. Das gab's also immer wieder mal.
Interviewerin	Und was tun Sie ganz genau, um bei dem Wetter bei Laune zu bleiben?
Herr Werner	Na ja, wissen Sie, ich mache meine Arbeit hier oben. Und ich möchte mich überhaupt nicht beklagen. Das ist doch herrlich hier auf dem Gipfel: Ein Geschenk vom lieben Gott ist das. Da möchte ich mit keinem tauschen, der da unten in irgendeinem Büro hockt.
Interviewerin	Neuschnee auf der Zugspitze im Juli, Herr Werner, herzlichen Dank. Das hat uns Mut gemacht für die Tage, wenn's hier bei uns wieder mal kalt und schmuddelig ist.
Herr Werner	Ja bitte. Viele Grüße an die Hörer.
Interviewerin	Das war Herr Werner vom verschneiten Zugspitzgipfel. Wir machen weiter mit Musik.

어휘 **hochsommerlich** [a.] 한여름의 | **die Abkühlung** [n.] 냉각, 냉동 | **Garmisch-Partenkirchen** 가르미슈파르텐키르헨 (바이에른 주 남부에 있는 도시 지명) | **die Zugspitzbahn** [n.] 츄크슈피체산을 다니는 열차 | **die Bergstation** [n.] 산간 역 | **der Zugspitzgipfel** [n.] 츄크슈피체산의 정상 | **dreiviertel** 4분의 3 | **der Skibetrieb** [n.] 스키장 | **der Wintersport** [n.] 겨울 스포츠 | **die Schneefallgrenze** [n.] 해발 | **zwischendurch** [adv.] 이따금씩 | **übermütig** [a.] 제멋대로 | **die Wetterprognose** [n.] 일기예보 | **sich haben...erkundigt** [v.] 알아보았다, 문의했다 (sich erkundigen의 현재완료) | **auftreten** [v.] 발생하다, 등장하다 | **der Tridentiner** [n.] 트리엔트의 사람 | **der Bergchor** [n.] 산악 합창단 | **einigermaßen** [adv.] 어느 정도 | **der Gottesdienst** [n.] 예배 | **die Zuckerbäckerlandschaft** [n.] 과자 제조인 | **verhangen** [a.] 짙은 구름으로 뒤덮인 | **das Bürofenster** [n.] 사무실 창 | **verschneien** [v.] 눈에 덮이다 | **der Wetterstein** [n.] Wetterstein산맥 (보통 das Wettersteingebirge 이지만 줄여서 der Wetterstein이라고 함) | **der Grat** [n.] 산봉우리 | **p l. Feriengäste** [n.] 휴가 손님 (der Ferien gast) | **sich beschweren** [v.] 항의하다 | **pl. Alternativen** [n.] 대안 (die Alternative) | **unheimlich** [adv.] 매우 | **schätzen** [v.] 높이 평가하다 | **der Schlittschuh** [n.] 스케이트 | **Oberammergau Passionsspiel** 오버암머가우 수난극 (독일 남부 서남쪽 작은 도시 오버암머가우에서 10년마다 상연되는 그리스도 수난극) | **pl. Wanderwege** [n.] 산책용 길 (der Wanderweg) | **pl. Kurkonzerte** [n.] 휴양객을 위한 음악회 (das Kurkonzert) | **das Gemüt** [n.] 마음 | **langanhaltend** [p.a.] 오래가는 | **das Tief** [n.] 저기압 | **optimistisch** [a.] 긍정적인 | **haben...überrascht** [v.] 놀랐다 (überraschen의 현재완료) | **durchgehend** [p.a.] 쉬지않고, 내내 | **einholen** [v.] 받아들이다, 맞아들이다 | **sich beklagen** [v.] 불평하다 | **herrlich** [a.] 멋진, 더할 나위 없이 좋은 | **tauschen** [v.] 바꾸다 | **hocken** [v.] 틀어박혀 있다

🔍 해석

사회자	청취자 여러분. 여러분 가운데 혹여 이곳 북부 지역의 한여름 기온으로 인하여 다소 많이 덥다고 느끼시는 경우, 여러분을 위해 작지만 아주 작은 냉각기를 가지게 될 것입니다. 저희 측에 Garmisch-Partenkirchen(지명)의 Werner 씨가 전화 연결되어 있습니다. Werner 씨는 츄크슈피체산을 다니는 열차에서 일하십니다. 현재 이분께서는 현재 산간 역에 있는 근무지에 계십니다. 안녕하십니까, Werner 씨. 믿기 힘드시겠지만, 여기 함부르크는 거의 30도에 육박합니다. 그쪽 날씨는 어떻습니까?
Werner 씨	네, 청취자 여러분 그리고 Mayor 씨 안녕하십니까? 날씨는 춥습니다. 이곳 Zugspitze 정상에는 대략 1미터 높이의 눈이 쌓여 있고, 조금 아래쪽에는 75센티미터 가량의 눈이 쌓여 있습니다. 요즘은 마치 한겨울 시즌 같습니다. 그렇지만 가동 중인 스키장은 없음을 알려 드립니다.
사회자	아하. 겨울 스포츠는 아직 불가능하군요.
Werner 씨	네. 아직 그 정도는 아닙니다.
사회자	Garmisch-Partenkirchen는 좀 어떻습니까? 그곳에도 눈이 좀 내렸습니까 아니면 고지대에만 그렇습니까?
Werner 씨	아닙니다. 대략 해발 2,000미터 이상에만 눈이 왔습니다. 그 이하 지역은 완전히 푸릅니다. 그것은 멋집니다. 비가 오지 않으면 산책도 잘 다닐 수 있습니다.
사회자	그럼 여전히 비가 온다는 말인가요?
Werner 씨	네, 이따금 비가 오고 있습니다. 아래 지역으로는 비가 좀 내려서 사람들이 자유분방하게 돌아다니지는 못합니다.
사회자	이쪽 북부 지방은 다음 주 일기예보가 아주 좋습니다. 계속 여름 날씨가 지속될 전망입니다. Werner 씨께서 계신 지역의 날씨는 어떤지 알아보셨습니까?
Werner 씨	월요일부터는 나아질 것이라고 합니다. 그러나 저희는 일요일부터 날씨가 좋아졌으면 합니다. 산간 역에서 트리엔트 산악 합창단의 공연이 있기 때문입니다. 그곳에서 미사가 열리고 저희는 당연히 어느 정도 날씨가 좋았으면 합니다.
사회자	미사요?
Werner 씨	네. 예배 말입니다. 미사 중에 저희는 하느님께 날씨가 좋아지기를 바라는 작은 소원을 빌 것입니다.
사회자	Werner 씨, 현재 계신 곳의 경치가 어떤지 좀 설명해 주시겠어요? 산 정상을 살펴보면 동화 속 풍경처럼 보입니까 아니면 안개 속 짙은 구름으로 뒤덮여 있습니까? Zugspitze가 보입니까?
Werner 씨	지금 제 사무실 창밖으로 내다보면 Zugspitze가 보입니다. Zugspitze는 눈이 가득 뒤덮여 있습니다. Wetterstein 산맥의 여러 산봉우리에도 눈이 내렸습니다. 그러나 앞서 말씀드렸던 것처럼, 아래 지역은 모든 것이 푸르고 둘러보기에 정말 좋습니다.
사회자	산악 지역의 안 좋은 날씨를 두고 휴양객들은 실제로 뭐라고 합니까? 강하게 항의를 하나요, 아니면 "음. 다른 무언가를 합시다" 하고 맙니까?
Werner 씨	뭐. 다행히도 Garmisch-Partenkirchen에는 다른 대안들이 충분히 있습니다. 저희는 정말 매우 많은 것들을 제공하고 있고, 사람들도 그것을 높이 평가합니다. 수영장도 있고, 스케이트를 탈 수 있는 아이스링크도 있습니다. 요즘은 사순시기 그리스도 수난극을 보러 Oberammergau에도 많이 갑니다. 200킬로미터의 산책길도 있습니다.

	이처럼 악천후에도 할 수 있는 대안들이 충분히 있습니다. 하루에 세 번씩 휴양객을 위한 콘서트 같은 것도 있습니다. 사람들이 지루해하지 않을 겁니다. 이게 중요하죠.
사회자	하지만 문제는 당연히 이 모든 걸 비를 맞으면서 해야 한다는 점이죠. 그런데 만약 해가 뜨면 분명 더 예쁘긴 하겠죠? 그렇죠?
Werner 씨	확실히 그렇습니다, Mayor 씨. 무조건입니다.
사회자	그래요, Werner 씨. Werner 씨께서는 어떻게 지내십니까? 눈이나 비가 와서 좀 마음이 상하셨나요? Werner 씨에 대한 인상이 꼭 그래 보이지는 않습니다만.
Werner 씨	뭐, 마음 상하지는 않습니다. 눈이 많이 오는 건 아니기 때문입니다. 매년 언젠가 한 번씩은 오래가는 우울함이 찾아오는데, 이겨내야만 하고, 그 뒤에는 분명 다시 해가 뜹니다. 여름이 다가오고 있는데 그래서 저는 긍정적입니다.
사회자	그 말씀은, 새로 눈이 온 것도 별로 놀랍지 않으셨다는 건가요? 이게 특별한 상황은 아니라는 건가요?
Werner 씨	네, 올해 6월 내내 날씨가 좋았습니다. 그리고 언젠가는 또 안 좋은 날씨도 받아들여야 하겠죠.
사회자	지난 몇 년을 돌아보면 7월에도 새로 눈이 내린 적이 있었습니까?
Werner 씨	아닙니다. 7월에 눈이 내린 적은 없습니다. 하지만 6월과 8월에 눈이 내린 적은 있습니다. 항상 그래왔습니다.
사회자	그러면 그런 날씨 상황에서 기분을 유지하기 위해서 정확히 무엇을 하십니까?
Werner 씨	글쎄요, 여기 꼭대기에서 제 할 일을 합니다. 그리고 저는 조금도 불평하고 싶지는 않습니다. 이곳 산 정상에 있다는 건 멋진 일입니다. 사랑이신 하느님의 선물이죠. 저 아래 어떤 사무실에 틀어박혀 있는 사람과 바꾸고 싶지 않습니다.
사회자	Zugspitze 정상에는 7월에 눈이 내리는군요. Werner 씨 감사합니다. 저희가 있는 이곳이 다시 춥고 질척질척한 날씨가 될 날들을 떠올리며 힘을 낼 수 있게 해 주셨습니다.
Werner 씨	아닙니다. 청취자 여러분들께도 감사 인사를 드립니다.
사회자	눈 덮인 Zugspitze 정상에서 Werner 씨였습니다. 음악 듣고 오겠습니다.

11 어떤 현상을 관찰할 수 있는가?

    a Zugspitze에는 비가 오지 않는다.

    ☒ 여름임에도 불구하고 Zugspitze에는 눈이 온다.

    c 겨울임에도 불구하고 함부르크는 기온이 30도이다.

12 Zugspitze는 겨울의 절경과 같다,

    a 그래서 벌써 스키 타는 것을 즐길 수 있다.

    b 그래서 하얀 눈만 볼 수 있다.

    ☒ 하지만 아직 겨울 운동을 위해서는 충분하지 않다.

13 북부 지역에 일기예보가 발효되었다.

☒ 여름 날씨라는.

b 후덥지근하고 비가 많이 내릴 것이라고.

c 다음주는 날씨가 좋지 않다는.

14 Werner 씨는...

a 안개 때문에 그의 사무실 창문을 통해 잘 볼 수가 없다.

☒ Zugspitze가 눈 속에 뒤덮였다고 말했다.

c 눈 때문에 아래쪽 초원을 볼 수가 없다.

15 Werner 씨는

a 새로운 눈이 내린 것에 대하여 놀랐다.

b 전례없는 상황에도 불구하고 놀라지 않았다.

☒ 새로운 눈이 내리는 것이 특별한 일이 아니기 때문에 놀라지 않았다.

16 Werner 씨는...

a 언젠가는 그의 직업을 그만두고 싶다.

☒ 그의 직업에 대해 불평하고 싶지 않다.

c 아래에 있는 하나의 사무실에서 일하고 싶다.

듣기 유형 3 ••••

MP3 02_03

당신은 라디오에서 여러 사람의 대화를 듣습니다. 사람들은 "스트레스로 인해 아프다"라는 주제를 가지고 이야기합니다. 대화는 **한 번** 듣게 됩니다. 각 질문에서 선택하세요: 누가 무엇을 말합니까?

이제 17~22번까지의 문제를 읽어 보세요. 이것을 위하여 당신은 60초의 시간이 있습니다.

📄 **Skript**

Moderatorin	Liebe Hörerinnen und Hörer! Schön, dass Sie eingeschaltet haben auf Radio 103.2 zu unserem Thema „Gesundheit". Heute geht es um Stress am Arbeitsplatz. Fast jeder zweite Arbeitnehmer klagt heute über die kontinuierlich steigenden Anforderungen bei der Arbeit. Wir alle wissen: Stress macht krank. Darüber möchte ich mit Herrn Bambach, freiberuflich tätig als Stressberater, und Frau Heiz, Arbeitnehmerin und auch Betriebsratsmitglied bei der HanKG, reden. Herr Bambach, zuerst einmal, was machen Sie als Stressberater?
Herr Bambach	Ich habe mich in einer Zusatzausbildung auf das Gebiet der Stressbewältigung spezialisiert. Heute arbeite ich in verschiedenen Firmen. Dort führe ich Gespräche mit Mitarbeiterinnen und Mitarbeitern, die sich gestresst fühlen. Ich versuche ihnen Tipps zu geben, wie man Stress reduzieren kann oder mit weniger Stress leben kann, damit die Mitarbeiter durch Stress nicht krank werden.
Moderatorin	Frau Heiz, wie ist das bei Ihnen im Betrieb?
Frau Heiz	„Stress am Arbeitsplatz" ist auch bei uns ein sehr wichtiges Thema. In letzter Zeit hat sich schon viel geändert. Zum Beispiel hat nun auch die Geschäftsleitung erkannt, dass zu viel Stress zu immer mehr Krankheitsausfällen führt, und dass das ganze Unternehmen darunter leidet, wenn man nichts dagegen unternimmt.
Moderatorin	Viele Hörer haben uns geschrieben, dass zu viel Stress, der immer wieder zu schweren Erkrankungen führt, immer noch nicht für voll genommen wird.
Herr Bambach	Ich glaube, dass dennoch inzwischen jeder weiß, wozu Stress führen kann. Das heißt, dass sich doch schon einiges geändert hat.
Frau Heiz	Sie haben Recht. Wir haben auch viel dafür getan, damit Stress als Problem anerkannt wird und haben die Geschäftsführung davon überzeugen können, dass Maßnahmen zur Vorbeugung entscheidend sind. Auf unsere Initiative hin werden inzwischen regelmäßig von der Geschäftsführung Mitarbeitergespräche abgehalten, um festzustellen,

	in welchen Abteilungen die Belastung bereits zu hoch ist, und in welchen Bereichen mit zu hoher Belastung zu rechnen ist, sollte weiterhin nichts dagegen unternommen werden. Aber trotzdem ist es schwierig, Lösungsmöglichkeit zu finden.
Moderatorin	Können sie uns vorstellen, wie solche Lösungsmöglichkeiten genauer aussehen?
Herr Bambach	Die allgemeinen Ratschläge, um Stress abzubauen, wie Bewegung und Sport in der Freizeit, Entspannungsübungen und mentales Training sind ja bereits hinreichend bekannt.
Frau Heiz	Das ist richtig. Doch wenn man diesen nicht folgt, bleiben Ratschläge nutzlos. Um in der Praxis etwas dagegen unternehmen zu können, muss man klar dort ansetzen und Angebote machen, wo die Wurzel des Stresses verankert ist, also im Betrieb. Wir haben versucht, dafür zu kämpfen, dass es bei uns neben den Besprechungsrunden, von denen ich gerade berichtet habe, auch verschiedene betriebliche Angebote gibt. Jetzt haben wir durch Zusammenarbeit mit der Krankenkasse einige Angebote für Bewegungsseminare wie Entspannungs- und Fitnesskurse anbieten können.
Moderatorin	Vor allem seitens der Gewerkschaften wird immer wieder ein Antistressgesetz gefordert. Wäre das eine plausible Lösung?
Frau Heiz	Die Experten sind sich noch nicht einig, welche Regelungen verbindlich vorgeschrieben werden müssen, wer für die Kontrolle der Einhaltung der Regelungen zuständig sein sollte und wie diese Kontrolle umgesetzt werden sollte. Meiner Meinung nach wäre schon viel erreicht, wenn die bestehenden Vorschriften zum Arbeitsschutz konsequent eingehalten werden würden.
Herr Bambach	Wie wäre es, wenn Mitarbeitergespräche vorgeschrieben werden würden?
Frau Heiz	Aus meiner Erfahrung kann ich nur sagen, dass es als Aufgabe der Betriebsräte durchgesetzt werden sollte. Dann würde es durch Regelungen unterstützt.
Moderatorin	Liebe Hörerinnen und Hörer, wir müssen bereits leider zum Ende kommen. In einer weiteren Gesprächsrunde können wir das Thema noch weiter vertiefen und beim nächsten Mal auch Gegner des Antistressgesetzes ins Studio einladen. Vielen Dank für das Gespräch.

어휘 **haben...eingeschaltet** [v.] (방송, 라디오 등의) 다이얼을 맞췄다 (einschalten의 현재완료) | **klagen** [v.] 불만을 늘어놓다 | **kontinuierlich** [a.] 끊임없는, 계속되는 | **steigend** [p.a.] 늘어나는 | pl. **Anforderungen** [n.] 요구 사항 (die Anforderung) | **der Stressberater** [n.] 스트레스 상담사 | **das Betriebsratsmitglied** [n.] 경영 참여 근로자 협의회 구성원 | **die Zusatzausbildung** [n.] 추가 교육 |

das Gebiet [n.] 분야 ǀ die Stressbewältigung [n.] 스트레스 극복 ǀ sich haben...spezialisiert [v.] 전문으로 했다 (spezialisieren의 현재완료) ǀ sich haben...geändert [v.] 달라졌다 (sich ändern의 현재완료) ǀ Krankheitsausfällen [n.] 병가 ǀ unternehmen [v.] 감행하다, 계획하다 ǀ pl. Erkrankungen [n.] 질병 (die Erkrankung) ǀ werden...genommen [v.] 파악되다, 생각되다 (nehmen의 수동태) ǀ die Geschäftsführung [n.] 경영진, 이사진 ǀ überzeugen [v.] 확신시키다, 납득시키다 ǀ pl. Maßnahmen [n.] 대책 (die Maßnahme) ǀ die Vorbeugung [n.] 예방 ǀ entscheidend [p.a.] 결정적인 ǀ werden...abgehalten [v.] 계속되다 (abhalten의 수동태) ǀ feststellen [v.] 밝혀내다 ǀ die Belastung [n.] 부담 ǀ werden...unternommen [v.] 계획되다 (unternehmen의 수동태) ǀ pl. Ratschläge [n.] 조언 (der Ratschlag) ǀ abbauen [v.] 줄이다.축소하다 ǀ pl. Entspannungsübungen [n.] 긴장 이완 연습 (die Entspannungsübung) ǀ hinreichend [p.a.] 충분한 ǀ ansetzen [v.] 시작하다 ǀ verankert [v.] 의미추가 ǀ pl. Besprechungsrunden [n.] 그룹간담회 (die Runde: 소모임 그룹) ǀ das Antistressgesetz [n.] 스트레스 방지법 ǀ werden...gefordert [v.] 요구되다 (fordern의 수동태) ǀ verbindlich [a.] 구속력이 있는 ǀ werden...vorgeschrieben [v.] 명시되다 (vorschreiben의 수동태) ǀ die Einhaltung [n.] 준수, 이행 ǀ konsequent [a.] 언행일치의 ǀ werden...durchgesetzt [v.] (법률 따위가) 실시되다 (durchsetzen의 수동태) ǀ würden...unterstützt [v.] 보장을 받게 되다 (unterstützen의 접속법2식)

🔍 해석

사회자	청취자 여러분, "건강"을 주제로 하는 저희 103.2 채널을 청취해 주셔서 기쁩니다. 오늘은 직장에서의 스트레스를 다뤄 봅니다. 오늘날 거의 절반의 근로자들이 직장에서 끊임없이 늘어나는 업무 요구 사항에 대해 불만을 제기하고 있습니다. 우리 모두 알고 있습니다. 스트레스가 사람을 병들게 한다는 것을 말이죠. 이에 관해 프리랜서로 일하고 계시는 스트레스 상담사 Bambach 씨와, HanKG의 직원이자 경영 참여 근로자 협의회 구성원인 Heiz 씨와 담화를 나눠 보겠습니다. 먼저 Bambach 씨, 스트레스 상담사로서 어떤 일을 하십니까?
Bambach 씨	저는 스트레스 대처 분야에 대한 추가 교육을 전문으로 했습니다. 저는 오늘 여러 기업체에서 일합니다. 그곳에서 스트레스를 받았다고 느끼는 직원들과 담화를 진행합니다. 그분들께서 스트레스로 병들지 않게끔 어떻게 하면 스트레스를 줄일 수 있는지 혹은 스트레스를 적게 받고 살 수 있는지 조언을 드리려고 합니다.
사회자	Heiz 씨, 당신의 직장 생활은 어떻습니까?
Heiz 씨	"직장 내 스트레스"는 저희 측에서도 아주 중요한 주제입니다. 최근 많은 것들 것 달라졌습니다. 예를 들어, 경영진도 과도한 스트레스가 더 많은 직원의 병가로 이어진다는 사실과, 이에 대한 아무런 조치도 취하지 않으면 회사 전체가 그로 인해 피해를 보게 된다는 점을 인지하게 되었습니다.
사회자	많은 청취자분들께서 저희에게, 심한 질병을 계속 유발하는 과도한 스트레스가 아직도 중요하게 인식되지 않고 있다고 사연을 보내주셨습니다.
Bambach 씨	그렇지만 스트레스가 어떤 결과를 가져올 수 있는지 다들 알고 있다고 생각합니다. 이는 벌써 많은 것이 변했다는 것을 의미합니다.
Heiz 씨	옳은 말씀입니다. 스트레스를 문제로 인식될 수 있게 하는 데 많은 노력을 기울였고, 결정적으로 예방 조치를 위한 대책이 매우 중요하다는 것을 경영진에게 확신시킬 수

있었습니다. 어떤 부서에 업무적 부담이 과중한지, 어떤 영역에 과중한 부담이 예상되는지 밝혀내기 위해 우리의 주도하에 경영진은 정기적으로 근로자 간담회를 계획하고 있으며, 앞으로도 계속될 것입니다. 그러나 그런데도 가능한 해결책을 찾는 일은 어렵습니다.

사회자	그 가능한 해결책이라는 것이 정확히 어떤 형태인지 소개해 주실 수 있겠습니까?
Bambach 씨	여가시간에 운동과 스포츠 활동, 긴장 완화 연습과 정신적 훈련처럼 스트레스를 줄이기 위한 일반적인 조언들은 이미 잘 알려져 있습니다.
Heiz 씨	맞습니다. 하지만 이런 조언들은 따라 하지 않으면 아무런 쓸모가 없습니다. 실제로 이 문제에 대해 조처를 하기 위해서는, 스트레스를 일으키는 근원이 얽혀 있는 곳, 즉 회사에서 시작해야 하고 회사에서 제공되어야 합니다. 제가 조금 전에 언급했던 그룹 간담회를 차치하고서라도 다양한 사업적 제안 사항이 있고, 이것들을 위해 저희는 고군분투하고 있습니다. 이제 건강 보험사와의 협력을 통해서 긴장 완화 강좌와 피트니스 강좌와 같은 운동 세미나를 제공할 수 있게 되었습니다.
사회자	스트레스 방지법은 특히 노동조합 측에서 계속해서 요구하고 있습니다. 혹시 이것이 하나의 그럴듯한 해결책이 될 수도 있을까요?
Heiz 씨	어떤 규정이 구속력을 가지도록 명시되어야 하는지, 누가 규정의 준수 여부를 통제할 권한을 가져야 좋을지, 그러한 통제가 어떻게 실행되어야 좋을지에 대해 전문가들의 의견 일치가 이루어지지 않았습니다. 저는 산업재해 방지를 위한 기존의 규정들만 철저하게 준수되기만이라도 하면, 그것만으로도 많은 걸 이룬 것이나 다름없다고 생각합니다.
Bambach 씨	근로자 간담회를 의무화하는 것은 어떻겠습니까?
Heiz 씨	제 경험상으로는 경영 참여근로자 협의회의 과업으로서 실시되는 것이 좋지 않겠느냐고 말할 수 있겠습니다. 그러면 규정에 따라 보장을 받게 될 겁니다.
사회자	청취자 여러분, 아쉽지만 저희는 이만 마쳐야 할 시간입니다. 다음 대화 모임에서 이 주제를 더욱 심도 있게 다뤄 보겠습니다. 다음번에는 직장 내 스트레스 방지법에 반대하는 분들도 스튜디오에 모셔 보도록 하겠습니다. 대담에 함께 해 주셔서 감사합니다.

0 나는 스트레스를 가진 직원들을 돕는다.

a Moderatorin ☒ Herr Bambach c Frau Heinz

17 직장에서 부담감이 계속해서 증가한다.

☒ Moderatorin b Herr Bambach c Frau Heinz

18 사람은 가끔 스트레스가 문제라는 것을 제대로 인지하지 못한다.

    ☒ Moderatorin   b Herr Bambach   c Frau Heinz

19 미리 조처를 하는 것이 중요하다.

    a Moderatorin   b Herr Bambach   ☒ Frau Heinz

20 직원들은 회사에 대한 스트레스에 대하여 무언가를 하도록 동기부여가 되어야 한다.

    a Moderatorin   b Herr Bambach   ☒ Frau Heinz

21 스트레스를 줄이기 위해 구속력 있는 규정이 필요하다.

    ☒ Moderatorin   b Herr Bambach   c Frau Heinz

22 회사는 스트레스를 줄이기 위한 조치를 해야 한다.

    a Moderatorin   b Herr Bambach   ☒ Frau Heinz

듣기 유형 4 ●●●●

MP3 02_04

당신은 하나의 강의를 듣습니다. 발표자는 "다국어"라는 주제를 가지고 이야기합니다.

본문은 **두 번** 듣습니다. 각 질문에 올바른 답을 선택하세요.

이제 질문 23~30번을 읽어 보세요. 이것을 위하여 당신은 90초의 시간이 있습니다.

📄 Skript

Guten Abend, meine sehr geehrten Damen und Herren! Ich begrüße Sie herzlich zu unserem heutigen Vortrag und freue mich, dass Sie trotz der fortgeschrittenen Stunde so zahlreich erschienen sind. Ich werde heute zum Thema „Mehrsprachigkeit" sprechen. Im ersten Teil meiner Ausführungen werde ich kurz erläutern, was unter „Mehrsprachigkeit" verstanden wird. Im zweiten Teil meiner Ausführungen geht es um die so genannte „echte Mehrsprachigkeit". In meinem Vortrag werde ich versuchen zu erläutern, was man unter „Mehrsprachigkeit" versteht. Ein Konzept, das in jüngster Zeit im Mittelpunkt so mancher bildungspolitischer Diskussion steht.

Seit langem wurde angesprochen, dass Mehrsprachigkeit ein wichtiges bildungspolitisches Ziel der Europäischen Union ist: Jeder Bürger sollte drei Gemeinschaftssprachen beherrschen. Die Europäer sollen also mehrsprachiger werden. Was bedeutet nun mehrsprachig? Eine Person wird dann als mehrsprachig bezeichnet, wenn sie mindestens eine Fremdsprache beherrscht. Ein Beispiel: Nehmen Sie eine Tochter aus einer türkischen Migrantenfamilie: Zu Hause spricht sie Türkisch, mit ihren Arbeitskollegen Deutsch. Da sie an einer Hotelrezeption arbeitet, benutzt sie außerdem Englisch und Französisch. Diese junge Frau ist in der Tat mehrsprachig!

„Mehrsprachigkeit" in diesem Sinne, also auf eine Person bezogen, nennt man „individuelle" Mehrsprachigkeit.

Von der individuellen Mehrsprachigkeit ist die kollektive oder gesellschaftliche Mehrsprachigkeit zu unterscheiden. Gesellschaftliche Mehrsprachigkeit bezieht sich auf eine Sprachgemeinschaft. Das heißt, wenn die Bevölkerung eines Landes mehr als eine Sprache für die Kommunikation miteinander und untereinander verwendet. Ein Beispiel für kollektive Mehrsprachigkeit in Europa ist die Schweiz. In der Schweiz gibt es vier Landessprachen: Deutsch, Französisch, Italienisch und Rätoromanisch.

Eine dritte Bedeutung des Begriffs „Mehrsprachigkeit" bezieht sich auf die sogenannte „schulische Mehrsprachigkeit". Schulische Mehrsprachigkeit liegt dann vor, wenn in einer Schule mehr als zwei Fremdsprachen angeboten werden. Sie alle kennen Schulen, die neben den Standard-Fremdsprachen Englisch und Französisch etwa Italienisch oder Spanisch anbieten. Oder Russisch wie vielfach in Ostdeutschland. Gelegentlich finden Sie heute übrigens auch Chinesisch oder Japanisch im Angebot.

Ich kann also zusammenfassen: Mehrsprachigkeit ist ein Begriff mit verschiedenen Bedeutungsdimensionen. Als Wichtigste lassen sich unterscheiden: die individuelle,

die kollektive und die schulische Mehrsprachigkeit.

Das Lernen von Fremdsprachen, so wird heute vielfach gefordert, darf aber nicht auf den schulischen Fremdsprachenunterricht beschränkt bleiben. Vielmehr sollte ein lebenslanges Fremdsprachenlernen angestrebt werden. Warum nicht mit 25, 40 oder 60 Jahren noch eine Fremdsprache lernen?

Heute sprechen, einer neueren Umfrage zufolge, nur 26% der Bürger Europas zwei Fremdsprachen. Das oben erwähnte Ziel der Mehrsprachigkeit der Bürger Europas, ist also noch ein Stück weit entfernt und sollte noch ausgebaut werden.

Daher bietet die Europäische Union einige Hilfen beim Sprachenlernen: Es gibt beispielsweise Schüleraustauschprogramme, Sprachprogramme für Berufstätige, Praktika im Ausland usw. Die Angebote müssen nur genutzt werden!

Wie heißt es so schön in den Broschüren der Europäischen Union? „Sprachen lernen öffnet Türen - und jeder kann es!" Nutzen Sie die Möglichkeit.

Ich danke Ihnen für Ihre Aufmerksamkeit.

어휘   der Vortrag [n.] 강연 ㅣ sein...erschienen [v.] 나타났다. 출현했다 (erscheinen의 현재완료) ㅣ die Mehrsprachigkeit [n.] 다언어성 ㅣ pl. Ausführungen [n.] 설명. 부연 (설명이라는 뜻은 항상 복수로 사용) ㅣ erläutern [v.] 설명하다 ㅣ bildungspolitisch [a.] 교육 정책적인 ㅣ wurden...angesprochen [v.] 말을 꺼내자, (문제가) 제기되다 ㅣ beherrschen [v.] 잘 구사하다 ㅣ werden...bezeichnet [v.] 자세히 묘사(설명) 되다 (bezeichnen의 수동태) ㅣ die Migrantenfamilie [n.] 이민자 가정 ㅣ pl. Sinne [n.] 의미 (der Sinn) ㅣ kollektiv [a.] 공동의 ㅣ das Rätoromanisch [n.] 레토 로만어 ㅣ sich beziehen auf [v.] 무엇과 관련되다 ㅣ zusammenfassen [v.] 요약하다 ㅣ pl. Bedeutungsdimensionen [n.] 의미의 영역, 의미의 범위 (die Bedeutungsdimension) ㅣ beschränkt [p.a.] 제한된 ㅣ werden...angestrebt [v.] 얻고자 힘쓰게 되다 (anstreben의 수동태) ㅣ die Umfrage [n.] 설문조사 ㅣ zufolge [prp.] ~에 따라서 (명사 앞에서는 2격, 뒤에서는 3격을 지배) ㅣ entfernen [v.] 멀어지다 ㅣ werden...ausgebaut [v.] 발전시키게 되다 (ausbauen의 수동태)

해석

여러분 안녕하십니까. 오늘 저희 강연에 오신 것을 진심으로 환영합니다. 늦은 시간임에도 불구하고 이렇게 많은 분께서 함께해 주셔서 대단히 기쁩니다. 저는 오늘 "다언어성"을 주제로 이야기를 해 보려고 합니다. 제 이야기의 첫 번째 파트에서는 "다언어성"의 의미를 간략하게 설명할 것입니다. 그리고 두 번째 부분은 이른바 "진정한 의미의 다언어성"에 관한 것입니다. 제 강연에서 저는 "다언어성"의 의미를 설명하려고 노력할 것입니다. 최근에 몇몇 교육 정책적 논의의 중심에 있는 개념입니다.

다언어성은 오래전부터 유럽연합 내에서 가장 중요한 교육 정책적인 목표라고 거론되어 왔습니다. 모든 시민은 3개의 지역 공동체 언어를 구사할 줄 알아야 합니다. 즉, 유럽인들은 다국어를 구사할 수 있어야 한다는 말입니다. 그렇다면 다국어를 알고 있다는 말은 무엇을 의미하는 것일까요? 어떤 사람이 최소 하나 이상의 외국어를 구사할 수 있는 경우 다국어를 구사할 수 있는 사람이라고 설명합니다. 한 가지 예를 들어 보겠습니다. 터키 이민자 가정 출신의 한 딸아이를 가정해 봅시다. 집에서는 터키어를 사용하고,

직장 동료들과는 독일어를 사용합니다. 그녀는 호텔 프런트에서 일을 해서 영어와 프랑스어도 사용합니다. 이 젊은 여성은 실제로 다국어를 구사할 수 있는 것입니다!

이런 의미에서 개별 사람과 관련된 "다언어성"이란, "개인의" 다언어성이라고 칭합니다.

그런 개인의 다언어성은 집단적 또는 사회적 다언어성과 구별됩니다. 이 말은, 어떤 한 나라의 주민들이 하나 이상의 언어를 상호 간에 서로 의사소통을 위해 사용하는 경우입니다. 유럽의 집단적 다언어성의 사례는 스위스입니다. 스위스에는 4개 국어가 있습니다. 각각 독일어, 프랑스어, 이탈리아어 그리고 레토 로마어가 그것입니다.

"다언어성"이라는 개념의 세 번째 의미는 이른바 "학교의 다언어성"을 의미합니다. 학교에서 두 개 이상의 외국어를 제공하는 경우, 학교의 다언어성이 존재합니다. 여러분들 모두 기본 외국어인 영어와 프랑스어 외에 이탈리아어나 스페인어를 제공하는 학교들을 알고 계실 겁니다. 혹은 구 동독 지역에서 흔한 러시아어도 있습니다. 그 밖에도 오늘날에는 간혹 중국이나 일본어가 제공되는 경우도 찾아보실 수 있습니다.

그래서 요약하자면 다언어성은 다양한 차원의 의미를 지닌 용어라고 할 수 있습니다. 가장 중요한 것은 개인, 집단 그리고 학교의 다언어성으로 구분하는 것입니다.

오늘날 여러모로 요구되는 외국어의 학습은 학교 내의 외국어 수업에만 국한되어서는 안 됩니다. 오히려 평생 외국어 학습을 추구해야 합니다. 나이 25, 40 혹은 60에 새로 외국어 하나쯤 공부하면 안 될 이유라도 있습니까?

최근 어떤 새로운 설문조사에 따르면 유럽 시민의 고작 26%만이 두 개의 언어를 구사한다고 합니다. 위에서 언급한 유럽 시민들의 다언어성 목표치에는 아직 멀었고 앞으로 더욱 발전시켜야 합니다.

그래서 유럽연합은 언어 학습에 도움을 주고 있습니다. 예를 들어, 교환학생 프로그램, 직장인들을 위한 언어 프로그램, 해외 인턴십 등이 있습니다. 이렇게 제공되는 것들을 꼭 활용해야 합니다!

유럽연합 팸플릿에 뭐라고 쓰여 있습니까? "언어를 배우면 문이 열립니다 – 누구나 할 수 있습니다!"

경청해 주셔서 감사합니다.

23 다언어성은

a 하나 이상의 언어를 이해할 수 있는 것을 의미한다.

b 학교에서 하나 이상의 언어를 배우는 것을 의미한다.

☒ 하나 이상의 언어를 구사하는 것을 뜻한다.

24 "개개인의 다언어성"은

☒ 한 명의 사람을 주제로 하는 것을 뜻한다.

b 개별적인 언어에 관한 것이다.

c "집단적 다언어성"과 구분되지 않는다.

25 "집단적 다언어성"이란

☒ 한 국가에서 상호 이해를 위해 하나만이 아닌 그 이상의 언어를 사용하는 것을 의미한다.

b 여러 국가에서 의사소통을 위해 하나의 공통 언어를 사용한다는 의미이다

c "사회적 다언어성"과 구분돼야 한다.

26 스위스에서는

a 독일어, 프랑스어, 이탈리아어와 레토 로망스어를 학교에서 가르친다.

b 의사소통을 위해 단일 언어만 사용한다.

☒ 하나 이상의 자국어가 있다.

27 "학교의 다언어성"은

a 학교 수업이 여러 언어로 제공되어야 함을 의미한다.

☒ 학교에서 두 개 이상의 외국어를 제공하는 것을 말한다.

c 영어와 프랑스어를 학교에서 제공하는 것을 말한다.

28 외국어는

a 은퇴 후 노년층에게 장려되어야 한다.

b 청소년 시기에 배우는 것이 더 좋다.

☒ 일생동안 배우며 심화해야 한다.

29 유럽 시민들을 위해 언급된 다언어성의 목표는

☒ 여전히 발전되어야 한다.

b 거의 도달했다.

c 유감스럽게도 불가능하다.

30 유럽연합은...

a 몇 가지 도움을 제공해야 한다.

b 교환학생 프로그램이나 언어 프로그램과 같은 것을 제공해야 한다.

☒ 이미 사용할 수 있는 몇 가지 프로그램을 제공하고 있다.

쓰기 유형 1 ● ● 권장 시간: 50분

"빈곤층과 부유층의 차이"라는 주제로 공개 토론(포럼) 기고문을 작성하세요.

- 빈곤층과 부유층의 차이에 대한 당신의 의견을 진술하세요.
- 빈곤층과 부유층의 차이가 왜 이렇게 심한지 이유를 설명하세요.
- 빈곤층과 부유층의 차이를 줄일 수 있는 방법을 제시하세요.
- 제시한 방법의 장점을 설명하세요.

서론과 결론에 대해 생각해 보세요. 성적에는 내용의논점이 얼마나 정확하게 서술되었고 텍스트가 얼마나 정확한지, 그리고 각각의 문장과 단락이 언어적으로 얼마나 적절히 연결되었는지 등이 평가됩니다.
최소한 150 단어를 적으세요.

예시 답안

Heutzutage scheint die Schere zwischen Armut und Reichtum immer größer zu werden. Meiner Meinung nach werden die reichen Menschen immer reicher und die armen Menschen immer ärmer. Außerdem scheint die Mittelschicht langsam zu verschwinden.

Das gravierende daran, dass die Schere zwischen Armen und Reichen immer größer wird ist, dass es die Ungleichheit in anderen Lebensbereichen fördert. Wer sich immerzu Gedanken darüber machen muss, wo die nächste Mahlzeit herkommen soll oder ob das Geld für die Miete reicht, damit man nicht obdachlos wird, kann sich keine Gedanken über andere Dinge, wie zum Beispiel Bildung, machen.

Dies wirkt sich häufig auch auf die nächste Generation, also die Kinder aus. Eine Möglichkeit, die Schere zwischen arm und reich zu schließen, wäre, die Steuern für reiche Menschen zu erhöhen und die zusätzlichen Steuereinnahmen dazu zu benutzen, die ärmsten Menschen zu unterstützen. Außerdem könnte man die Beiträge für Pflichtversicherungen von Geringverdienern noch weiter senken und ihnen die Sozialhilfe, unter bestimmten Voraussetzungen, nicht kürzen, wenn sie arbeiten. (161 Wörter)

🔍 해석

오늘날 빈곤층과 부유층의 격차가 계속 커지고 있는 것처럼 보입니다. 저는 부유한 사람들은 계속해서 부자가 되고 가난한 사람들은 계속해서 가난해지고 있다고 생각합니다. 그 밖에도 중산층은 서서히 사라지고 있는 것으로 보입니다.

심각한 것은 빈곤층과 부유층의 격차가 계속 커지고 있으며 삶의 다른 영역에서도 불평등을 조장한다는 것입니다. 다음 끼니는 어디서 해결해야 하는지 또는 집세 낼 돈이 충분하지 않아서 노숙자가 되지 않을지 등에 대해 생각해야 하는 누군가는 교육과 같은 다른 삶의 영역에 대해서는 생각할 수 없습니다.

이것은 다음 세대 즉, 아이들에게 자주 영향을 미칩니다. 빈곤층과 부유층의 격차를 해소하는 한 가지 방법은 부유한 사람들에게는 세금을 늘리고 그에 따른 징세분을 가장 가난한 사람들을 지원하는 데 사용하는 것입니다. 그밖에도 저소득자에 대한 의무 보험 기부금은 지속 절감하고 그들이 일한다면 특정한 전제 조건 아래 생활 보조금을 줄이지 않을 수도 있겠습니다.

어휘　scheinen [v.] ~인 듯하다 | die Schere [n.] 격차, 차이 | die Mittelschicht [n.] 중산층 | gravierend [p.a] 심각한, 중대한 | die Ungleichheit [n.] 불평등, 불일치 | der Lebensbereich [n.] 생활 영역 | fördern [v.] 후원하다, 지원하다, 장려하다 | immerzu [adv.] 계속해서 | sich über etw. Gedanken machen 심사숙고하다 | obdachlos [a.] 집 없는, 잠잘 곳이 없는 | die Bildung 형성, 교육 | wirken 행하다, 일으키다, 수행하다 | häufig [adv.] 빈번하게, 자주, 통례적으로 | sich auswirken auf ~에 영향을 미치다 | erhöhen [v.] 높게 하다, 높이다, 증가시키다 | die Steuereinnahme [n.] 징세 | unterstützen [v.] 지지하다, 후원하다 | pl. Beiträge [n.] 기부금, 기여, 기고 (der Beitrag) | die Pflichtversicherung [n.] 의무 보험 | der Geringverdiener [n.] 돈을 적게 버는 사람 | die Sozialhilfe [n.] 생활 보조금 | die Voraussetzung [n.] 전제 (조건), 가정, 추측 | kürzen [v.] (무엇을) 빼앗다, 감소시키다

쓰기 유형 2 ●● 권장 시간: 25분

당신은 지금 독일 종합병원에서 실습을 하고 있습니다. 당신은 요즘 주어진 일을 해낼 수 없을 만큼 할 일이 많습니다. 상사 Hartmann 씨에게 편지를 적으세요.

당신의 상황에 대한 이해를 부탁하세요.

어떤 일 때문인지 서술하세요.

앞으로의 며칠에 대해 제안하세요.

병원에서의 직업 상황에 대한 이해를 구하세요.

내용의 논점을 알맞은 순서로 준비하세요. 내용의 논점이 얼마나 정확하게 서술하였는지, 텍스트의 정확도 및 각각의 문장과 단락이 언어적으로 얼마나 적절히 연결되었는지가 평가됩니다. 마지막 부분에 호칭과 안부를 생각하세요. 최소 100 단어를 적으세요.

① 예시 답안

Sehr geehrter Herr Hartmann,

wie Sie vielleicht schon wissen, hat vor einigen Tagen das neue Semester an meiner Universität begonnen. Leider habe ich unterschätzt, wie viel Zeit meine Kurse dieses Semester in Anspruch nehmen. In den letzten Tagen habe ich gemerkt, dass ich meine Arbeiten im Krankenhaus und an der Universität nicht mehr schaffe und wollte Sie nun fragen, ob es möglich ist, dass meine Arbeitszeiten im Krankenhaus reduziert werden.

Mir ist bewusst, dass dies sehr kurzfristig ist und ich Sie und das Krankenhaus dadurch eventuell in eine prekäre Lage bringe, da das Krankenhaus derzeit zu wenige Mitarbeiter hat. Aber mir bleibt leider nichts anderes übrig, als entweder meine Arbeitszeiten zu reduzieren oder das Praktikum vorzeitig abzubrechen.

Mir macht die Arbeit bei Ihnen sehr viel Spaß, deswegen würde ich die Stelle nur sehr ungerne aufgeben.

Ich bitte vielmals um Entschuldigung für die Unannehmlichkeiten und hoffe, Sie können meine Situation verstehen.

Mit freundlichen Grüßen,
Manuela Gonzales (155 Wörter)

🔍 해석

존경하는 Hartmann 씨,

당신이 이미 아시는 것처럼, 며칠 전에 우리 대학의 새 학기가 시작되었습니다. 유감스럽게도 저는 이번 학기 수업에 얼마나 많은 시간이 필요한지를 과소평가했습니다. 지난 며칠 동안 저는 더 이상 병원에서의 일과 대학에서의 공부를 해낼 수 없다는 것을 인지하고 당신에게 병원에서의 저의 근무 시간을 줄여 주실 수 있는지 묻고 싶습니다.

저는 이것이 매우 갑작스럽고 요즘 병원에 너무나 적은 수의 직원이 있기 때문에 그것으로 인하여 당신과 병원이 동시에 곤란한 상황에 놓일 수 있음을 알고 있습니다. 하지만 유감스럽게도 저는 근무 시간을 줄이 거나 실습을 조기에 그만두는 것 말고는 다른 선택이 없습니다.

저는 당신과 함께 일하는 것이 매우 즐겁기 때문에 이 직장을 진심으로 그만두고 싶지 않습니다.

불편을 드려 진심으로 죄송하며 당신이 제 상황을 이해해 주시기를 부탁드립니다.

친절한 안부를 담아,
Manuela Gonzales

어휘 haben...unterschätzt [v.] 과소평가하다 (unterschätzen 현재완료) ┆ in Anspruch nehmen [v.] (시간 등을) 빼앗다, 요구하다 ┆ bewusst [a.] 알고 있는, 의식하는 ┆ kurzfristig [a.] 단기의, 뜻밖의, 갑작스런, 돌연한 ┆ in eine prekäre Lage 곤란한 상황 ┆ entweder...oder 둘 또는 그 이상의 것 중에서 하나를 택하다 ┆ vorzeitig [a.] 시기상조인, 예정보다 이른 ┆ abbrechen [v.] 중단하다, 꺾어 떼다 ┆ aufgeben [v.] 포기하다 ┆ die Unannehmlichkeit [n.] 불쾌한 일, 귀찮은 일

참가자 A

말하기 유형 1 •• 프레젠테이션 하기 두 명의 참가자 시간을 합쳐서: 약 8분

당신은 세미나에 참여하여 그곳에서 하나의 짧은 프레젠테이션을 해야 합니다. 하나의 주제를 선택하세요. (주제 1 또는 주제2) 당신의 파트너는 당신을 경청한 후 당신에게 질문을 합니다.

당신의 프레젠테이션을 서론과 본론 그리고 결론으로 구성하세요. 준비 시간 동안에 당신의 메모와 아이디어를 적어 두세요. 약 4분 정도 이야기하세요.

주제 1

> **기후 변화**
>
> - 다양한 원인을 설명하세요. (예시. 온실 가스)
> - 하나의 원인을 더 상세하게 설명하세요.
> - 장점과 단점을 언급하시고 이를 평가하세요.

예시 답안

Das Thema Klimawandel ist in unserer heutigen Zeit unumstritten zu einem der wichtigsten Themen in unserer Gesellschaft und in der Politik geworden. Insbesondere, weil es jährlich zu immer mehr Naturkatastrophen kommt, die ultimativ auf den Klimawandel zurückzuführen sind.

Der wohl schwerwiegendste Grund für den Klimawandel sind Treibhausgase, darunter CO_2, Methan und Distickstoffoxyd sowie fluorierte Gase. Das am häufigsten durch menschliche Tätigkeiten erzeugte Treibhausgas ist CO_2 und die CO_2-Konzentration in der Atmosphäre ist seit Beginn der Industrialisierung bis heute um 40% gestiegen.

Zu den Ursachen der steigenden Emissionen gehören Verbrennung von Kohle, Erdöl und Erdgas, welche zur Entstehung von CO_2 und Stickoxyden führen, sowie der Ausbau der Viehzucht, weil große Herden an Tieren bei ihrer Züchtung große Mengen an Methan durch Verdauung des Futters produzieren. Ein groß angeprangertes Problem stellt außerdem die Entwaldung, bei der es sich um die Abholzung von Wäldern handelt.

In der Natur tragen Bäume durch die Aufnahme von CO2 zur Klimaregulierung bei, doch durch die breitflächige Rodung geht diese positive Wirkung verloren und im Gegenteil dazu wird der in den Bäumen gespeicherte Kohlenstoff in die Atmosphäre freigesetzt.

Schlussendlich ist es meiner Meinung nach fair zu sagen, dass der Klimawandel aufgrund seiner zerstörerischen und vernichtenden Natur keine Vorteile mit sich bringt. Es ist notwendig, dass wir Menschen einen Weg finden, besser mit der Natur in der wir leben umzugehen, letztendlich auch, um unsere Zukunft zu sichern.

🔍 해석

기후 변화 문제는 오늘날 우리 사회와 정치에서 명백하게 가장 중요한 문제 중 하나가 되었습니다. 특별히, 궁극적으로 기후 변화에서 기인한 자연재해가 해마다 점점 더 많이 발생하기 때문에 그렇습니다.

기후 변화의 가장 심각한 원인은 이산화탄소, 메탄, 아산화질소 그리고 플루오린 가스 등에 해당하는 온실가스일 것입니다. 사람들의 활동으로 생성되는 가장 일반적인 온실가스는 이산화탄소이며, 대기 중 이산화탄소의 농도는 산업화가 시작된 이래로 오늘날까지 40%가 증가했습니다.

이산화탄소 및 질소 산화물의 생성으로 이어지는 석탄, 석유 및 천연가스의 연소가 배출량 증가의 원인이 됩니다. 축산업의 확대도 원인이 되는데, 그 이유는 가축의 무리는 사료를 소화할 때 다량의 메탄을 생성하기 때문입니다.

자연에서 나무는 이산화탄소를 흡수함으로써 기후 조절에 기여하지만, 이러한 긍정적인 효과가 광범위한 개간으로 인해 사라졌고 반대로 나무에 저장된 탄소는 대기 중으로 방출됩니다.

마지막으로, 저는 기후 변화는 파괴적인 특성과 파괴된 환경에 근거하기 때문에 어떠한 장점도 가지고 있지 못한 것이 옳다고 생각합니다. 우리 인간은 자연과 함께 우리의 삶에서 궁극적으로 미래를 보장 할 수 있는 방법을 찾는 것이 필요합니다.

어휘 der Klimawandel [n.] 기후 변화 ┊ unumstritten [a.] 명백한 ┊ die Naturkatastrophe [n.] 자연재해 ┊ ultimativ [a.] 최종적으로, 최후의 ┊ schwerwiegend [p.a.] 심각한, 중대한 ┊ pl. Treibhausgase [n.] 온실가스 (das Treibhausgas) ┊ CO2 [n.] 이산화탄소 ┊ das Methan [n.] 메탄 ┊ das Distickstoffoxyd [n.] 이산화질소 ┊ fluoriert [p.a] 불소 처리된 ┊ die Konzentration [n.] 농도 ┊ die Atmosphäre [n.] 대기 ┊ sein...gestiegen [v.] 증가했다 (steigen의 현재완료) ┊ die Emission [n.] 배출, 방출 ┊ die Verbrennung [n.] 연소 ┊ die Kohle [n.] 석탄 ┊ das Erdöl [n.] 석유 ┊ das Erdgas [n.] 천연가스 ┊ das Stickoxyd [n.] 질소 산화물 ┊ der Ausbau [n.] 확대, 확장 ┊ die Viehzucht [n.] 축산업 ┊ die Verdauung [n.] 소화 ┊ angeprangert [a.] 비난되는 ┊ die Entwaldung [n.] 삼림 벌채 ┊ die Aufnahme [n.] 흡수 ┊ die Klimaregulierung [n.] 기후 조절 ┊ breitflächig [a.] 광범위한 ┊ die Rodung [n.] 개간 ┊ werden...freigesetzt [v.] 방출되다 (freisetzen의 수동태)

주제 2

> **세계의 커피 문화**
>
> - 다양한 원인을 설명하세요. (예시: 커피숍)
>
> - 하나의 원인을 더 상세하게 설명하세요.
>
> - 장점과 단점을 언급하시고 이를 평가하세요.

💬 예시 답안

Kaffee ist ein beliebtes Getränk, das überall auf der Welt genossen wird. Dabei hat jede Kultur seine eigene Art, wie sie den Kaffee am liebsten genießen. Während die Leute in Deutschland im Allgemeinen 4 Uhr nachmittags als Kaffeezeit bezeichnen, gibt es so eine festgelegte Zeit in Korea nicht.

Natürlich wird auch in Deutschland Kaffee zu jeder Tageszeit zum Beispiel auch am Morgen zum Frühstück getrunken. Doch besonders nachmittags um 4 Uhr, vor allem am Wochenende, ist es üblich, dass sich die Familie zu Kaffee und Kuchen versammelt. Bei diesem netten Zusammenkommen der Familie wird sich unterhalten und zusammen Kaffee und Kuchen genossen.

In Korea hingegen sind Coffee Shops sehr beliebt und man kann sie an so gut wie jeder Straßenecke finden. Man trifft sich gerne in Coffee Shops mit Freunden und tauscht sich aus. Während in Deutschland der Kaffee meist warm getrunken wird, mögen Koreaner es, Kaffee in verschiedenen kalten Arten zu trinken, zu jeder Jahreszeit.

Man kann also sagen, dass in beiden Ländern, der Akt des Kaffeetrinkens gerne als eine gesellige Beschäftigung genutzt wird. Dies würde ich als einen Vorteil bezeichnen.

Die vielen Coffee Shops in Korea produzieren jedoch auch vermehrt Müll. Besonders, da viele Leute immer beschäftigt sind, mögen sie es, einen Kaffee to-go zu bestellen. Ein Nachteil der Kaffeekultur in Korea ist es daher, dass die vielen to-go Becher schlussendlich als Müll enden, der schwer zu recyclen ist.

해석

커피는 전 세계 어디에서나 즐기게 된 인기 있는 음료입니다. 각각의 문화마다 그들만의 커피를 가장 즐겨 마시는 자신의 방법이 있습니다. 독일 사람들은 일반적으로 오후 4시를 커피 타임이라고 부릅니다만, 한국에는 딱히 정해진 시간은 없습니다.

물론 독일에서도 커피는 하루 중 어느 시각에라도, 예를 들어 아침에 식사할 때에도 마십니다. 그러나 특히 오후 4시, 무엇보다 주말에는 가족이 커피와 케이크를 위해 모이는 것이 일반적입니다. 이 편안한 가족 모임에서 대화를 나누고 커피와 케이크를 함께 즐길 것입니다.

반면 한국에서는 커피숍이 매우 인기가 많고 거의 모든 길모퉁이에서 잘 찾을 수 있습니다. 사람들은 커피숍에서 친구들을 만나는 것을 즐기며 의견을 교환합니다. 독일에서는 대부분 따뜻한 커피를 마시는 반면에, 한국인들은 계절에 따라 다양한 차가운 종류의 커피를 마시는 것을 좋아합니다.

따라서 커피를 마시는 행위는 두 나라에서 사회 활동으로 사용된다고 말할 수 있습니다. 저는 이것을 하나의 장점으로 봅니다.

그러나 한국의 많은 커피숍은 더 많은 쓰레기를 만들어내고 있습니다. 특히 많은 사람이 항상 바쁘기 때문에 테이크아웃으로 커피를 주문하는 것을 좋아합니다. 한국의 커피 문화의 단점은 많은 일회용 컵이 결국 재활용하기 어려운 쓰레기가 된다는 것입니다.

어휘 werden...genossen [v.] 즐기게 되다 ㅣ eigen [a.] 자신의 ㅣ festgelegt [p.a.] 정해진 ㅣ werden...getrunken [v.] 마시게 되다 (trinken의 수동태) ㅣ üblich [a.] 일반적, 보통의 ㅣ versammeln [v.] 모이다 ㅣ hingegen [adv.] 반면, 이와 반대로 ㅣ sich austauschen [v.] 교환하다 ㅣ der Akt [n.] 행위, 동작 ㅣ die Beschäftigung [n.] 활동, 일 ㅣ bezeichnen [v.] ~로 보이다 ㅣ beschäftigt [p.a.] 바쁜 ㅣ recyclen [v.] 재활용하다

말하기 유형 2 •• **토론하기** 두 명의 참가자 시간을 합쳐서: 약 5분 〔MP3 02_06〕

당신은 토론 클럽의 참가자이며 최근 시사 질문에 대한 토론을 합니다.

국가의 연금 제도가 폐지되어야 합니까?

- 당신의 관점과 논쟁들을 주고받으세요. (교환하세요.)

- 당신의 파트너의 논쟁에 적절한 반응을 하세요.

- 마지막에 요약하세요: 당신은 동의하십니까 아니면 반대하십니까?

이 주요 사항들을 사용하면 도움이 됩니다.

대안이 있습니까?
노년에 일을 합니까?
황혼을(노년을) 즐기고 있습니까?
노년 빈곤(가난)?

…

예시 답안

A Ich bin der Meinung, dass die staatliche Rente auf keinen Fall abgeschafft werden sollte. Menschen arbeiten ein Leben lang, um sich ein sorgenfreies Leben so gut es geht ermöglichen zu können. Viele Leute entwickeln sogar Krankheiten aufgrund ihrer Tätigkeiten. Der Ausdruck „sich zu Tode arbeiten" wird leider immer öfter zur Realität. Ich finde, dass die staatliche Rente notwendig ist, um den Menschen, die ihr Leben lang für die Gesellschaft hart arbeiten, Danke zu sagen. Mit der Rente, die oft schon einfach viel zu niedrig für einen angemessenen Lebensstandard ist, bedankt sich der Staat in gewisser Weise bei den Arbeitern.

B Ich denke auch, dass die staatliche Rente dringend notwendig ist und es darum gar keine Diskussion geben dürfte. In der Tat sollten wir lieber diskutieren, ob die staatliche Rente nicht erhöht werden müsste. Sogar mit dem laufenden System der staatlichen Rente finden sich immer mehr Rentner in der Altersarmut wieder. Obwohl sie die staatliche Rente erhalten, können sie sich kaum die lebenswichtigen Grundlagen, wie ein Dach über dem Kopf und Lebensmittel für drei Mahlzeiten am Tag, leisten. Schon jetzt wird das Thema Altersarmut als ein Problem bezeichnet. Sollte die staatliche Rente nun vollkommen abgeschafft werden, so müsste im Gegenzug definitiv auch eine Alternative geschaffen werden.

A Das stimmt. Nur wenn man sich einmal darüber Gedanken macht, wie eine solche Alternative aussehen sollte, so fällt mir leider nichts anderes ein, als auch im Alter arbeiten zu müssen. Dies ist jedoch gleich aus mehreren Gründen problematisch. Zuerst finde ich es unmenschlich, jemanden, der bereits über vierzig Jahre lang sein Leben nach der Arbeit ausgerichtet hat, nun auch noch im Alter quasi dazu zu zwingen zu arbeiten. In vielen Fällen wird es den Leuten wahrscheinlich aus gesundheitlichen Gründen auch gar nicht mehr möglich sein, den zuvor ausgeübten Beruf weiterhin auszuführen. Es müssten also mehr oder weniger Jobs für Alte geschaffen werden, die auf die körperlichen Fähigkeiten alter Menschen ausgelegt sind.

B Das ist ein guter Punkt. Wir klagen bereits über eine hohe Arbeitslosenquote. Anstatt alte Menschen, die viel Arbeit wahrscheinlich gesundheitlich gar nicht mehr oder nur schwer verrichten können, auf den Arbeitsmarkt zu bringen, sollten doch lieber alle Jobs an Menschen im Arbeitsalter vergeben werden. Ich denke, dass es moralisch nicht vertretbar wäre, Leute, die sich die Rente verdient haben, nun auch im Alter zum Arbeiten zu zwingen.Wenn sich jemand auch in der Rente einen kleinen Job zum Nebenverdienst suchen möchte, weil er sich sonst nutzlos oder gelangweilt fühlt, so sollte dies eine freie Entscheidung des Einzelnen sein. Niemand sollte sich jedoch dazu gezwungen sehen, da er sonst nicht genug Geld zum Überleben hat. Oft nutzen wir den Begriff „den Lebensabend genießen" und ich bin der Meinung, dass jeder Mensch das Recht darauf haben sollte, einen Teil seines

Lebens nach Wunsch zu genießen. Geht man in Rente, so hat man seinen Dienst für die Gesellschaft getan und eben diese Gesellschaft sollte es einem nun erlauben, sein Leben frei zu gestalten. Dazu ist die staatliche Rente notwendig.

A Da gebe ich Ihnen Recht. Es gibt einfach keine umsetzbaren Alternativen. Arbeiten im Alter ist genauso wenig eine vertretbare Alternative wie die Finanzierung durch jüngere Mitglieder der Familie. Daher bleibe ich auch weiterhin der Meinung, dass die staatliche Rente auf keinen Fall abgeschafft werden darf.

B Ich denke ebenso, dass die staatliche Rente auf jeden Fall aufrechterhalten werden sollte und wie zuvor schon erwähnt, eher über eine Verbesserung dieses Systems als über eine Abschaffung diskutiert werden sollte. Eine Abschaffung kann erst dann in Erwägung gezogen werden, wenn gut durchdachte und moralisch vertretbare Alternativen gefunden und als ausreichend befunden werden.

해석

A 저는 국가의 연금 제도는 어떠한 경우라도 폐지되어서는 안 된다고 생각합니다. 사람들은 사는 동안 근심 없이 잘 살기 위해 일을 합니다. 많은 사람들이 자신들의 활동 때문에 병에 걸리기도 합니다. "죽도록 일한다"는 표현은 유감스럽게도 더욱 현실에 가까워지고 있습니다. 저는 평생 사회를 위해 열심히 일한 사람들에게 고마움을 전하기 위해 국가의 연금 제도가 필요하다고 생각합니다. 말하자면 국가가 노동자에게 감사를 전한다고 하기에는 적절한 생활 수준을 위해서는 연금이 너무 적습니다.

B 저도 국가의 연금은 반드시 필요하고 그것에 대하여는 전혀 논의 할 필요가 없다고 생각합니다. 사실 우리는 오히려 국가의 연금이 인상되어야 하지 않은지에 대하여 논의해야 합니다. 게다가 현재 실행되고 있는 국가 연금 제도의 시스템에서는 점점 더 많은 노년 빈곤 상태의 퇴직자가 발생하고 있기 때문입니다. 그들은 국가에서 연금을 받고 있는데도 불구하고, 집이 없어 노숙하거나 하루 세끼 먹을 식료품과 같은 생활에 중요한 기초적인 것조차 감당할 수 없습니다. 지금 이미 노년 빈곤에 대한 주제가 문제로 여겨지고 있습니다. 이제 국가 연금 제도가 완전히 폐지된다면, 분명히 그에 상응하는 대안도 만들어져야만 합니다.

A 맞습니다. 이러한 대안을 어떻게 보아야 할지, 한 번만이라도 그것에 대하여 생각을 해 본다면, 유감스럽게도 저는 노년기에도 일을 해야만 한다는 것 외에는 다른 것이 전혀 떠오르지 않습니다. 그러나 이것은 여러 가지 이유로 문제가 됩니다. 우선 저는 자신의 삶에서 40년이 넘는 기간 동안 일을 한 사람에게 이제 노년기에 다시 일하도록 강요하는 것은 말하자면 비인간적이라고 생각합니다. 많은 경우에 사람들은 아마 건강상의 이유로도 더 이상 이전에 수행했던 직업을 계속 이행하는 것은 전혀 불가능할 것입니다. 따라서 노인의 신체 능력을 고안한 노인을 위한 다소의 일자리가 창출되어야 합니다.

B 그것은 좋은 관점입니다. 우리는 이미 높은 실업률에 대해 불평하고 있습니다. 많은 일을 건강 문제로 거의 할 수 없거나 일하기 어려운 노인들을 노동 시장으로 데려오는 대신에, 직업은 오히려 일할 수 있는 연령대의 사람들에게 주어져야 합니다. 저는 연금을 받는 사람들을 노년기에 일하도록 강요하는 것은 도덕적으로 받아들일 수 없다고 생각합니다. 연금 생활을 하는 누군가가 스스로가 쓸모없다고 느끼거나, 지루하다고 느끼기 때문에 추가 소득을 위한 작은 일자리를 찾고자 하는 경우에 이는 개인의 자유로운 결정이어야 합니다. 그러나 누구도 그것에 대하여 강요받지 않아야 합니다. 왜냐하면 그렇지 않다면 그가 생존을 위한 충분한 돈을 가지고 있지 않다는 것이기 때문입니다. 우리는 종종 "노후를 즐기십시오."라는 용어를 사용합니다.

그리고 저는 모든 사람은 자신이 원하는 대로 인생의 일부를 즐길 권리가 있어야 한다고 생각합니다. 연금생활자가 된다는 것은, 이렇게 사회를 위해 자신의 일을 했으며 이제는 이 사회가 그들이 자유롭게 자신의 삶을 실현 할 수 있도록 허락해야 합니다. 이를 위해서 국가의 연금 제도는 필요합니다.

A 저는 당신의 말에 대해 동의합니다. 실행이 가능한 대안은 쉽게 말해 없습니다. 노년층에서 일하는 것은 가족의 젊은 구성원들로부터 자금을 지원받는 것과 같이 별로 실용적인 대안이 아닙니다. 그러므로 저는 변함없이 국가의 연금 제도가 어떤 경우라도 폐지되어서는 안 된다고 생각합니다.

B 저 또한 국가의 연금은 무조건 유지되어야 하며 앞에 이미 언급한 바와 같이, 제도의 폐지보다는 시스템의 개선에 관하여 토론되어야 한다고 생각합니다. 폐지는 먼저 도덕적으로 대체할 수 있는 대안이 발견되고 충분하다고 판단될 경우에야 비로소 고려해 볼 수 있습니다.

어휘 staatlich [a.] 국가의 | die Rente [n.] 연금 제도 | werden...abgeschafft [v.] 폐지되다 (abschaffen의 수동태) | sorgenfreie [a.] 근심 없이 | ermöglichen [v.] 가능하게 하다 | der Ausdruck [n.] 표현 | die Realität [n.] 현실 | angemessen [a.] 적절한 | der Lebensstandard [n.] 생활 수준 | dringend [a.] 시급히 | die Altersarmut [n.] 노년 빈곤 상태 | lebenswichtig [a.] 생활에 중요한 | die Grundlage [n.] 기초 | definitiv [a.] 결정적인 | die Alternative [n.] 대안 | haben...ausgerichtet [v.] 이행했다 (ausrichten의 현재완료) | quasi [adv.] 말하자면 | ausgeübt [p.a.] 수행했던 | ausführen [v.] 이행하다 | die Arbeitslosenquote [n.] 실업률 | vergeben [v.] 주다 | vertretbar [a.] 받아들일 수 있는 | der Nebenverdienst [n.] 추가 소득 | gelangweilt [p.a.] 지루한 | der Lebensabend [n.] 황혼, 만년 | die Finanzierung [n.] 자금 지원 | aufrechterhalten [v.] 유지하다 | die Abschaffung [n.] 폐지 | werden...befunden [v.] ~라고 생각되다. 상태에 있다 (befinden의 수동태)

참가자 B

MP3 02_07

말하기 유형 1 ●● 프레젠테이션 하기 두 명의 참가자 시간을 합쳐서: 약 8분

당신은 세미나에 참여하여 그곳에서 하나의 짧은 프레젠테이션을 해야 합니다. 하나의 주제를 선택하세요. (주제 1 또는 주제2) 당신의 파트너는 당신을 경청한 후 당신에게 질문합니다.

당신의 프레젠테이션을 서론과 본론 그리고 결론으로 구성하세요. 준비 시간 동안에 당신의 메모와 아이디어를 적어 두세요. 약 4분 정도 이야기하세요.

주제 1

> **스트레스를 받는 아이들**
>
> - 다양한 원인을 설명하세요. (예시: 학교 스트레스).
> - 하나의 원인을 더 상세하게 설명하세요.
> - 장점과 단점을 언급하시고 이를 평가하세요.

💬 예시 답안

Heutzutage ist niemand mehr frei von Stress. Auch Kinder fühlen sich immer früher gestresst. Sowohl die Schule als auch die Familie und Erwartungen sorgen dafür, dass Kinder schon von einem jungen Alter an mit Stress konfrontiert werden. Besonders Schulreformen scheinen immer mehr von den Kindern abzuverlangen. Die Verkürzung der Schulzeit zum Beispiel sorgt dafür, dass sich die Kinder ultimativ den gleichen Lehrstoff in kürzerer Zeit aneignen müssen.

Der Druck, der dadurch auf den Schülern lastet, ist enorm. Außerdem müssen sich die Kinder auch vermehrt in ihrer Freizeit mit den Thematiken aus dem Unterricht beschäftigen. Sie haben weniger Zeit zum Spielen, um sich mit Freunden zu treffen oder ihre Hobbys zu genießen. Neben den Hausaufgaben, müssen auch immer mehr Kinder Nachhilfe nehmen, um den Anforderungen der Schule gerecht werden zu können. Hinzu kommt, dass es immer schwieriger wird, einen gut bezahlten Job zu bekommen.

Viele Eltern wollen daher, dass ihre Kinder die bestmögliche Ausbildung genießen und wollen daher, dass ihre Nachkommen das Gymnasium mit guten Noten schaffen, um dann ein gutes Studium ablegen zu können. Damit finden sich die Kinder schon im jungen Alter als Subjekt der vielschichtigen Anforderungen und Erwartungen der Eltern und der Gesellschaft wieder.

Man könnte jedoch auch anmerken, dass ein wenig Stress vielleicht sogar gut für die Kinder sein könnte, da sie lernen, mit Stress umzugehen und sich ihre Zeit besser einzuteilen.

해석

오늘날 스트레스가 없는 사람은 더 이상 없습니다. 아이들도 점점 더 일찍 스트레스를 느낍니다. 학교에서 뿐만 아니라 가정과 기대치도 아이들을 이미 어린 나이부터 스트레스에 직면하게 합니다. 특히 학교의 (교육) 개편은 항상 아이들로부터 더 많은 것은 요구하는 것으로 보입니다. 학교 시간의 단축을 예로 들면, 아이들은 최종적으로 같은 학습 자료를 짧은 시간 안에 습득해야만 합니다.

그것으로 인해 학생들을 짓누르는 압박이 매우 커집니다. 그밖에도 아이들은 여가시간에 수업에 대한 주제로 더 많은 시간을 보내야 합니다. 그들은 친구들과 만나서 놀 수 있는 시간이나 그들의 취미를 즐길 수 있는 시간이 적어집니다. 숙제와 함께 더 많은 아이들이 학교의 요구를 충족할 수 있도록 과외를 받습니다. 그것에 추가적으로 보수가 좋은 직업을 얻는 것은 점점 더 어려워지고 있습니다.

그렇기 때문에 많은 부모들은 그들의 자녀들이 가능한 최고의 교육을 받기를 원하고 그들의 후손들이 좋은 성적으로 김나지움을 마치고 그 다음 좋은 학위를 이수할 수 있기를 원합니다. 결과적으로 아이들은 어린 나이에 이미 자신이 부모와 사회의 복잡한 요구와 기대의 대상임을 깨닫습니다.

하지만 아이들이 스트레스에 대처하고 자신들의 시간을 더 잘 관리하는 법을 배우기 때문에 약간의 스트레스는 아이들에게 도움이 될 수도 있다는 점도 주목할 수 있을 것입니다.

어휘　**werden...konfrontiert** [v.] 직면하게 되다 (konfrontieren의 수동태) | **pl. Schulreformen** [n.] 학교 개혁, 학교 혁신 (die Schulreform) | **abverlangen** [v.] 요구하다 | **ultimativ** [adv.] 최종적으로 | **aneignen** [v.] 습득하다 | **der Druck** [n.] 압박 | **lasten** [v.] 짓누르다 | **enorm** [a.] 매우 큰 | **die Nachhilfe** [n.] 과외 | **pl. Nachkommen** [n.] 후손들 (der Nachkomme) | **ablegen** [v.] 마치다 | **sich finden** [v.] (자신이 ~임을) 깨닫다 | **vielschichtig** [a.] 복잡한 | **pl. Anforderungen** [n.] 요구들 (die Anforderung) | **umgehen** [v.] 다루다 | **einteilen** [v.] 분배하다

주제 2

> **성매매 법률**
>
> - 다양한 원인을 설명하세요. (예시: 금지)
>
> - 하나의 원인을 더 상세하게 설명하세요.
>
> - 장점과 단점을 언급하시고 이를 평가하세요.

---

① 예시 답안

Der Begriff Prostitution allein ruft in der Regel Entsetzen hervor. Dennoch handelt es sich hierbei um einen Job wie jeden anderen. Menschen, die sich aus eigenem freiem Willen in die Prostitution begeben, sollten genauso gesetzlichen Schutz genießen dürfen, wie der Arbeiter an seinem Schreibtisch oder auf der Baustelle.

Eine Möglichkeit, Prostitution zu regeln, wäre ein grundsätzliches Verbot. Realistisch umsetzbarer ist jedoch eine gesetzliche Regelung. Allen Arbeitern in der Branche der Prostitution sollte es möglich sein, sich regulär gesetzlich sozialversichern zu lassen. Gesetzliche Regelungen sollten weiterhin die Arbeiter vor der Zwangsprostitution schützen und ein öffentlicher Diskurs kann dabei helfen, das Tabuthema zu normalisieren.

Zu den Vorteilen eines klaren Prostitutionsgesetzes gehört also der Schutz der in der Branche tätigen Arbeiter. Diese könnten zum einen damit vom Gesetz geschützt werden und die Gefährlichkeit der Branche könnte besser kontrolliert und letztendlich eingeschränkt werden.

Zum Beispiel wäre es einfacher, den Arbeitern mit Beratung im gesundheitlichen Bereich zur Seite zu stehen. Gleichzeitig ist es jedoch ein klarer Nachteil, dass die Leute, welche in der Branche der Prostitution tätig sind, sich freiwillig anmelden müssten, um den Schutz durch ein Prostitutionsgesetz zu genießen.

Hier spielt jedoch erneut das Stigma um diese Arbeit eine große Rolle. Viele Arbeiter sind wahrscheinlich zu beschämt um sich dem offiziellen Titel der oder des Prostituierten zu unterlegen, aus dem einfachen Grund, dass unsere Gesellschaft einen breiten Katalog an Vorurteilen dieser Tätigkeit hat. Dennoch halte ich es für wichtig, dass wir uns diesem Thema ernsthaft annehmen, da alle Arbeiter jeglicher Art den Schutz des Gesetzes genießen dürfen sollten.

해석

성매매라는 개념은 보통 단독적인 언급만으로 놀라게 됩니다. 하지만 여기에서 이것은 모든 다른 직업과 같습니다.

자신의 자유의지로 성매매에 종사하는 사람은 자신의 책상이나 건설 현장에서 일하는 사람과 같이 법적 보호를 받아야 합니다.

성매매를 규제하는 한 가지 방법은 (성매매 자체를) 원칙적으로 금지하는 것입니다. 그러나 현실적으로 더 변화시킬 수 있는 것은 법적 규제입니다. 성매매 분야에서 일하는 모든 사람들은 정기적으로 법적 사회보험에 따른 보장을 받을 수 있어야 합니다. 법적인 규제는 위협적인 장소에서 일하는 사람들을 계속 보호해야 하며 공개적인 담론은 금기 사항을 정상화하는 데 도움이 될 수 있습니다.

정확한 성매매 법의 장점 중 하나는 이 분야에서 일하는 근로자의 보호입니다. 한편으로, 이것은 법으로 보호될 수 있고 이 분야의 위험은 더 잘 통제되고 궁극적으로 제한될 수 있습니다.

예를 들면 그 일을 하는 사람들에게 건강에 대한 조언을 하는 것이 한편으로는 더 쉬울 것입니다. 하지만 동시에 성매매 분야에서 일하는 사람들은 성매매 법에 따라 보호를 누리기 위해 자발적으로 등록해야 한다는 것은 명백한 단점입니다.

그러나 여기에서 다시 직업을 둘러싼 낙인이 중요한 역할을 합니다. 우리 사회가 이 일에 대한 광범위한 편견을 가지고 있다는 단순한 이유 때문에 많은 노동자들이 아마도 성매매를 공식적인 타이틀로 붙이기엔 매우 부끄러울 것입니다. 그럼에도 불구하고 저는 모든 종류의 모든 노동자들이 법의 보호를 누릴 수 있어야 하므로 이 문제를 진지하게 받아들이는 것이 중요하다고 생각합니다.

어휘　der Begriff [n.] 개념 ㅣ die Prostitution [n.] 성매매 ㅣ das Entsetzen [n.] 놀람, 경악 ㅣ sich handeln [v.] ~문제이다, 중요하다 ㅣ sich begeben [v.] 어떤 장소로 가다 ㅣ gesetzlich [a.] 법적인 ㅣ der Schutz [n.] 보호 ㅣ regeln [v.] 규제하다 ㅣ grundsätzlich [a.] 원칙적인 ㅣ umsetzbar [a.] 변화시킬 수 있는 ㅣ sozialversichern [v.] 사회보험에 따른 보장을 해주다 ㅣ die Zwangsprostitution [n.] 위협적인 장소 ㅣ das Tabuthema [n.] 금기 사항 ㅣ normalisieren [v.] 정상화하다 ㅣ werden...geschützt [v.] 보호되다 (schützen의 수동태) ㅣ die Branche [n.] 분야 ㅣ werden...eingeschränkt [v.] 제한되다 (einschränken의 수동태) ㅣ erneut [p.a.] 새롭게 ㅣ das Stigma [n.] 낙인 ㅣ unterlegen [v.] 붙이다 ㅣ ernsthaft [a.] 진지하게 ㅣ annehmen [v.] 받아들이다

말하기 유형 2 •• 토론하기 양쪽 참가자 시간을 합쳐서: 약 5분

당신은 토론 클럽의 참가자이며 최근 시사 질문에 대한 토론을 합니다.

국가의 연금 제도가 폐지되어야 합니까?

- 당신의 관점과 논쟁들을 주고받으세요. (교환하세요.)

- 당신의 파트너의 논쟁에 적절한 반응을 하세요.

- 마지막에 요약하세요: 당신은 동의하십니까 아니면 반대하십니까?

이 주요 사항들을 사용하면 도움이 됩니다.

대안이 있습니까?
노년에 일을 합니까?
황혼을(노년을) 즐기고 있습니까?
노년 빈곤(가난)?
...

제3회

실전모의고사
정답 및 해설

B2

읽기 유형 1 ●●●●● 권장 시간: 18분

당신은 포럼에서 사람들이 음악의 힘에 대하여 어떻게 생각하는지 읽습니다. 네 사람 중 어느 사람이 각 진술에 대하여 이야기하였습니까? 사람은 여러 번 선택할 수 있습니다.

예제		
0	음악 없이 사는 것은 상상할 수 없다.	정답: a

1	음악은 건강하게 지내기 위해 유익할 수 있다.	d
2	인간이 말을 하기 전부터 음악이 존재했다.	a
3	음악으로 사람들은 거 잘 기억할 수 있다.	d
4	맥박은 음악에 영향을 받을 수 있다.	c
5	마케팅에 음악이 주로 사용된다.	d
6	음악은 육체적인 고통을 견딜 수 있게 해준다.	b
7	음악은 일부의 의학적 특성을 간접적으로 제어한다.	c
8	음악의 기원에 대한 여러 가지 이론이 있다.	a
9	음악은 우리 삶에 중요한 역할을 한다.	a

A Kerstin

Ich kann mir eine Welt ohne Musik nicht vorstellen und ich glaube, dass niemand das will, weil die Musik ein wichtiger Teil unserer Kultur ist. Wir hören Musik auf Partys und im Radio, gehen hin und wieder zu Konzerten und manche von uns spielen vielleicht sogar ein Instrument.

Menschen verfügen über die Fähigkeit, Töne zu erzeugen und zu erkennen. Viele Wissenschaftler gehen davon aus, dass dem Menschen diese Fähigkeit angeboren ist und Musik noch vor der Sprache entstanden ist. Sie glauben, dass Musik sozusagen die Mutter der Sprache sei. Es gibt natürlich auch die Vermutung, dass sich Musik und Sprache parallel entwickelt haben.

Wissenschaftler sind sich heute sicher, dass Musik und Sprache in unterschiedlichen Regionen unseres Gehirns verarbeitet werden.

 해석

저는 음악이 없는 세상은 상상할 수가 없습니다. 그리고 그 누구도 그런 세상을 원치 않을 것이라고 생각합니다. 음악은 우리 문화의 중요한 부분이기 때문이죠. 우리는 파티장에서도 라디오에서도 음악을 듣고, 가끔 콘서트도 가며 우리 가운데 몇몇 사람들은 악기를 연주하기도 합니다.

인간은 소리를 만들고 또 인식할 수 있는 능력을 갖추고 있습니다. 많은 과학자는 인간이 이 능력을 타고났으며 음악이 언어보다 먼저 생겨난 것으로 추정하고 있습니다. 그들은 음악이 소위 언어의 어머니라고 여깁니다. 물론 음악과 언어가 동시에 발전했다고 보는 가정도 있습니다. 오늘날 과학자들은 음악과 언어가 우리 두뇌의 여러 다른 영역에서 처리되고 있다고 확신합니다.

어휘　erzeugen [v.] 만들다 ｜ angeboren [a.] 타고난, 선천적인 ｜ sozusagen [adv.] 소위, 말하자면 ｜ die Vermutung [n.] 가정

B Dieter

Wenn man bewusst Musik hört, ist man von Schmerzen abgelenkt. Das heißt, Musik kann die empfundenen Schmerzen von Patienten vermindern, da der Schmerz-Stress-Kreislauf unterbrochen wird. Diese schmerzlindernde Wirkung wurde bei älteren Menschen mit chronischen Gelenkschmerzen eindeutig nachgewiesen. Auch bei Hirnschäden kann Musik die Therapie für Bewegungs- und Sprachstörungen unterstützen. Zum Beispiel können manche Patienten, die Gedächtnisprobleme haben, wieder sprechen lernen. Dazu wählen die Patienten Lieder oder Melodien, die sie schon aus ihrer Jugend kennen und reaktivieren so ihre alten Erinnerungen und Gefühle.

🔍 해석

의식적으로 음악을 들으면, 고통에서 벗어나게 됩니다. 이는 음악이 환자에게서 느껴지는 고통을 줄여줄 수 있다는 말입니다. 통증–스트레스의 순환이 중단되기 때문입니다. 이 통증 완화 효과는 만성 관절 통증이 있는 노인들에게서 명확하게 입증이 되었습니다. 또한 뇌 손상에도 음악이 운동 및 언어장애 치료에 도움을 줄 수 있습니다. 예를 들어 기억력에 문제가 있는 여러 환자는 다시 말하는 법을 배울 수 있습니다. 그래서 젊은 시절에 이미 알고 있었던 노래나 멜로디를 선택해서 그들의 옛 기억과 감정을 다시금 되살립니다.

어휘 abgelenkt [p.a.] 벗어나게 하는 | empfunden [p.a.] 느껴지는 | vermindern [v.] 줄이다, 감소시키다 | schmerzlindernd [p.a.] 통증 완화의 | chronisch [a.] 만성의 | der Gelenkschmerzen [n.] 관절 통증 | eindeutig [a.] 명확한 | pl. Gedächtnisprobleme [n.] 기억력 문제 (das Gedächtnisproblem)

C Theresa

Musik nehmen wir meistens passiv wahr. Doch obwohl man oft gar nicht auf sie achtet, reagiert unser Körper darauf. Mit Musik vertreibt man sich nicht nur die Zeit und baut Stress ab, Musik kann noch viel mehr. Sie kann unser Befinden enorm verändern, da sie auf unseren Körper, zum Beispiel auf die Herzfrequenz, wirkt. Dadurch wird letztlich der Blutdruck von Musik beeinflusst und folglich auch die Gehirnaktivität. Auch Atmung, Stoffwechsel, Schmerzempfinden und Sauerstoffverbrauch reagieren auf musikalische Reize. Deswegen nutzt die moderne Medizin schon seit langem die Kraft der Musik auf vielfältige Weise. So konnte Musiktherapie in der Vergangenheit bereits in zahlreichen Fällen erfolgreich eingesetzt werden und vielen Patienten zur Besserung verhelfen.

🔍 **해석**

우리는 대부분 음악을 수동적으로 인지합니다. 그러나 음악에 전혀 귀 기울이지 않더라도, 우리 몸은 음악에 반응합니다. 사람들은 음악과 함께 시간을 보낼 뿐만 아니라 스트레스를 줄여 주기도 하고, 음악은 그 이상의 것들도 해낼 수 있습니다. 예를 들어 음악이 맥박수에 영향을 줄 수 있는 것처럼 우리 몸에 영향을 주기 때문에 우리의 건강 상태를 크게 바꿔 놓을 수도 있습니다. 이를 통해 결과적으로 음악은 혈압에 영향을 주고, 이에 따라 두뇌 활동에도 영향을 미치게 됩니다. 호흡과 신진대사, 통증 감각 그리고 산소 소비도 음악적 자극에 반응합니다. 그래서 현대 의학은 이미 오래전부터 음악의 힘을 다방면으로 사용하고 있습니다. 그래서 음악 요법은 과거에도 이미 수많은 사례에서 성공적으로 적용될 수 있었고 많은 환자의 회복에 도움을 주었습니다.

어휘 enorm [a.] 크게, 막대한 ǀ die Herzfrequenz [n.] 맥박수 ǀ vielfältig [a.] 다양한 ǀ der Blutdruck [n.] 혈압 ǀ die Gehirnaktivität [n.] 두뇌 활동 ǀ der Stoffwechsel [n.] 신진대사 ǀ das Schmerzempfinden [n.] 통증 감각 ǀ der Sauerstoffverbrauch [n.] 산소 소비, 산소 소모 ǀ reagieren [v.] 반응하다 ǀ pl. Reize [n.] 자극 (der Reiz)

D Edward

Musik beeinflusst auch die Konzentration und den Lernerfolg positiv. Firmen nutzen die Möglichkeiten der Musik für ihre Werbung, um ihre Botschaften besser in den Köpfen der Konsumenten zu verankern. Sicher können auch Sie genau wie ich ein Dutzend Werbe-Jingles mitsingen und das ist kein Zufall.

Auch können theoretisch bestimmte Lerninhalte mit Musik besser behalten werden. Das gilt besonders für Lernstoff, der reproduziert werden soll. Falls man z.B. Vokabeln auswendig lernen muss, ist es durchaus sinnvoll, sie im Takt eines bestimmten Lieds mehrfach zu wiederholen. Der Rhythmus der Musik wird mental mit den Vokabeln verbunden und der Lerneffekt so häufig vergrößert. Probieren Sie das doch einfach einmal aus, wenn Sie das nächste Mal etwas im Gedächtnis behalten müssen. Ich weiß nicht genau, wie wichtig Musik in ihrem Leben ist, aber Musik kann eine beruhigende und gesundheitsfördernde Rolle spielen.

해석

음악은 집중과 학업 성취에도 긍정적인 영향을 미칩니다. 기업은 광고를 위해 음악의 가능성을 사용하여 광고 메시지가 소비자들의 머릿속에 더 잘 자리 잡을 수 있도록 합니다. 물론 여러분도 저와 마찬가지로 수십 개의 광고 음악을 함께 부를 수 있을 겁니다. 그리고 이것은 우연이 아닙니다.

이론적으로 특정 학습 내용은 음악으로 더 잘 기억될 수도 있습니다. 이 점은 특히나 반복적으로 해야 하는 학습 내용에 유효합니다. 예를 들어 단어들을 암기해야만 하는 경우, 특정 노래에 맞추어 여러 번 반복하는 것이 효과적입니다. 음악의 리듬이 정신적으로 어휘와 연계되고 자주 학습 효과가 커지곤 합니다. 다음번에 무언가를 머릿속에 기억해 두어야 한다면, 한 번 시도해 보십시오. 음악이 당신의 삶에서 얼마나 중요한지는 잘은 모르겠지만, 그러나 음악은 진정시켜 주고 건강을 증진하는 역할을 할 수는 있을 것입니다.

어휘 **pl. Botschaften** [n.] 소식, 뉴스, 보고, 통지 (die Botschaft) | **verankern** [v.] 고정시키다, 확정하다 | **pl. Dutzende** [n.] 다수, 여럿 (das Dutzend) | **mitsingen** [v.] 함께 부르다 | **der Rhythmus** [n.] 리듬 | **gesundheitsfördernd** [p.a.] 건강을 장려하는

읽기 유형 2 ●●●○○ 권장 시간: 12분

당신은 잡지에서 이력서상의 공백이라는 하나의 기사를 읽습니다. 어떤 문장이 빈 칸에 알맞을까요? 두 문장은 적합하지 않습니다.

Lücken im Lebenslauf: Partyreise? „Sprachaufenthalt"!

Klar kommt es immer wieder vor, dass man in bestimmten Lebensphasen, die ein oder andere falsche Entscheidung getroffen hat und deswegen zum Beispiel das falsche Fach studiert hat oder unerwartet gekündigt wurde. **[...0... So kommt es zu der gefürchteten Lücke im Lebenslauf.]** Kein Mensch hat einen makellosen und perfekten Lebenslauf, und Lücken sind in der heutigen Arbeitswelt relativ normal. Allerdings kommt es immer darauf an, wie man mit diesen Lücken umgeht und wie man sie der Personalabteilung des nächsten Arbeitgebers verkauft.

Im Großen und Ganzen sind diese Lücken im Lebenslauf also kein Problem, sie wecken beim Personaler aber in der Regel Neugierde und provozieren Nachfragen. **[...10... Wie sollte man aber nun damit umgehen?]** Dafür gibt es eine große Grundregel. Man sollte das Lügen vermeiden, denn das finden geschulte Personen ohnehin heraus. **[...11... Lügen ist im Allgemeinen eher selten der Weg zum Erfolg.]** Man sollte daher lieber direkt die Wahrheit sagen und die Tatsachen dabei einfach gut verpacken. Wichtig bei der Verfassung eines Lebenslaufs ist daher ebenso die Formulierung. Eine längere Reise kann so zum Beispiel zum Sprachaufenthalt werden und ein persönliches Dilemma ins Positive gedreht werden. Daher sollte man sich stets merken: **[...12... Auf die Formulierung kommt es an.]**

[...13... Aber was gilt denn überhaupt als Lücke?] Ab wann sollte man sich Gedanken machen, wie ein längerer Zeitraum erklärt werden sollte? So generell kann man das in den meisten Fällen gar nicht sagen, aber als Faustregel kann man sich Folgendes merken. Alles was länger als zwei Monate dauert und nicht durch gute Gründe wie

Praktikum, Weiterbildung, Sprachaufenthalte oder mit ähnlichen berufsbezogenen Tätigkeiten beschrieben werden kann, gilt als Lücke im beruflichen Werdegang. Dabei ist aber auch zu beachten, dass es gute Gründe für Lücken gibt, etwa Krankheit, einen Pflegefall in der Familie oder die Geburt eines Kindes. **[...14... Nicht jede so genannte Lücke im Lebenslauf muss daher gleich negativ sein.]** In der Tat kann eine solche Gegebenheit vom Personaler auch als positiver persönlicher Werdegang aufgefasst werden.

Wenn man also die oben genannten Tipps beim Schreiben des Lebenslaufs beachtet, hat man dennoch eine gute Aussicht auf Erfolg. Daher sollte man sich nicht dazu verleiten lassen, einfach aufzugeben, nur weil man ein paar vermeidliche Lücken im Lebenslauf zu verzeichnen hat. **[...15... Es ist wichtig, sich nicht entmutigen zu lassen.]** Man sollte aber auch beachten, dass es oft auch einfach mit viel Glück zu tun hat, ob man eine Stelle bekommt oder nicht. Fest steht aber, mit einem ordentlichen und guten Lebenslauf kann jeder seine Chance auf den Wunschjob enorm erhöhen.

어휘   **pl. Lücken** [n.] 여백 (die Lücke) ㅣ **der Sprachaufenthalt** [n.] 어학연수 ㅣ **unerwartet** [a.] 예기치 않은 ㅣ **gefürchtet** [p.a.] 무서운, 두려운 ㅣ **makellos** [a.] 오점이 없는 ㅣ **umgehen** [v.] 취급하다, 다루다 ㅣ **der Personalabteilung** [n.] 인사과 ㅣ **wecken** [v.] 불러일으키다 ㅣ **provozieren** [v.] 유발하다 ㅣ **geschult** [p.a.] 노련한 ㅣ **ohnehin** [adv.] 어쨌든, 아무튼 ㅣ **pl. Tatsachen** [n.] 사실 (die Tatsache) ㅣ **verpacken** [v.] 포장하다 ㅣ **die Verfassung** [n.] 작성 ㅣ **das Dilemma** [n.] 딜레마 ㅣ **werden...gedreht** [v.] 돌려서 만들게 되다 (drehen의 수동태) ㅣ **generell** [a.] 일반적으로, 보편적인 ㅣ **die Faustregel** [n.] 대체적인 규칙 ㅣ **sich merken** [v.] 기억하다, 명심하다 ㅣ **die Weiterbildung** [n.] 추가 교육 ㅣ **ähnlich** [a.] 유사한 ㅣ **berufsbezogen** [a.] 직업에 관련된 ㅣ **der Werdegang** [n.] 성장 과정, 발전 과정 ㅣ **werden...aufgefasst** [v.] ~으로 해석되다 (auffassen의 수동태) ㅣ **die Aussicht** [n.] 가능성, 가망, 희망 ㅣ **sich verleiten** [v.] 유혹에 빠지다 ㅣ **aufgeben** [v.] 포기하다 ㅣ **vermeidlich** [a.] 피할 수 있는 ㅣ **sich entmutigen** [v.] 낙심하다, 용기를 잃다 ㅣ **enorm** [a.] 대단히 큰 ㅣ **erhöhen** [v.] 높이다, 증가시키다

해석

이력서상의 공백: 파티 여행? 어학연수!

물론, 특정한 인생 단계에서 이런저런 잘못된 결정을 내리고 그래서 예를 들어 잘못된 과목을 공부하거나 예기치 않은 해고를 당하는 경우가 종종 있습니다. [...0... 그렇게 이력서상에 무서운 공백이 생깁니다.] 오점 없이 완벽한 이력서를 가진 사람은 없습니다. 그리고 오늘날의 노동 시장에서 이러한 공백은 비교적 평범한 일입니다. 그러나 이런 공백을 어떻게 처리하는지 그리고 그것을 다음 고용주의 인사부에 어떻게 잘 이야기할 것인지가 중요합니다.

그래서 이력서상의 이런 공백은 대체로 문제가 되지 않습니다만 보통 인사 관리자들에게 호기심을 불러일으키게 되고 질문을 유발합니다. [...b... 그렇다면 어떻게 대처해야 할까요?] 이에 관한 큰 기본 원칙이 하나 있습니다. 거짓말은 피해야 합니다. 노련한 사람은 어떻게든 알아차릴 것이기 때문입니다. [...f... 일반적으로 거짓말이 성공으로 가는 방법인 경우는 드뭅니다.] 그러므로 차라리 진실을 직접 말하고, 사실을 잘 포장하는 것이 좋습니다. 그래서 이력서를 작성할 때도 역시나 작문이 중요합니다. 예를 들어 긴 여행은 어학연수가 될 수 있고, 개인적인 딜레마도 긍정적인 방향으로 돌려 말할 수도 있습니다. 따라서 항상 명심해야 합니다. [...g... 모든 건 표현하기 나름입니다.]

[...c... 하지만 무엇이 공백으로 간주되는 것일까요?] 긴 기간을 어떻게 설명해야 할지 어느 시점부터 고민해야 할 것일까요? 일반적으로 이런 말은 할 수 없지만, 대략적인 규칙으로 다음과 같은 사항들을 기억할 수 있습니다. 두 달 이상 지속하며 인턴십, 추가 교육, 어학연수 혹은 유사한 직업 관련 활동처럼 좋은 이유로 설명될 수 없는 모든 것들은 직업 경력의 공백으로 간주합니다. 그러나 이 과정에서 어떤 질병이나 가족을 돌봐야 하는 경우 혹은 출산처럼 정당한 이유가 있는 공백도 있다는 점을 유념해야 합니다. [...a... 이력서상의 이른바 이 공백들이 모두 부정적일 이유는 없습니다.] 실제로 인사 관리자는 그러한 여건을 긍정적인 개인의 성장 과정으로 해석할 수도 있습니다.

따라서 이력서를 작성할 때 위에 언급한 조언을 유념하면, 성공 가능성이 있습니다. 그러므로 이력서상에 몇몇 피할 수 있었던 공백이 있다는 이유로 그냥 포기해 버리는 그런 유혹에 빠져서는 안 됩니다. [...d... 낙심하지 않는 것이 중요합니다.] 그러나 구직을 할 수 있고 없고는 종종 많은 운이 따라야 하는 일이라는 점도 유념해야 합니다. 한 가지 확실한 것은 잘 정리된 훌륭한 이력서를 가지고서 있으면 누구나 자신의 원하는 직장을 얻을 기회를 크게 늘릴 수 있다는 것입니다.

예제

0 그렇게 이력서상에 무서운 공백이 생깁니다.

a 이력서상의 소위 공백이라고 하는 것이 부정적일 이유는 없습니다.

b 그렇다면 어떻게 대처해야 할까요?

c 하지만 무엇이 공백으로 간주되는 것일까요?

d 낙심하지 않는 것이 중요합니다.

e 그러므로 긍정적인 인상을 남기기 위해 항상 거짓말을 해야 합니다.

f 일반적으로 거짓말이 성공으로 가는 방법인 경우는 드뭅니다.

g 모든 건 표현하기 나름입니다:

h 이력서 상에 단 하나의 공백이라도 있으면 직업을 찾는 것은 불가능합니다.

읽기 유형 3 ●●●●○ 권장 시간: 12분

당신은 신문에서 망각 기능에 대한 기사를 읽습니다.
각 질문에 알맞은 답을 선택하세요.

Ein Forschungsergebnis über die Funktion des Vergessens.

Seit Kurzem haben Gedächtnisforscher ein Interesse an einer besonderen Kunst. Es geht um die Kunst des absichtlichen Vergessens. Neue Forschungsergebnisse deuten nämlich darauf hin, dass die Fähigkeit zum absichtlichen Vergessen entscheidend für die Gedächtnisleistung ist. Das heißt, wenn man das Vergessen beherrscht, kann man sich Wichtiges besser merken. Wenn man sich dagegen an alles erinnern will, behält man weniger.

Nach allgemeinem Verständnis haben Menschen, die Dinge vergessen, ein schlechtes Gedächtnis. Ein Gedächtnis, in dem alle Informationen aufbewahrt werden, hingegen, bezeichnet man als gut. Meistens denkt man, dass das Vergessen das Leben behindert und es wird daher als Schwäche oder Alterserscheinung bewertet.

Aber heute sagen uns Forscher, dass das Vergessen auch Vorteile hat: Wer Unnützes sofort wieder loslässt, reserviert Speicherplatz für Wichtiges. Nicht auf die Menge der Informationen kommt es an, sondern auf ihre Qualität. Heute weiß man, dass das Gedächtnis nicht beliebig viel Speicherplatz besitzt.

Das Langzeitgedächtnis kann zwar nahezu unbegrenzt viele Informationen speichern, doch die Speicherkapazitäten des Kurzzeitgedächtnisses sind begrenzt.

Das Kurzzeitgedächtnis kann über die Fähigkeit des Vergessens verfügen, um möglichst viele aktuelle Informationen aufnehmen zu können.

Durch folgenden Versuch zeigten Wissenschaftler wie wichtig das Vergessen ist.

Es wurden zwei Gruppen im Alter von 20-35 und 60-75 Jahren gebeten, sich an verschiedene Wörter zu erinnern, die ihnen an einem Computer gezeigt wurden. Nach 16 Wörtern behauptete der Versuchsleiter plötzlich, der Computer funktioniere nicht. Deshalb müssen die Versuchspersonen die Aufgabe mit neuen Wörtern wiederholen. Sie wurden aufgefordert, die alte Wörterliste absichtlich zu vergessen und sich stattdessen die neue zu merken.

Nach einer Weile bat der Versuchsleiter seine Testteilnehmer aber, sich nun doch an alle Wörter zu erinnern und sie zu notieren.

Wie von den Wissenschaftlern erwartet, erinnerten sich die Versuchspersonen schlechter an die "vergessenen" Wörter als an die danach gelernten.

Das war jedoch nur bei den jüngeren Versuchspersonen tatsächlich der Fall. Bei den älteren Teilnehmenden dagegen wurde von den Forschern keinerlei Unterschied festgestellt. Es liegt daran, dass sie alle Wörter gleich, und zwar gleich schlecht, behielten.

Ohne das Vergessen der ersten Wörterliste, merkt man sich die Zweite noch schlechter, denn es wurden wichtige und unwichtige Informationen gleichermaßen gespeichert.

Ältere Menschen können unbedeutende Informationen nicht so einfach absichtlich vergessen. Daher sammeln sie in ihrem Gedächtnis auch Unwichtiges und versperren den Speicherplatz für Wichtiges.

Doch ist noch nicht geklärt, wie genau das Vergessen funktioniert.

Und auch einige weitere Fragen müssen noch beantwortet werden, z.B. ob man das bewusste Vergessen mit einem entsprechenden Gehirntraining einüben kann, wie einige Forscher meinen, und ob vergessene Informationen für immer verschwinden.

Wenn Menschen die Fähigkeit zum absichtlichen Vergessen mit Erfolg einsetzen können, müssen sie innerlich überzeugt sein, dass die entsprechenden Informationen nebensächlich sind.

Abschließend konnte die Gedächtnisforschung zeigen, dass die Fähigkeit zum absichtlichen Vergessen nicht in allen Lebensaltern gleich ist. In neueren Untersuchungen konnte sie nachweisen, dass Kinder sehr viel früher als bisher geglaubt, nämlich schon mit sechs oder sieben, absichtlich Dinge vergessen können. Es kann sein, dass sich diese Fähigkeit im Erwachsenenalter noch entwickelt und dann im Alter wieder abnimmt.

Aber die Aussagen der Wissenschaftler dazu sind noch wage, da sie sich noch nicht sicher sein können, was aus diesen Forschungsergebnissen folgt. Da kommen nur neue Fragen auf, z.B. ob alte Menschen frühzeitig das Vergessen üben sollten oder ob Kinder effizienter lernen können, wenn sie auch vergessen können.

어휘 der Gedächtnisforscher [n.] 기억 연구자 ｜ absichtlich [a.] 의도적인 ｜ pl. Forschungsergebnisse 연구 결과 (das Forschungsergebnis) ｜ entscheidend [p.a.] 결정적인 ｜ die Gedächtnisleistung [n.] 기억력 ｜ beherrschen [v.] 지배하다 ｜ sich merken [v.] 기억하다 ｜ sich erinnern [v.] 기억하다 ｜ behalten [v.] 간직하다 ｜ allgemein [a.] 일반적인 ｜ werden...aufbewahrt [v.] 보존되다 (aufbewahren의 수동태) ｜ bezeichnen [v.] ~를 가리키다, 자세히 묘사하다 ｜ behindern [v.] 방해하다 ｜ bewerten [v.] 평가하다 ｜ der Speicherplatz [n.] 저장 공간, 메모리 ｜ beliebig [a.] 임의의 ｜ besetzen [v.] 차지하다 ｜ das Langzeitgedächtnis [n.] 장기 기억력 ｜ die Speicherkapazitäten [n.] 저장 수용 능력, 저장 생산력 ｜ das Kurzzeitgedächtnis [n.] 단기 기억력 ｜ begrenzt [p.a.] 제한된, 한정된 ｜ verfügen [v.] 다루다, 처리하다 ｜ wurden...gebeten [v.] 요청되었다 (bitten의 수동태 과거) ｜ wurden...gezeigt [v.] 보여졌다 (zeigen의 수동태 과거) ｜ behaupteten [v.] 주장했다 (behaupten의 과거) ｜ wurden...aufgefordert [v.] 요구되었다 (auffordern의 수동태 과거) ｜ stattdessen [adv.] ~대신에 ｜ erwarten [v.] 예상하다, 기대하다 ｜ sich erinnerten [v.] 기억했다 (erinnern의 과거) ｜ gelernt [a.] 배운 ｜ wurden...festgestellt [v.] 밝혀졌다 (ferststellen의 수동태 과거) ｜ behielten [v.] 유지했다 (behalten의 과거) ｜ gleichermaßen [adv.] 같은 정도로 ｜ wurden...gespeichert [v.] 저장되었다 (speichern의 수동태 과거) ｜ sammeln [v.] 쌓다, 모으다 ｜ versperren [v.] 막다, 차단하다 ｜ geklärt [p.a.] 명확한 ｜ bewusst [a.] 의식적인 ｜ entsprechend [p.a.] 상응하는, 부합하는 ｜ das Gehirntraining [n.] 두뇌 훈련 ｜ einüben [v.] 연습하다 ｜ verschwinden [v.] 사라지다 ｜ einsetzen [v.] 정하다, 설치하다 ｜ überzeugt [p.a.] 확신하고 있는 ｜ nachweisen [v.] 증명하다, 입증하다 ｜ sich entwickeln [v.] 발전하다 ｜ abnehmen [v.] 줄어들다 ｜ frühzeitig [a.] 일찍, 너무 이른 ｜ effizienter [a.] 더 효과적인 (effizient의 비교급)

해석

망각 기능에 대한 연구 결과

최근 기억 연구자들은 특별한 기술에 관심이 있습니다. 의도적 망각 기술에 관한 것입니다. 즉, 새로운 연구 결과는 의도적인 망각 능력은 기억력에 결정적인 역할을 한다는 점을 보여주고 있습니다. 이는 망각을 지배하면, 중요한 것을 더 잘 기억할 수 있다는 말입니다. 이와 반대로 사람이 모든 걸 기억하려고 들면, 더 적게 간직하게 됩니다.

일반적인 견해에 따르면 무언가를 잊어버리는 사람들은 기억력이 좋지 않습니다. 반면 모든 정보를 담는 기억력은 좋은 것으로 여겨집니다. 대부분 망각이 삶을 방해하고 그래서 이를 약점 혹은 노화 현상으로 평가합니다.

하지만 오늘날 연구진들은 망각 또한 장점이 있다고 이야기합니다. 즉, 쓸모없는 것을 곧바로 놓아 주는 사람은, 중요한 정보를 위한 저장 공간을 남겨둡니다. 중요한 것은 정보의 양이 아니라 정보의 질입니다. 오늘날 사람들은 기억력에는 무제한으로 많은 저장 공간을 차지하고 있지 않다는 것을 알고 있습니다.

장기 기억력은 거의 무제한으로 많은 정보를 저장할 수 있지만, 단기 기억력의 저장 수용 능력은 제한되어 있습니다.

단기 기억력은 가능한 한 많은 최신 정보를 저장할 수 있도록, 망각 능력을 자유로이 다룰 수 있습니다.

다음 실험에서 과학자들은 망각이 얼마나 중요한지를 보여줍니다. 25~35세와 60~64세로 이루어진 두 집단이, 컴퓨터에 그들에게 보였던 다양한 단어들을 기억하도록 요청받았습니다. 16 단어 이후 실험자는 갑자기 컴퓨터가 작동하지 않는다고 주장했습니다. 그래서 피실험자는 새로운 단어로 과제를 반복해야 합니다. 그들에게 이전의 단어 목록을 의도적으로 잊고, 그 대신 새로운 단어들을 외울 것을 요구했습니다.

그러나 얼마 후 실험자는 자신의 피실험자들에게 모든 단어를 기억하고 적어 달라고 요청했습니다.

과학자들이 예상한 대로, 피실험자들은 나중에 배운 단어들보다 "잊힌" 단어들을 덜 기억했습니다.

그러나 이는 단지 젊은 피실험자들만 실제로 그러했습니다. 연구진들은 반대로 나이가 많은 실험 참가자들에게서는 어떤 차이도 발견하지 못한 것으로 밝혀졌습니다. 이들은 모든 단어를 똑같이 그리고 똑같이 부정확하게 기억했기 때문입니다.

첫 번째 단어 목록을 잊어버리지 않으면, 두 번째 단어 목록은 더 부정확하게 기억하게 됩니다. 중요한 정보와 부정확한 정보가 균등하게 저장되었기 때문입니다.

노인들은 중요하지 않은 정보를 의도적으로 잊는 것을 어려워합니다. 그래서 그들은 기억 속에 중요하지 않은 것들도 쌓아 두고 있고 중요한 것을 위한 저장 공간을 막고 있는 것입니다.

그러나 망각이 정확히 어떻게 작동하는지는 아직 명확하지 않습니다.

그리고 일부 다른 질문들에 대해서는 여전히 해답이 제시되어야 합니다. 예를 들면 일부 연구진들이 주장하는 것처럼 적절한 두뇌 훈련으로 의식적 망각을 연습할 수 있는지 여부와 잊힌 정보들은 영원히 사라지게 되는지 등이 그것입니다.

만약 사람들이 의도적 망각을 성공적으로 사용할 수 있다면, 그 관련 정보들이 부차적인 것이라는 내적 확신을 가져야 합니다.

마지막으로 기억 연구는 의도적 망각 능력이 모든 연령에 걸쳐 동일하지 않다는 것을 보여줄 수 있었습니다. 좀 더 최근의 연구에서 어린아이들은 지금껏 생각했던 것보다 훨씬 이른 나이에, 즉, 6세 혹은 7세에 의도적으로 무언가를 잊어버릴 수 있다는 것을 증명할 수 있었습니다. 이런 능력이 성인이 되어서도 계속 발전하고 이후 나이가 들어서는 다시 줄어들 수도 있습니다.

그러나 이에 대한 과학자들의 진술은 여전히 불확실합니다. 과학자들 자신도 이 연구 결과가 무엇을 도출해낼지 여전히 확신할 수 없기 때문입니다. 예를 들어 나이 든 사람들이 일찍 잊어버리는 것을 연습해야 할지 혹은 어린이들이 잊어버릴 수 있으면 더 효과적으로 공부를 할 수 있을지 등등 새로운 질문들이 발생할 뿐입니다.

예제

0   학자들은 두 가지 사이의 연관성에 관심을 갖는다.

   [a] 기억력과 예술가적 활동

   [X] 기억력과 의식적인 망각

   [c] 건망증과 예술가적 능력

16   한 실험에서 피실험자들은

   [X] 방금 배운 단어를 그들의 기억에서 지워야만 했다.

   [b] 여러 가지 단어들을 컴퓨터에 적어야 했다.

   [c] 같은 단어 목록을 두 번 컴퓨터로 배워야 했다.

17   젊은 성인들은 실험에서

   [a] 모든 정보를 동등하게 잘 기억했다.

   [b] 첫 번째 정보를 더 잘 기억했다.

   [X] 나중 정보를 더 잘 기억했다.

18   나이가 들면 기억력은

   [a] 많은 양의 새로운 정보를 받아들이는 능력을 상실한다.

   [X] 요점만을 기억하는 능력을 상실한다.

   [c] 중요하지 않은 정보를 더 오래 저장하는 능력을 상실한다.

19 의도적 망각의 전제 조건은

☒ 본질적으로 관련이 없다.

b 다른 것에 집중하게 한다.

c 의식적으로 노력한다.

20 목적성을 띠고 무언가를 잊는 능력은

a 이른 유아기에 가장 크게 나타난다.

☒ 사람의 연령에 달려있다.

c 인생의 과정에서 꾸준하게 증가한다.

21 과학자들은...

a 도출된 연구 결과를 확실할 수 있다.

☒ 도출된 연구 결과를 여전히 확신할 수 없다.

c 이 연구 결과로 더욱 효과적인 학습법을 개발했다.

읽기 유형 4 •••• 권장 시간: 12분

당신은 잡지에서 "무제한 휴가"를 주제로 한 의견을 읽습니다. 어떤 의견이 어떤 표제에
적합합니까? 하나의 의견은 맞는 것이 없습니다. 의견 c는 예제이며 다시 사용될 수 없습니다.

예제

| 0 | 이 원리는 독일에서 개발된 것이 아니다. | 정답: c |

22	휴가를 신청하는 것은 과거의 일이다.	b
23	노동자들은 적극적으로 대변해야 한다.	h
24	계층 구조는 여전히 존재한다.	a
25	장점이 단점보다 크다.	g
26	무제한 휴가는 무엇보다 홍보 수단이다.	d
27	각자의 책임이 증가한다.	e

Uneingeschränkter Urlaub
무제한 휴가

a Wer hat schlussendlich das Sagen in einer flexibilisierten Arbeitswelt? Wessen Interesse wird gefolgt? Der Arbeitnehmer kann selbst bestimmen, wann und wie lange er Urlaub nimmt. Doch ob er sich freinehmen kann, liegt daran, ob er seine zugeteilte Arbeit trotzdem erledigt hat oder nicht. Dieses Ermessen liegt auch hier wieder beim Chef, der darüber entscheidet.

Lilie, Stuttgart

🔍 **해석**

드디어 유연해진 작업 환경에서 누가 주도권을 가지고 있습니까? 누구의 의사를 따라야 합니까? 근로자는 언제 얼마나 휴가를 갈지 스스로 결정할 수 있습니다. 그러나 그런데도 근로자가 휴가를 쓸 수 있는지 여부는, 그가 자신에게 할당된 업무를 끝냈는지 못 끝냈는지에 달려있습니다. 여기의 이 판단 또한 다시금 이를 결정하는 상사에게 달려있습니다.

슈투트가르트, Lilie

어휘 **schlussendlich** [a.] 드디어 | **flexibilisiert** [p.a.] 유연한 | **bestimmen** [v.] 결정하다 | **zugeteilt** [p.a.] 할당된 | **haben...erledigt** [v.] 끝냈다 (erledigen의 현재완료) | **das Ermessen** [n.] 판단

b Die Flexibilisierung des Urlaubs folgt dem Prinzip der flexiblen Arbeit. Wenn man nicht mehr am Arbeitsplatz sein muss, braucht man auch keine Regeln mehr für die Urlaubszeiten. Man braucht den Chef nicht mehr um Erlaubnis zu fragen, und man kann den Urlaub einfach nehmen, wann man möchte.

Martin, Dortmund

🔍 **해석**

휴가의 유연성은 유연한 노동의 원칙에 따릅니다. 더 이상 꼭 직장에 나가 있을 필요가 없다면, 휴가 기간에 대한 규정도 더 이상 필요하지 않습니다. 허락을 구할 직장 상사는 더 이상 필요 없고 언제든 원할 때 휴가를 떠날 수 있습니다.

도르트문트, Martin

어휘 **die Flexibilisierung** [n.] 유연성

C Das Prinzip, nach dem man bezahlten Urlaub nehmen kann, wann und solange man will, stößt in immer mehr Betrieben auf Interesse. Es stammt aus dem IT-Bereich in den USA und in Großbritannien. Dort wurden bereits positive Erfahrungen damit gemacht.

Luisa, Basel

해석

언제든 그리고 원하는 만큼의 유급 휴가를 받을 수 있는 원칙은 점점 더 많은 기업의 관심사와 맞아떨어지고 있습니다. 이는 미국과 영국의 IT 계열에 그 근간을 두고 있습니다. 그쪽에서는 이미 이를 두고 긍정적인 결과들이 만들어졌습니다.

바젤, Luisa

어휘 stoßen [v.] 맞닥뜨리다. 무엇에 부딪히다 | pl. Betrieben [n.] 기업 (der Betrieb) | stammen [v.] 근간을 두다. 유래되다

d Unbegrenzter Urlaub kling progressiv, und wenn es so einfach möglich wäre, wäre es perfekt. Allerdings ist das eine Vorstellung wie aus einer Utopie. Firmen, die mit dieser Art des Urlaubs werben, versuchen eher, sich in einem guten Licht darzustellen und dadurch aktive und engagierte Arbeitnehmer zu finden.

Jan, Graz

해석

제한 없는 휴가는 진보적인 것처럼 여겨지는데 그렇게 쉽게 되는 일이라면, 완벽했을 것입니다. 그러나 이는 유토피아적 개념입니다. 이러한 형태의 휴가를 홍보하는 기업들은 오히려 자신을 좋은 시각으로 나타내고 이를 통해 적극적으로 종사하는 직원을 찾으려고 합니다.

그라츠, Jan

어휘 progressiv [a.] 진보적인 | die Utopie [n.] 유토피아. 이상향 | darstellen [v.] 나타내다. 보여주다 | engagiert [p.a.] 종사하는

e Bei allen Vorzügen besteht doch die Befürchtung, dass man seine Arbeit nicht schafft, wenn man Urlaub nimmt.

Es gibt immer etwas zu tun und Ziele können nicht mehr erreicht werden. Im Endeffekt wird es zu großem Stress führen. Wenn sich jeder frei entscheiden kann, nimmt die Last des einzelnen Arbeitnehmers zu.

Alex, Berlin

🔍 **해석**

모든 장점에도 불구하고 사람들은 휴가를 떠나면 일을 할 수 없을 것이라는 우려가 존재합니다.

항상 해야 할 무언가가 있으며 목표는 더 이상 달성할 수 없습니다. 결국에는 큰 스트레스로 이어질 것입니다. 모든 사람이 자유롭게 결정할 수 있다면, 개별 근로자들의 부담은 늘어날 것입니다.

베를린, Alex

어휘 pl. **Vorzüge** [n.] 장점. 유리한 점 (der Vorzug) | die **Befürchtung** [n.] 우려 | der **Endeffek** [n.] 최종 결과 | sich **entscheiden** [v.] 결정하다 | **zunehmen** [v.] 늘어나다 | die **Last** [n.] 부담 | **einzeln** [a.] 개별적인

f Es funktioniert nicht, wenn im Unternehmen keine gute Atmosphäre herrscht. Man sollte einander vertrauen können, und die Kollegen auch gut miteinander arbeiten, damit man sich sicher sein kann, dass niemand diese freien Regelungen missbraucht.

Dimitri, Frankfurt

🔍 **해석**

사내 분위기가 좋지 않으면 작동하지 않습니다. 누구도 이런 자율적인 규정을 남용하지 않는다고 확신할 수 있도록 서로를 믿을 수 있어야 하고, 직장 동료들도 서로 협력해야 합니다.

프랑크푸르트, Dimitri

어휘 **funktionieren** [v.] 기능을 발휘하다. 작동하다 | die **Atmosphäre** [n.] 분위기 | **herrschen** [v.] (어떤 분위기, 의견이) 우세하다 | pl. **Regelungen** [n.] 규정 (die Regelung) | **missbrauchen** [v.] 남용하다

g Flexibilisierte Urlaubsregelungen werden die bestehenden Arbeitnehmerschutzgesetze natürlich nicht aufheben. Jeder Arbeitnehmer hat nach dem Gesetz ein Recht auf 24 Urlaubstage. Dieses Modell kann letztlich also nur positive Effekte in Form weiterer Urlaubstage haben.

Hans, Düsseldorf

🔍 **해석**

물론 융통성 있는 휴가 제도는 기존의 근로자 보호법을 폐지하는 것은 아닙니다. 모든 근로자는 법률에 따라 24일의 휴가를 받을 권리가 있습니다. 따라서 이 모델은 최종적으로 더 많은 휴가 일수의 형태로 긍정적인 효과를 낼 수밖에 없습니다.

뒤셀도르프, Hans

어휘 bestehend [p.a.] 기존의 ⏐ aufheben [v.] 폐지하다 ⏐ das Gesetz [n.] 법률 ⏐ das Recht [n.] 권리

h Ähnlich wie bei der Flexibilisierung der Arbeit besteht auch bei der Flexibilisierung des Urlaubs die große Gefahr, dass die Arbeitnehmer immer stärker isoliert werden. An dieser Stelle sind die Gewerkschaften gefragt. Es liegt an ihnen, mit passenden Handlungen auf diese Entwicklungen zu reagieren.

Leonie, Lübeck

🔍 **해석**

노동의 유연화와 마찬가지로 휴가의 유연화는 근로자들을 더 크게 고립시킬 큰 위험이 있습니다. 이런 차원에서 노동 조합이 요구되고 있습니다. 적절한 조치로 이런 현상에 대응하는 일이 노조에 달린 것입니다.

뤼벡, Leonie

어휘 die Gefahr [n.] 위험 ⏐ werden... isoliert [v.] 고립되다 (isolieren의 수동태) ⏐ pl. Gewerkschaften [n.] 노동조합 (die Gewerkschaft) ⏐ passend [p.a.] 적절한, 알맞은 ⏐ pl. Handlungen [n.] 조치, 행동 (die Handlung) ⏐ reagieren [v.] 대응하다, 반응하다

읽기 유형 5 ••••• 권장 시간: 6분

당신은 뒤셀도르프의 도서관 규정을 읽으려고 합니다. 목차에서 어떤 표제가 어떤 단락과
일치합니까? 네 개의 표제는 사용되지 않습니다.

- Bibliotheksordnung der Gemeinde Düsseldorf -

Inhaltverzeichnis

a Ausleihgebühren

b Reservierung von Medien

c Ausleihe

~~**d**~~ Über uns

e Voraussetzungen für Mitgliedschaft

f Mitgliedschaft

g Beschädigung von Medien

h Angebot

§ 0

Die Düsseldorfer Bibliothek ist ein
Verein und konfessionell sowie politisch
neutral. Sie steht allen Interessierten zur
Benutzung offen.

§ 28

Erwachsene, die ein Jahresabonnement
lösen, werden automatisch Mitglied
unseres Vereins. Der Austritt aus dem
Verein muss bis Ende des laufenden
Jahres in mündlicher oder schriftlicher
Form bekannt gegeben werden.

§ 29

Das Sortiment der Bibliothek der
Gemeinde Düsseldorf umfasst folgende
Medien:
– *Fremdsprachenbücher*
– *Taschenbücher, Sachbücher, Reiseführer*
– *Kinder- und Jugendbücher*
– *E-Books und Hörbücher*
– *Zeitschriften*
– *Musik-CDs, DVD*
Der elektronische Katalog kann sowohl
in der Bibliothek als auch auf der
Internetseite der Bibliothek eingesehen
werden. Unsere Mitarbeiter erklären
Ihnen gerne die Benutzung.

§ 30

Bei jeder Ausleihe muss der persönliche
Mitgliederausweis vorgewiesen werden.
Eine uneingeschränkte Anzahl an
Büchern, Hörbüchern, Zeitschriften
für 28 Tage ausgeliehen werden. Eine
einmalige Verlängerung von zusätzlich
14 Tagen ist möglich. Ebenso kann eine
uneingeschränkte Anzahl an Musik-
CDs für 14 Tage ausgeliehen werden. Im
Falle von Musik-CDs ist eine einmalige
Verlängerung von zusätzlich 7 Tagen
möglich.
Jahresabonnement plus
Zusätzlich zur Ausleihe im
Jahresabonnement: E-Books, 3DVD
für 14 Tage (eine Verlängerung dieser
Ausleihe ist nicht möglich).
Reservierte Medien
Für diese Medien ist keine Verlängerung
möglich.

어휘 konfessionell [a.] 종교적으로, 신앙상의 ｜ neutral [a.] 중립적인 ｜ das Jahresabonnement [n.] 연간 회원권 ｜ lösen [v.] 구입하다 ｜ das Sortiment [n.] 공급 물품 ｜ umfassen [v.] 포함하다 ｜ elektronisch [a.] 전자의 ｜ werden...eingesehen [v.] 열람하게 되다, 탐구하게 되다 (einsehen의 수동태) ｜ der Mitgliederausweis [n.] 회원증 ｜ werden...vorgewiesen [v.] 제시하게 되다 (vorweisen의 수동태) ｜ uneingeschränkt [a.] 무제한의 ｜ werden...ausgeliehen [v.] 대여하게 되다 (ausleihen의 수동태) ｜ einmalig [a.] 1회의, 한 번의 ｜ die Verlängerung [n.] 연장

– 뒤셀도르프 지역구 도서관 이용 수칙 –

내용 목차

a 대여료

b 미디어 예약

c 대출

~~d~~ 우리에 대하여

e 회원 전제조건

f 회원

g 미디어 손상

h 제안

– 외국어 교재
– 핸드북, 전문 서적, 여행 가이드북
– 어린이용 서적
– e북, 오디오북
– 잡지
– 음악 CD, DVD

전자식 카탈로그는 도서관 내에서는 물론 도서관 인터넷 사이트에서도 열람할 수 있습니다. 저희 직원이 그 사용법을 잘 알려드릴 것입니다.

§0 정답: d

뒤셀도르프 도서관은 하나의 협회이며 종교와 정치로부터 중립적입니다. 뒤셀도르프 도서관은 모든 이해 당사자가 사용할 수 있도록 열려 있습니다.

§28 정답: e

연간 회원권을 구입한 성인은 자동으로 우리 협회의 회원이 됩니다. 협회 탈퇴는 올해 말까지 구두 혹은 서면 형태로 통보해야 합니다.

§29 정답: h

뒤셀도르프 지역구 도서관의 공급 물품에는 다음의 미디어를 포함되어 있습니다.

§30 정답: c

대출할 때마다 개인 회원증을 제시해야 합니다. 책, 오디오북, 잡지는 28일간 무제한으로 대여 가능합니다. 추가로 14일간 1회 연장도 가능합니다. 음악 CD도 14일간 무제한으로 대여 가능합니다. 음악 CD의 경우 추가로 7일간 1회 연장이 가능합니다.

플러스 연간 회원권

연간 회원 기간 동안 e북과 14일간 3장의 DVD를 추가로 대여할 수 있습니다. (이 추가 대여 항목의 기간 연장은 불가능합니다)

사전 예약된 미디어

이 미디어에 대해서는 대여 기간 연장이 불가능합니다.

듣기 유형 1 ●○○○

MP3 03_01

당신은 5개의 대화와 의견을 듣습니다.

본문은 **한 번** 듣게 됩니다. 각 본문에 해당하는 2개의 문제를 풀어야 합니다. 각 문제에 알맞은 답을 선택하세요. 먼저 보기를 읽어 보세요. 이것을 위하여 당신은 15초의 시간이 있습니다.

Beispiel

📄 Skript

Frau	Ich wollte mich nach dem Ferienprogramm erkundigen. Ab wann kann man sich denn anmelden?
Mann	Wie immer ab dem 1. Juni. Das Programm steht ab nächster Woche im Internet.
Frau	Dann kann man sich auch über das Internet anmelden?
Mann	Für die kostenlosen Angebote Ja. Wenn das ein kostenpflichtiges Angebot ist, musst du dich bei uns anmelden.
Frau	Und wann bezahlt man dann?
Mann	Direkt bei der Anmeldung, hier bei einem unserer Mitarbeiter. Sonst können wir den Platz nicht reservieren.

🔍 해석

여자	방학 중 개설되는 프로그램에 대해 문의하고 싶습니다. 언제부터 등록이 가능한가요?
남자	항상 그렇듯이 6월 1일부터이고, 해당 프로그램은 다음주부터 인터넷에 안내가 뜰 것입니다.
여자	그러면 인터넷으로도 등록 할 수 있나요?
남자	무료 강좌들은 그렇습니다. 유료 강좌의 경우라면 저희 쪽으로 직접 등록을 해 주셔야 합니다.
여자	그럼 수강료는 언제 지불하게 되나요?
남자	등록하실 때 바로 저희 직원 가운데 한 명에게 납부하시면 됩니다. 자리 예약 안 해 드려도 될까요?

어휘 das Ferienprogramm [n.] 방학 프로그램 | sich erkundigen nach [v.] 문의하다 | kostenpflichtig [a.] 지불 의무가 있는 | sich handeln [v.] 무엇이 문제이다. 무엇이 중요하다

예제

01 여자는 여름에 하는 여가 활동에 대하여 묻는다.   Richtig   ~~Falsch~~

02 어느 정도 비용이 드는 상품은...   ☐ a 인터넷에서 등록해야 한다.

                                                ☐ b 6월 1일 전에 등록해야 한다.

                                                ☒ 개인적으로 등록해야 한다.

vom Goethe-Institut

Aufgaben 1 und 2

📄 Skript

Mann   Was halten Sie vom Thema "Reisen"?

Frau   Reisen macht Spaß. Dabei kann man sich richtig gut ausruhen und entspannen. Aber meiner Meinung nach sollte man seinen Urlaub besser im eigenen Land verbringen. Ich frage mich, ob es wirklich Sinn macht, um die ganze Welt zu fliegen, nur um sich dort an einen Strand zu legen und im Hotel wie zu Hause zu essen. Viele Leute interessieren sich doch gar nicht für das Land, welches sie bereisen. Es gibt sicher Ausnahmen, aber was mich betrifft, will ich erst einmal mein eigenes Land richtig kennenlernen, damit Reisen in andere Länder für mich auch Sinn macht und mich bildet.

🔍 해석

남자   "여행"이라는 주제에 대해서 어떻게 생각하십니까?

여자   여행은 재미있죠. 여행으로 정말 제대로 휴식을 취하고 긴장을 풀 수 있습니다. 그러나 제 생각에 휴가는 자국에서 보내는 것이 더 낫다고 봅니다. 그저 해변에 드러눕고, 호텔에서 마치 집에서 그런 것처럼 밥을 먹기 위해 온 세계로 누비는 것이 과연 의미가 있는 일인가 스스로 질문을 합니다. 많은 사람은 사실 자신들이 여행하고 다니는 나라에 대해 전혀 관심이 없습니다. 물론 예외도 있습니다만, 저로서는 다른 나라 여행도 의미가 있고 유익할 수 있도록 먼저 우리나라를 제대로 알고자 합니다.

어휘   halten [v.] (~라고) 생각하다 | entspannen [v.] 긴장을 풀다, 쉬다 | eigen [a.] 자신의, 소속의 | der Strand [n.] 해변 | was mich betrifft 나로서는 | sich bilden [v.] 수양하다, 교양을 얻다

1 한 여성이 여행이 의미 있는 이유에 대하여 이야기하고 있다. 　Richtig　 ~~Falsch~~

2 "여행"이라는 주제에 대한 여자의 의견은
무엇인가?

　　　　　　　　　　　　　　　　　ⓐ 전 세계를 여행하고 다른 나라에서 견문을
　　　　　　　　　　　　　　　　　　　쌓는 것이 좋다.

　　　　　　　　　　　　　　　　　ⓑ 여행을 하기 전에 그것이 정말 의미 있는지
　　　　　　　　　　　　　　　　　　　숙고해야 한다.

　　　　　　　　　　　　　　　　　☒ 사람들은 자국에서 더 좋은 시간을 보낼 수
　　　　　　　　　　　　　　　　　　　있다.

Aufgaben 3 und 4

 Skript

Radiosprecher　In der letzten Nacht ist ein heftiges Gewitter über Kiel gezogen. Laut Angaben der Wetterbehörde war dieses noch stärker als das Gewitter der letzten Woche. Bäume fielen um, Keller liefen voll und bescherten der Lübecker Feuerwehr viel Arbeit. Unterstützt wurde die Berufsfeuerwehr von 45 Freiwilligen Feuerwehrleuten. Insgesamt mussten über 100 Bäume gefällt werden. Ein Segelboot war auf der Außenalster gekentert. Der Segler wurde in letzter Minute durch Erste-Hilfe-Maßnahmen gerettet, musste jedoch mit schweren Verletzungen ins Krankenhaus gebracht werden. Der Betrieb der U- und S-Bahnen war zum Teil stark behindert.

 해석

라디오 진행자　어젯밤 킬(Kiel)에 심한 천둥번개가 쳤습니다. 기상청의 보도에 따르면 이번 뇌우는 지난 주보다 훨씬 강했다고 합니다. 나무가 쓰러지고 지하실은 침수되어 잠겼고 뤼벡 소방서에 많은 일거리를 남겨주었습니다. 전문 소방대는 45명의 자율 소방관의 지원을 받았습니다. 총 100그루 이상의 나무를 베어낼 수밖에 없었습니다. 어떤 범선 하나는 Außenalster 호수에서 전복되었습니다. 선원은 응급조치로 마지막 순간에 구조되었지만 중상을 입어 병원으로 후송되어야 했습니다. 지하철과 전철 운행 또한 부분적으로 크게 장애를 겪었습니다.

어휘　heftig [a.] 격렬한 ｜ das Gewitter [n.] (천둥번개를 동반한) 뇌우 ｜ die Wetterbehörde [n.] 기상청 ｜ umfielen [v.] 쓰려졌다 (umfallen의 과거) ｜ bescherten [v.] 주었다 (bescheren의 과거) ｜ die Berufsfeuerwehr [n.] 전문 소방대 ｜ das Segelboot [n.] 범선, 돛단배 ｜ sein...gekentert [v.] 배가 뒤집혔다 (kentern의 현재완료) ｜ wurden...gerettet [v.] 구조되었다 (retten의 수동태 과거) ｜ behindert [a.] 장애가 있는

3 당신은 폭풍우에 대한 보도를 듣는다. ~~Richtig~~ | *Falsch*

4 무슨 일이 일어났는가?
- [a] 45명의 여행객이 소방관을 도왔다.
- [X] 대중교통 운행은 제한적이었다.
- [c] 선원을 돕기에는 너무 늦었다.

Aufgaben 5 und 6

📋 Skript

Frau Unser nächstes Thema ist „Auswandern". Viele Leute in Deutschland überlegen, auszuwandern. In der Tat sind viele Bürger schon ausgewandert, aber einige sind auch wieder zurückgekommen. Sie sind auch aus Deutschland weggegangen. Was waren Ihre Gründe dafür, Ihr Heimatland zu verlassen?

Mann Tja, ich hatte in Deutschland ja eigentlich alles, was mein Herz begehrte: einen tollen, gut bezahlten Job, eine schöne Wohnung, eine feste Freundin usw. Aber irgendwie dachte ich: Das kann es doch nicht alles gewesen sein. Hier leben die Menschen mit einer Leichtigkeit, die mir in Deutschland fehlte. Wenn man davor Angst hat, dass sein Leben immer so langweilig bleibt und zu eintönig wird, dann sollte man seinem Herz folgen und sein Glück vielleicht in einem anderen Land suchen.

🔍 해석

여자 다음 주제는 "이민"입니다. 독일에서는 많은 사람이 이민을 고려하고 있습니다. 실제로 많은 사람이 이미 이민을 떠났지만, 그 가운데 일부는 다시 돌아오기도 했습니다. 당신께서도 독일을 떠나셨지요. 고국을 떠나신 이유가 무엇이었습니까?

남자 글쎄요, 저는 독일에서 실제로 제가 갈망하던 모든 것을 가지고 있었습니다. 훌륭하고 보수가 좋은 직업, 멋진 집, 애인 등등 말이죠. 하지만 왠지 좀 그런 생각이 들었습니다. 그런 것들이 전부가 될 수는 없었다는 생각 말입니다. 여기서는 사람들이 쉽게 살아가고, 그건 제가 독일에서 느끼지 못했던 것이죠. 자신의 삶이 항상 그렇게 지루하고 단조롭게만 계속되는 게 두렵다면, 마음이 시키는 대로 따라가서 어쩌면 다른 나라에서 자신의 행복을 찾아야 할 수도 있습니다.

어휘 auswandern [v.] 이민하다 | begehrten [v.] 갈망했다 (begehren의 과거) | eintönig [a.] 단조로운

5   많은 독일인이 나라를 떠날 생각을 하고 있다.   ~~Richtig~~   *Falsch*

6   이민에 대한 남자의 의견은 무엇인가?

a   그는 언젠가 독일에서 멀리 떠날 계획이다.

☒   그에게 독일은 다소 변화가 부족하다.

c   훌륭하고 보수가 좋은 직업을 원한다면 이민을 가는 것이 좋다.

Aufgaben 7 und 8

📄 Skript

Frau   Um bei der Jobsuche in Deutschland Erfolg zu haben, sind nicht nur eine gute Ausbildung und Berufserfahrung wichtig, sondern auch gute Deutschkenntnisse. Wie gut Ihr Deutsch sein muss, hängt von der Branche ab, in der Sie arbeiten wollen. In manchen internationalen Projekten sind gute Englischkenntnisse ausreichend. Dies ist aber nicht die Regel. Denn wer zum Beispiel in einem Hotel oder in einem Restaurant arbeitet, muss mit den Gästen kommunizieren können. Und Menschen, die in der Pflege arbeiten, müssen die Patienten verstehen, um diese zu versorgen. Wer als Au-pair arbeiten möchte, muss demnach auch zumindest gute Grundkenntnisse im Deutschen haben.

🔍 해석

여자   독일에서 구직에 성공하려면, 훌륭한 직업 교육과 실무 경험도 중요하지만, 훌륭한 독일어 실력 역시 중요합니다. 얼마나 뛰어난 독일어 실력이 필요한지는 일하고자 하는 부서에 따라 좌우됩니다. 일부 국제적 프로젝트에는 영어 실력만 뛰어나도 충분합니다. 그러나 규칙이 그러한 것은 아닙니다. 예를 들어 호텔이나 식당에서 일하는 사람은 고객들과 의사소통을 할 수 있어야 하기 때문입니다. 그리고 간호 분야에서 일하는 사람들이라면, 환자들을 돌보기 위해서 그들을 이해해야 합니다. 그래서 가사도우미로 일하고자 하는 사람도, 최소한 독일어에 대한 기본 실력은 갖추고 있어야 합니다.

 어휘   abhängen von [v.] ~에 좌우되다 ｜ die Branche [n.] 분야 ｜ kommunizieren [v.] 의사소통하다 ｜ versorgen [v.] (누구를) 돌봐주다 ｜ das Au-pair [n.] 오페어 (외국 가정에 입주하여 아이 돌보기 등의 집안일을 하고 보수를 받으며 언어를 배우는 사람)

7 좋은 직업을 위해서 좋은 영어 실력이 필요하다. [Richtig] [~~Falsch~~]

8 그것은 경제 부문에 달려있다.

[X] 얼마나 좋은 독일어 지식이 필요한지.

[b] 이미 직장 생활의 경험이 있어야 하는지.

[c] 얼마나 자주 국제적인 프로젝트를 도맡아 했는지.

Aufgaben 9 und 10

📄 **Skript**

Frau	Ich finde die Vorlesung bei Professorin Richter echt gut.
Mann	Ja. Ich auch.
Frau	Hast du schon ein Thema für die Hausarbeit?
Mann	Nein, leider habe ich noch nichts. Ehrlich gesagt, ich habe keine Ahnung. Hast du schon eins?
Frau	Nein, auch noch nicht. Aber ich habe mir schon ein paar Gedanken gemacht.
Mann	Worüber würdest du denn gerne schreiben?
Frau	Eigentlich würde ich gerne über koreanische Literatur schreiben. Also wie zum Beispiel koreanische Figuren in Kriminalromanen dargestellt werden.
Mann	Das hört sich super und total interessant an.

🔍 **해석**

여자	Richter 교수님 강의 정말 좋은 것 같아.
남자	응. 나도 그렇게 생각해.
여자	넌 과제에 쓸 주제 이미 정했어?
남자	아니, 아직 아무것도 못 찾았네. 솔직히 말하면 난 정말 아무것도 모르겠어. 너는 뭐 좀 찾았어?
여자	아니, 나도 아직 못 찾았네. 근데 몇몇 개는 좀 생각해 봤어.
남자	그럼 어떤 주제에 관해서 쓰려고 하는데?
여자	난 원래 한국 문학에 관해서 쓸까 했어. 그러니까 예를 들자면 범죄 소설에 등장하는 한국인 등장인물이 어떻게 그려지는지라던가….
남자	그거 되게 멋지고 재미있을 것처럼 들리네.

어휘 **pl. Figuren** [n.] 인물, 역할 (die Figur) ┃ **pl. Kriminalromanen** [n.] 범죄 소설 (der Kriminalroman) ┃ **werden...dargestellt** [v.] 그려지다, 묘사되다 (darstellen의 수동태)

9 두 친구는 교수에 대해 이야기 한다.   Richtig   ~~Falsch~~

10 두 친구는 ...을 위한 아직 하나의 주제가
필요하다.

                                          a 프레젠테이션.

                                          b 강연.

                                          ☒ 세미나 리포트.

듣기 유형 2 ● ● ○ ○

MP3 03_02

당신은 라디오에서 학계 인사와의 인터뷰를 듣습니다. 본문은 **두 번** 듣게 됩니다. 각 문제에 알맞은 답을 선택하세요. 이제 11번~16번의 문제를 읽어 보세요. 이것을 위하여 당신은 90초의 시간이 있습니다.

📄 Skript

Moderatorin	Liebe Hörerinnen und Hörer, ich begrüße heute Doktor Stefan Hüfner, der zu den bekanntesten Hirnforschern Deutschlands zählt. Herr Hüfner ist Professor an der Universität Leipzig. Und er fordert ein Lernen, das die Begeisterung und Neugierde, die Kreativität und die Entdeckungslust von Kindern fördert. Herzlich Willkommen, Herr Hüfner!
Stefan Hüfner	Hallo.
Moderatorin	Wie funktioniert Lernen aus der Sicht der Hirnforschung?
Stefan Hüfner	Man kann Kinder durch Druck zwingen, sich bestimmtes Wissen anzueignen. Man kann ihnen auch Belohnungen versprechen, wenn sie besser lernen. So lernen Sie aber nur, sich entweder dem Druck zu entziehen oder mit möglichst geringem Aufwand immer größere Belohnungen zu bekommen.
Moderatorin	Was denken Sie darüber? Wie beurteilen sie die Auswirkungen auf die Kinder?
Stefan Hüfner	Beide Verfahren zerstören genau das, worauf es beim Lernen ankommt: eigene Entdeckerfreude und Gestaltungslust. Diesen Lernzugang über die Eigenmotivation, nach dem Motto „Erfahrung macht klug", suchen die Bildungseinrichtungen und die Eltern leider immer seltener. Kinder brauchen Zeit und Raum zum eigenen Entdecken und Gestalten. Das geschieht zum Beispiel beim Spielen. Deshalb ist Spielen nicht nur Unterhaltung, sondern auch allerhärteste Lernarbeit.
Moderatorin	Handelt es sich dabei um eine neue Erkenntnis?
Stefan Hüfner	Wie wenig das gegenwärtig verstanden wird, erkläre ich gerne an einem anderen Beispiel: Musik wird auch gern als nutzloses und unwichtiges Fach angesehen und fällt im Unterricht schnell mal unter den Tisch. Aus der Sicht der Hirnforscher ist aber gerade Singen das beste Kraftfutter für Kindergehirne. In der Gemeinschaft muss man mit anderen harmonieren, lernt also, sich auf andere Menschen einzustellen.

	Durch das Singen lernen Kinder, ihre Gefühle zum Ausdruck zu bringen. Eine Gesellschaft, die keinen Gesang mehr kennt, verliert somit auch die Kommunikationsform, in der sich die Menschen über und durch ihre Gefühle verständigen.
Moderatorin	Was bedeutet das für die Schule? Müssen wir diese neu erfinden?
Stefan Hüfner	Unsere heute viel kritisierte Schule ist ein logisches Produkt ihrer Entstehungszeit, dem Industriezeitalter. Da kam es in hohem Maße darauf an, dass man später fast so wie die Maschinen „funktionierte", seine Pflichten erfüllte und wenig Fragen stellte. Diese Art von Arbeit stirbt bei uns aber aus. Unsere Gesellschaft braucht dringend begeisterte Gestalter.
Moderatorin	Wie müsste ein Traumpädagoge demnach aus Ihrer Sicht sein?
Stefan Hüfner	Das müsste jemand sein, der die Kinder und Jugendlichen mag. Der sie unterstützt und ihnen dabei hilft, ihr Potenzial zu entfalten. Wenig überraschend ist, dass das fast identisch mit dem Zukunftsmodell ist, das auch für Manager wünschenswert wäre. Viele von uns hatten mehr oder weniger zufällig den einen oder anderen Lehrer mit dieser Begeisterung, eine solche souveräne Persönlichkeit. So jemand nimmt die Schüler ernst, ist voller Wertschätzung für sie. Da lernt man viel - ohne Druck und Dauerlob.
Moderatorin	Danke Herr Hüfner für den interessanten Einblick.

어휘   der Hirnforscher [n.] 뇌 연구자 ┃ fordern [v.] 요구하다 ┃ die Begeisterung [n.] 열의, 열광 ┃ die Neugierde [n.] 호기심 ┃ die Entdeckungslust [n.] 발견욕, 발견 욕구 ┃ fördern [v.] 촉진시키다 ┃ der Druck [n.] 압박 ┃ zwingen [v.] 강요하다 ┃ aneignen [v.] (지식 따위를) 습득하다 ┃ pl. Belohnungen [n.] 보상 (die Belohnung) ┃ entziehen [v.] 벗어나다 ┃ gering [a.] 적은 ┃ der Aufwand [n.] 비용 ┃ das Verfahren [n.] 방법 ┃ zerstören [v.] 파괴하다 ┃ die Entdeckerfreude [n.] 발견의 기쁨 ┃ die Gestaltungslust [n.] 창조욕, 창조 욕구 ┃ der Lernzugang [n.] 학습 방법 ┃ die Eigenmotivation [n.] 자기 동기부여 ┃ die Unterhaltung [n.] 오락, 즐거움 ┃ geschehen [v.] 벌어지다, 일어나다 ┃ allerhärtest [a.] 가장 어려운 ┃ gegenwärtig [a.] 현재의 ┃ das Kraftfutter [n.] 영양제 ┃ harmonieren [v.] 조화를 이루다 ┃ sich verständigen [v.] 의사소통하다 ┃ kritisiert [p.a.] 비판받는 ┃ logisch [a.] 당연한, 논리적인 ┃ die Entstehungszeit [n.] 발생 시기 ┃ das Industriezeitalter [n.] 산업화 시대 ┃ aussterben [v.] 사멸하다 ┃ der Gestalter [n.] 창작자 ┃ das Potenzial [n.] 잠재력 ┃ entfalten [v.] 발휘하다, 펼치다 ┃ die Begeisterung [n.] 열성, 열광 ┃ souverän [a.] 주체적인, 독립적인 ┃ die Wertschätzung [n.] 존중, 존경

🔍 **해석**

사회자	청취자 여러분. 저는 오늘 독일에서 가장 유명한 뇌 연구자들 가운데 하나로 꼽히는 Stefan Hüfner 박사님을 맞이합니다. Stefan Hüfner 박사님께서는 라이프치히 대학교에서 교수직을 맡고 계십니다. 그리고 어린이들의 열의와 호기심, 창의력 그리고 발견 욕구를 촉진하는 학습을 요구하십니다. 어서 오십시오, Hüfner 교수님.
Stefan Hüfner	안녕하십니까?
사회자	뇌 연구의 관점에서 학습은 어떻게 이루어집니까?
Stefan Hüfner	아이들을 특정 지식에만 노출되도록 압박을 강요할 수도 있습니다. 또 아이들이 공부를 더 잘하면 보상을 약속할 수도 있습니다. 그러나 이러면 아이들은 단지 압박에서 벗어나기 위해서 혹은 최대한 적은 노력으로 더 큰 보상을 얻기 위해서만 공부합니다.
사회자	그런 행위들에 대해서는 어떻게 생각하십니까? 아이들에게 미치는 그 영향은 어떻게 판단하십니까?
Stefan Hüfner	두 가지 방법 모두 학습에 중요한 요소들을 파괴합니다. 자신만의 발견의 기쁨과 창조 욕구가 바로 그것입니다. 그러나 안타깝게도 "경험은 현명하게 만든다"는 슬로건에 따라 자기 동기부여에 관한 이런 학습방법을 찾는 교육기관과 학부모들은 점점 더 적어지고 있습니다. 아이들은 스스로 발견하고 무언가를 만들어 내기 위한 시간과 공간이 필요합니다. 이런 일은 예를 들면 아이들이 놀 때 발생합니다. 따라서 놀이는 오락일 뿐만 아니라 가장 어려운 학습 작업이기도 한 것입니다.
사회자	그것이 새로운 발견입니까?
Stefan Hüfner	다른 사례를 들어서 현재 이것이 얼마나 잘 이해되지 않고 있는지를 설명하겠습니다. 음악은 쓸모없고 중요하지 않은 과목으로 간주하고 수업 시간에도 무시되곤 합니다. 그러나 뇌과학자의 관점에서 노래 부르는 것이야말로 어린이 뇌에 가장 좋은 영양제입니다. 공동체에서는 다른 사람들과 조화를 이루어야 하고 그래서 다른 사람에게 적응하는 방법을 배웁니다. 노래를 통해서 아이들은 자신의 감정을 표현하는 방법을 배웁니다. 따라서 더 이상 노래를 알지 못하는 사회는, 사람들이 자신의 감정을 통해 서로 소통하는 의사소통 방식을 잃게 됩니다.
사회자	그것이 학교에는 어떤 의미입니까? 학교를 새로 고안해야 합니까?
Stefan Hüfner	오늘날 많은 비판을 받는 우리 학교들은 그것이 생겨났던 시기 즉, 산업화 시대의 당연한 결과물입니다. 그 후 사람들은 기계과 거의 같은 방식으로 "작동"하고, 자신의 의무를 이행하고, 질문을 거의 하지 않는 것이 매우 중요했습니다. 그러나 이러한 노동 형태는 우리에게서 완전히 사라지고 있습니다. 우리 사회에는 열정적인 창작자가 절실히 필요합니다.
사회자	그렇다면 교수님의 입장에서 이상적인 교육자는 어때야 합니까?
Stefan Hüfner	이상적인 교육자는 아이들과 청소년들을 좋아하는 사람이어야 하겠습니다. 아이들과 청소년들을 지원하고, 아이들이 자신의 잠재력을 발휘할 수 있도록 돕는 거죠. 이것이 관리자들에게도 바람직한 미래상과 거의 동일하다는 점은 별로 놀랍지 않습니다. 우리들 가운데 많은 이들은 몇 차례 이러한 열성, 그런 주체적인 성격을 가진 선생님 몇 분을 만나보았습니다. 그래서 누군가가 학생들을 진지하게 받아들인다면,

사회자	학생들에 대한 존중이 가득하다는 말입니다. 거기서 많은 것들을 배우는 겁니다. 압박이나 지속적인 칭찬이 없이도 말입니다. Hüfner 교수님의 흥미로운 관점, 감사합니다.

11 학습은 어떻게 이루어지는가?

⬜a 아이들은 그것이 즐겁기 때문에 배운다.

☒ 아이들은 압박과 보상을 통해 배운다.

⬜c 배움은 자연스러운 현상이다.

12 오늘날 대부분의 학교는 어떤 원칙 하에 가르치는가?

☒ 압박과 보상이 대부분의 학교에서 학습 도구로 사용된다.

⬜b 많은 교사는 학습의 즐거움이 가장 중요한 원동력이라고 본다.

⬜c "경험이 사람을 현명하게 만든다"라는 모토는 많은 교사에 의해 사용된다.

13 학습 과정에서 음악이 하는 역할은 무엇인가?

⬜a 음악은 아이들의 학습을 방해한다.

⬜b 음악의 힘은 과대평가 되었다.

☒ 음악은 아이들을 가르치기 위한 좋은 도구이다.

14 산업 시대는 교수법에 어떠한 영향을 미쳤나?

⬜a 느슨한 교수법을 초래했다.

☒ 오늘날 사용되는 교수법으로 이어졌다.

⬜c 사람들을 기계로 만들었다.

15 전문가는 교육자에게 무엇을 요구하는가?

☒ 자녀 양육에 대한 생각을 바꾸는 것.

b 학교와 교육은 이전과 같이 계속 되어야 한다.

c 아직 연구되지 않은 새로운 종류의 교육이다.

16 완벽한 교육자는 어떤 모습을 말하는가?

a 그는 규칙을 엄격히 준수해야 한다.

☒ 그는 아이들에게 항상 동기를 유발하고 존중해 주어야 한다.

c 그는 학습 내용을 가르치는 데에만 집중해야 한다.

듣기 유형 3 ● ● ● ●

MP3 03_03

당신은 라디오에서 여러 사람의 대화를 듣습니다. 사람들은 "직장에서 남성과 여성"이라는 주제를 가지고 이야기합니다. 대화는 **한 번** 듣게 됩니다. 각 질문에서 선택하세요: 누가 무엇을 말합니까?

이제 17~22번까지의 문제를 읽어 보세요. 이것을 위하여 당신은 60초의 시간이 있습니다.

📄 **Skript**

Moderatorin	Guten Tag, meine Damen und Herren. Schön, dass Sie mit dabei sind, hier bei Radio „Talk Club". Heute geht es um das Thema: Gleichstellung im Beruf. Männer und Frauen sind gleichberechtigt, so steht es ja im deutschen Grundgesetz aus dem Jahr 1949. Allerdings sind noch immer Unterschiede in den verschiedensten Bereichen ersichtlich. Zum Beispiel gibt es bei den Aufstiegsmöglichkeiten und bei der Bezahlung erhebliche Unterschiede zwischen Männern und Frauen. Zu diesem Thema diskutieren wir ja schon seit Langem. Heute sind meine Gäste, Jens Baumgart, Angestellter in einem Handelsunternehmen, und Sabine Fischer, die gerade ihr Studium abgeschlossen hat und in der Initiative Pro-Quote aktiv ist. Frau Fischer, fangen Sie doch bitte mal an. Vielleicht können Sie zuerst einmal Ihre Initiative vorstellen?
Sabine Fischer	Ja, gerne. In Deutschland gibt es bereits gesetzliche Regelungen, nach denen die Leitung großer Betriebe zu einem festgelegten Mindestprozentsatz mit weiblichen Mitarbeitern besetzt werden muss. Aber das gilt nicht für alle Unternehmen. Frauen wollen, dass Betriebe und auch Leitungsgremien in anderen gesellschaftlichen Bereichen dazu verpflichtet werden, sodass ihre Führungsgremien zu einem bestimmten Prozentsatz mit weiblichen Mitarbeitern besetzt werden.
Moderatorin	Herr Baumgart, wie denken Sie darüber?
Jens Baumgart	Ich bin dafür, dass Frauen Posten in Führungspositionen besetzen sollen, aber nicht mit einer festen Quote. Es ist schon entscheidend, ob die sich auf die Position bewerbende Person für die Stelle geeignet ist oder nicht. Betriebe können doch in ihrer Personalpolitik nicht von außen zu etwas gezwungen werden.
Sabine Fischer	Aber auf freiwilliger Basis wird sich nichts ändern. In den 200 größten deutschen Unternehmen sind weniger als 5 Prozent aller

	Vorstandsmitglieder Frauen, und dies, obwohl sie für eine Führungstätigkeit genauso qualifiziert sind wie die Männer. Und die Zahl der Professorinnen an Universitäten liegt gerade mal bei 15 Prozent, obwohl die Frauen vergleichbar gute Abschlüsse abgelegt haben. Bei uns ist das Verhältnis sogar noch schlimmer.
Jens Baumgart	Aber manche Frauen wollen gar keine Führungspositionen einnehmen. Nicht unbedingt aufgrund mangelnder Qualifikationen, sondern weil es sehr schwierig ist, Familie und Beruf unter einen Hut zu bringen. Es muss sich Vieles verbessern: Es müsste zum Beispiel eine flächendeckende, bezahlbare Kinderbetreuung geben. Viele Frauen steigen eine Zeit lang aus dem Beruf aus, um sich um die Kinder zu kümmern. Natürlich sind hier Gesetze erforderlich, aber nicht für die Wirtschaft. Jetzt müssen wir entweder Frauen überzeugen, eine Stelle zu besetzen, oder Frauen einstellen, obwohl sie nicht ausreichend qualifiziert sind, nur um die Quote zu erfüllen.
Sabine Fischer	Es ist ja alles richtig, was Sie gerade gesagt haben. Aber was würde passieren, wenn Frauen genauso wie Männer über Unternehmenspolitik entscheiden könnten. Dazu wären zum Beispiel eine Kinderbetreuung in den Betrieben und andere Arbeitszeitmodelle, die auf Frauen und Familien mit Kindern abgestimmt werden, von Nöten. Die Unternehmensleitung würde diese Probleme jetzt endlich erkennen und man könnte wichtige Entscheidungen treffen, um hier in den Betrieben etwas zu ändern.
Moderatorin	Wie verhält es sich denn mit anderen Punkten, die für das Thema Gleichstellung im Beruf wichtig wären? Zahlen beweisen schon, dass Frauen immer noch 20 Prozent weniger als Männer verdienen.
Sabine Fischer	Aber es könnte endlich etwas getan werden, wenn Frauen in größerem Maßstab endlich die Politik der Unternehmen mitentscheiden könnten.
Jens Baumgart	Aber das hat mit einer Frauenquote nichts zu tun. Ich finde, das ist ein anderes Thema. Es fängt ja schon bei der Berufswahl an. Frauen arbeiten immer noch traditionell in Bereichen, die vergleichsweise schlechter bezahlt werden. Beispielsweise im Bereich Erziehung und in Dienstleistungsberufen. In diesen Branchen verdienen auch Männer nicht so gut, auch in Fällen, in welchen diese Unternehmen von Frauen geleitet werden.
Moderatorin	Danke Herr Baumgart und Frau Fischer für den interessanten Einblick in das Thema. Was denken Sie, liebe Hörerinnen und Hörer zu unserem Diskussionsthema? – Rufen Sie uns an! Hier unsere Telefonnummer 0800 200... (fade out).

어휘 die Gleichstellung [n.] 평등 ᅵ gleichberechtigt [a.] 동등한 ᅵ das Grundgesetz [n.] 기본법 ᅵ ersichtlich [a.] 명백한, 보고 알 수 있는 ᅵ die Aufstiegsmöglichkeit [n.] 승진 기회 ᅵ erheblich [a.] 현저한 ᅵ das Handelsunternehmen [n.] 무역회사, 상업적 기업 ᅵ die Initiative [n.] 시민 단체 ᅵ gesetzlich [a.] 법률상의 ᅵ pl. Regelungen [n.] 규정 (die Regelung) ᅵ festgelegt [p.a.] 정해진 ᅵ der Mindestprozentsatz [n.] 최소 비율 ᅵ werden...verpflichtet [v.] 의무를 지우게 되다 (verpflichten의 수동태) ᅵ pl. Führungsgremien [n.] 경영진, 지도 위원회 (das Führungsgremium) ᅵ der Posten [n.] 임무, 지위, 신분 ᅵ die Führungspositionen [n.] 고위직, 지도층 ᅵ besetzen [v.] 차지하다, 주다 ᅵ die Quote [n.] 할당량 ᅵ das Vorstandsmitglieder [n.] 이사회 ᅵ die Führungstätigkeit [n.] 경영 활동 ᅵ qualifiziert [p.a.] 자격이 있는 ᅵ mangelnd [p.a.] 부족한 ᅵ die Qualifikation [n.] 자격 ᅵ sich verbessern [v.] 개선되다, 좋게 되다 ᅵ flächendeckend [p.a.] 전반적인, 포괄적인 ᅵ erfüllen [v.] 채우다 ᅵ die Unternehmenspolitik [n.] 기업 정책, 기업 행정 ᅵ werden...abgestimmt [v.] 조율되다 (abstimmen의 수동태) ᅵ pl. Nöten [n.] 어려운 상황, 곤경 (die Not) ᅵ verdienen [v.] 벌다, 얻다 ᅵ vergleichsweise [adv.] 비교해 보면 ᅵ die Branche [n.] 분야, 영역 ᅵ werden...geleitet [v.] 관리되다, 이끌게 되다 (leiten의 수동태)

🔍 해석

사회자 여러분 안녕하십니까? 저희 라디오 프로그램 "토크 클럽"에 오신 것을 환영합니다. 오늘 주제는 직장 내 평등입니다. 남성과 여성은 동등한 권리를 가집니다. 1949년 제정된 독일 기본법에도 그렇게 명시가 되어 있죠. 하지만 여전히 다양한 분야에서 차이가 나는 것을 볼 수 있습니다. 예를 들면 승진 기회와 임금 측면에서 남성과 여성 사이에 현저한 차이가 있습니다. 이 주제에 대해 이미 오래 전부터 논의를 해 왔습니다. 오늘은 무역 회사 직원 Jens Baumgart 씨와 막 학업을 마치고 시민단체 Pro-Quote에서 활동 중인 Sabine Fischer 씨가 게스트로 나왔습니다. Fischer께서 먼저 시작해 주시죠. 발의 내용을 먼저 소개해 주실 수 있겠습니까?

Sabine Fischer 네, 좋습니다. 독일에는 이미 법률상의 규정이 있어서, 그에 따라 대기업의 경영진은 정해진 최소 비율의 여성 직원으로 채워야 할 의무를 집니다. 그러나 이것이 모든 회사에 적용되는 것은 아닙니다. 여성들은 기업과 다른 사회 분야의 경영진들 역시 특정 비율로 여성 직원 고용을 의무화하기를 바라고 있습니다.

사회자 Baumgart 씨께서는 이에 대해 어떻게 생각하십니까?

Jens Baumgart 저는 여성이 고위직을 맡아야 한다고 생각합니다만, 고정적인 할당량은 아니라고 생각합니다. 그 직책에 지원하는 사람이 그 자리에 적합한지가 중요한 것입니다. 기업은 인사 정책에 대해서 외부로부터 어떤 압력을 받아서는 안 됩니다.

Sabine Fischer 그러나 자발적으로는 아무것도 변하지 않을 것입니다. 독일의 200대 기업 가운데 모든 이사회 구성원 가운데 여성은 5% 이하이며, 여성도 남성만큼 경영 활동에 적합함에도 그렇습니다. 그리고 여성들은 비교적 좋은 학위를 받았음에도, 여교수의 수는 15%에 불과합니다. 우리 학교의 경우 이 비율이 더 나쁩니다.

Jens Baumgart 그러나 일부 여성들은 경영진 자리를 원하지 않습니다. 그것이 꼭 자격이 부족해서가 아니라 가족과 직장을 하나로 묶는 것이 매우 어렵기 때문입니다.

	예를 들어 전반적으로 저렴한 보육 시설이 있어야 하겠습니다. 많은 여성이 아이들을 돌보기 위해 일정 기간 직장을 그만둡니다. 여기에는 물론 법이 필요하지만, 경제 분야에 필요한 것은 아닙니다. 이제 우리는 여성들이 일자리를 가지도록 설득하거나, 혹은 충분한 자격을 갖추지 못했더라도, 할당량을 채우기 위해서 여성들을 고용해야 합니다.
Sabine Fischer	방금 말씀하신 내용은 모두 옳은 말입니다. 그런데 남성과 마찬가지로 여성이 기업 정책을 결정할 수 있다면, 어떤 일이 벌어질까요? 거기에는 예를 들어서 어려운 상황일 때에 기업 내 보육과, 아이들 가진 여성과 가정에 조율 가능한 근로 시간 모델이 반드시 필요합니다. 그러면 이제 경영진들은 이런 문제를 인식하게 될 것이고, 이러한 기업 내에서 무언가를 바꿀 중요한 결정을 내릴 수 있을 겁니다.
사회자	직장 내에서의 평등이라는 주제에 중요한 다른 점들은 어떻습니까? 수치상으로는 여성이 남성 대비 여전히 20% 적게 번다는 사실이 입증되었습니다.
Sabine Fischer	그러나 만약 여성이 더 큰 규모의 기업 정책을 함께 결정할 수 있다면, 마침내 어떤 조치가 취해질 수도 있을 겁니다.
Jens Baumgart	하지만 그건 여성 할당제와는 아무런 관련이 없습니다. 그건 다른 주제라고 생각합니다. 직업을 선택할 때부터 이미 문제가 시작됩니다. 여성들은 여전히 상대적으로 더 낮은 임금을 받는 전통적인 분야에서 일합니다. 예를 들어 교육 분야와 서비스직이 그것입니다. 이런 분야에서는 남성들도 많이 벌지 못합니다. 이런 기업을 여성이 운영하는 경우에도 그렇습니다.
사회자	Baumgart 씨와 Fischer 씨, 이 주제에 대한 흥미로운 통찰력을 보여주셔서 감사합니다. 저희 토론 주제에 대해서 청취자 여러분들께서는 어떻게 생각하십니까? 저희 쪽으로 전화 주십시오! 저희 전화번호는 0800 200···

0 기본법에 명시된 목표에는 아직 도달하지 못했다.

☒ Moderatorin   ▯ Frau Fischer   c Herr Baumgart

17 회사가 자발적으로 결정하도록 하는 것이 중요하다.

a Moderatorin   b Frau Fischer   ☒ Herr Baumgart

18 남성은 여성보다 더 많은 기회가 있다

a Moderatorin   ☒ Frau Fischer   c Herr Baumgart

19 회사 외부에서의 여성으로서의 불이익은 어느 정도 변화가 있어야 한다.

    a Moderatorin   b Frau Fischer   ☒ Herr Baumgart

20 여성 할당제는 잘못된 결정으로 이어질 것이다.

    a Moderatorin   b Frau Fischer   ☒ Herr Baumgart

21 여성과 남성 사이에 임금 차이가 있다.

    ☒ Moderatorin   b Frau Fischer   c Herr Baumgart

22 더 많은 여성이 지도자의 위치에 있다면 임금 격차가 존재한다.

    a Moderatorin   ☒ Frau Fischer   c Herr Baumgart

듣기 유형 4 ••••

MP3 03_04

당신은 하나의 강의를 듣습니다. 발표자는 "도시의 주택 부족"이라는 주제를 가지고 이야기합니다. 본문은 **두 번** 듣습니다. 각 질문에 올바른 답을 선택하세요.

이제 질문 23~30번을 읽어 보세요. 이것을 위하여 당신은 90초의 시간이 있습니다.

📄 Skript

Herzlich willkommen meine sehr geehrten Damen und Herren zu meinem Vortrag. Das Thema meines Vortrags lautet Wohnungsnot in den Städten. Ich bin Michael Meyer von der Universität Erfurt.

Seit einiger Zeit kann man fast täglich in der Presse lesen, wie schwierig es im Moment ist, in den Städten eine bezahlbare Wohnung zu finden. Die Mieten steigen und steigen. Besonders Studenten und junge Familien leiden unter dieser Situation. Experten vermuten, dass die derzeit fortlaufende Entwicklung zu noch größeren Problemen führen wird. Den gravierenden Wohnungsmangel bekommen nicht nur junge Leute zu spüren, sondern auch ältere Menschen stehen vor neuen Problemen und Herausforderungen.

Einen Ansatz zur Lösung haben nun Makler gefunden. Viele ältere Menschen leben allein in Wohnungen, die für sie allein zu groß und oft auch zu teuer sind. Makler haben daher nun begonnen, Studenten und Auszubildende an Zimmer bei älteren Menschen zu vermitteln. Im Gegenzug für vergleichsweise günstige Mieten, helfen die jungen Leute im Haushalt und bei der Erledigung von Einkäufen und anderen Besorgungen.

Diese neue Art der Wohngemeinschaft stellt sowohl für die jungen Leute als auch für die Älteren, eine spezielle und sicher auch wertvolle Erfahrung dar. Zu den klaren Aufgaben der Untermieter gehört das Einkaufen, Kochen und das Sauberhalten der Wohnung. Die jungen Leute sind in keiner Weise dazu verpflichtet, ihre Freizeit mit den älteren Herrschaften zu verbringen. Es kann jedoch sein, dass die älteren Leute eben diese Erwartung an ihre jungen Untermieter stellen und gemeinsames Fernsehen am Abend oder eine Runde Kartenspiel können als Pflicht angesehen werden. Dies kann daher schnell zu Konflikten führen. Wichtig ist es daher, dass die Richtlinien auf beiden Seiten klargestellt und verstanden werden. Im Endeffekt können beide Parteien von einem solchen Abkommen profitieren: Die zuvor allein lebende ältere Person, die zumeist auch über ein Gefühl der Einsamkeit klagt, ist nicht länger die ganze Zeit allein und die jungen Studenten erhalten eine günstige Bleibe. Um größere Konflikte und Meinungsverschiedenheiten zu schlichten, scheint es ein guter Ansatz, dass die Makler auch nach der Vermittlung weiterhin als Ansprechpartner zur Verfügung stehen. Diese ersten Versuche gestalten sich bereits jetzt schon als eine Art soziales Projekt. Die zunehmende Alterung der deutschen Bevölkerung wird schon seit mehreren Jahren als Problem thematisiert. Daher ist es vielleicht eine Überlegung wert, eine derartige Form des Zusammenlebens in Erwägung zu ziehen. Schließlich können sowohl die jungen Leute von ihren älteren Mitbewohnern lernen als auch die älteren Vermieter einen positiven Nutzen aus der gemeinsamen Wohnsituation ziehen. Dennoch sollte allerdings nicht außer Acht gelassen werden, dass viele junge Leute sich wünschen, mit der Freundin oder dem Freund zusammen zu wohnen. Hier kann auch dieses neue Wohnmodell keine Lösung bringen. Es fehlt daher noch immer ein Ansatz, der es allen Beteiligten ermöglicht, frei nach den eigenen Wünschen zu handeln.

Letztendlich ist es die Aufgabe der Politik, die Städte als Lebensraum zu erhalten und Lösungen für die Wohnungsknappheit zu finden, sowie Möglichkeiten für das Erschaffen tragbarer Unterkünfte zu aufzuzeigen, welche für die verschiedenen Formen des Zusammenlebens benötigt werden. Doch sollte man nicht aus den Augen verlieren, dass Projekte wie diese durchaus einen Anstoß zum Umdenken liefern können. Damit bin ich am Ende meiner Präsentation angekommen.

Herzlichen Dank für Ihre Aufmerksamkeit.

어휘 die Presse [n.] 신문, 잡지 **der Experte** [n.] 전문가 **gravierend** [p.a.] 심각한, 중대한 **der Makler** [n.] 중개인, 브로커 **vermitteln** [v.] 중개하다 **vergleichsweise** [adv.] 비교적 **pl. Besorgungen** [n.] 돌봄, 관리 (die Besorgung) **der Untermieter** [n.] 전차인, (일부만) 세들어 사는 사람 **pl. Konflikten** [n.] 충돌, 분쟁 (der Konflikt) **führen** [v.] 하다, 행하다 **pl. Richtlinien** [n.] 지침, 방침 (die Richtlinie) **pl. Parteien** [n.] 당사자 (die Partei) **profitieren** [v.] 이득을 보다 **zumeist** [adv.] 대부분, 대게 **die Einsamkeit** [n.] 외로움 **klagen** [v.] 호소하다, 불평하다 **schlichten** [v.] (불평 따위를) 조정하다, 중재하다 **sich gestalten** [v.] (어떤 형태로) 되다 **die Bevölkerung** [n.] 인구 **werden...thematisiert** [v.] 공론화 되다, 주제로 되다 (thamtisieren의 수동태) **derartig** [a.] 이런 종류의 **die Erwägung** [n.] 고려, 숙고 **handeln** [v.] 행동하다 **die Wohnungsknappheit** [n.] 주택 부족 현상 **tragbar** [a.] 감당할 수 있는, 참을 수 있는 **aufzeigen** [v.] 제시하다 **werden...benötigt** [v.] 필요하게 되다 (benötigen의 수동태) **durchaus** [adv.] 완전히 **der Anstoß** [n.] 원동력, 자극

🔍 해석

여러분 안녕하십니까? 저의 강연에 오신 것을 진심으로 환영합니다. 제 강연 주제는 도시의 주택 부족 현상입니다. 저는 Erfurt 대학교의 Michael Meyer입니다.

얼마 전부터 거의 매일, 도시에서 월세를 감당할 수 있는 수준의 집을 찾는 일이 현재 얼마나 어려운지에 대해 신문에서 읽어 볼 수 있었습니다. 월세는 계속해서 오르고 있습니다. 특히 학생들과 젊은 가정의 경우 이 상황에서 고통을 겪고 있습니다. 전문가들은 현재 계속되고 있는 개발로 인해 더 큰 문제들이 발생할 것으로 전망하고 있습니다. 심각한 주택 부족을 젊은 사람들만 느끼고 있는 것이 아니라, 나이 든 사람들 역시 새로운 문제와 도전에 직면하고 있습니다.

현재 부동산 중개업자들이 문제 해결을 위한 해결책을 찾아냈습니다. 많은 노인이 혼자 살기에는 너무 크고 종종 너무 비싼 집에서 홀로 삽니다. 그래서 부동산 중개업자들은 학생들과 실습생들을 노인들이 사는 집의 방을 알선해 주기 시작했습니다. 월세가 비교적 저렴한 대신에 젊은 사람들은 집안일과 장보기

그리고 기타 심부름을 도와줍니다.

이런 새로운 유형의 주거 단지는 젊은 사람들과 나이 든 사람들 모두에게 특별하고 분명 가치가 있는 경험을 만들어 낼 것입니다. 장보기와 요리, 그리고 집 안 청소는 명확히 전차인이 해야 할 일입니다. 젊은 사람들은 어떤 식으로든 자신의 여가를 나이 든 집 주인들과 함께 보내는 것은 아닙니다. 하지만 나이 든 사람들이 젊은 전차인들에게 그런 기대를 두고 저녁에 함께 TV를 보거나 카드 게임을 한 판 하는 것을 의무 사항으로 여길 수도 있습니다. 이로 인해 빠르게 충돌이 일어날 수 있습니다. 그래서 지침을 양측에 명확히 하고 양측 모두 이해하는 것이 중요합니다. 결국 양쪽 당사자들 모두 그런 합의로 이득을 볼 수 있습니다. 대부분 외로움을 호소하며 지금껏 혼자 살았던 나이 든 사람은 더 이상 온종일 혼자가 아니며, 젊은 학생들은 저렴한 보금자리를 얻는 것 말입니다. 큰 갈등과 의견의 차이를 조정하기 위해서, 알선 이후에도 부동산 중개업자가 계속해서 상담자로 연락 가능한 상태를 유지하는 것이 좋은 발판이 될 것으로 보입니다.

이런 초기 시도들은 이미 현재 일종의 사회 프로젝트가 되고 있습니다. 독일 인구 고령화는 이미 수년 전부터 공론화되어 왔습니다. 따라서 이러한 공동생활 형태를 고려해 볼 만한 가치가 있을 것입니다. 결국, 젊은 사람들은 그들의 연장자 동거인으로부터 배울 수 있고, 나이든 집주인은 공동 주거 환경에서 긍정적인 효용을 얻을 수 있습니다. 그럼에도 불구하고 많은 젊은 사람들이 여자친구나 남자친구와 함께 살기를 바란다는 점을 간과해서는 안 됩니다. 이점에는 이 새로운 주거 모델도 해결책을 가져오지 못합니다. 그래서 모든 당사자가 원하는 대로 자유롭게 행동할 수 있는 접근법은 여전히 부족합니다.

마지막으로, 도시를 생활 공간으로 보존하고 주택 부족 현상의 해결책을 찾는 것은 물론 다양한 형태의 공동 주거 형태에 필요한 감당할 수 있는 가격 수준의 집을 만들어 낼 방법을 제시하는 것이 정책 과제입니다.

그러나 이런 프로젝트들이 완전히 새로운 발상의 전환을 가져올 계기가 될 수 있다는 점도 간과해서는 안 됩니다. 이로써 저의 발표는 끝났습니다.

경청해 주셔서 대단히 감사합니다.

---

23 부동산 중개업자들은 주택 부족의 문제의 해결책으로

ⓐ 노인들에게 조금 작은 집을 알선해 준다.

☒ 학생들에게 노인들이 사는 집을 알선해 준다.

ⓒ 실습생에게 기숙사를 알선해 준다.

24 주택 부족의 문제는

ⓐ 특히 젊은 사람들에게 영향을 미쳤다.

ⓑ 노인들에게만 영향을 미쳤다.

☒ 젊은 사람들과 노인들 모두에게 동등한 영향을 미쳤다.

25 젊은 사람들은

☒ 집안일을 해야 할 의무가 있다.

b 노인들과 자유시간을 보내야 할 의무가 있다.

c 아무런 의무가 없다.

26 함께 사는 것은

a 갈등이 배제된다.

b 양쪽 모두에게 장점만이 있다.

☒ 서로 다른 기대로 인한 갈등이 발생할 수 있다.

27 독일 인구의 고령화는

a 갑자기 공론화되었다.

☒ 오래전부터 문제로 여겨졌다.

c 그다지 문제가 아니다.

28 많은 젊은이가

☒ 여자친구나 남자친구와 함께 살고 싶어 한다.

b 더욱 부모와 함께 살고 싶어 한다, 왜냐하면 부모가 집안일을 도와주기 때문이다.

c 혼자 살고 싶어 하거나 무조건적으로 부모와 함께 살고 싶어 한다.

29 새로운 주거 형태는

a 마침내 올바른 해결책을 가져왔다.

b 정책적 압박이 필요하다.

☒ 각자가 바라는 대로 자유롭게 가능하게 하지는 못한다.

30 정책은

a 주택 부족 문제를 해결하는 것과는 아무런 관련이 없다.

X 문제 해결에 책임을 져야 한다.

c 이미 효과적인 방안을 제시할 수 있었다.

쓰기 유형 1 ● ● 권장 시간: 50분

"직장에서의 문제"라는 주제로 공개 토론(포럼) 기고문을 작성하세요.

- 직장에서의 문제에 대한 당신의 의견을 진술하세요.
- 왜 많은 사람이 직장에서 문제가 있는지 이유를 설명하세요.
- 직장에서의 문제에 대한 주제로 개인적인 경험을 진술하세요.
- 직장에서의 문제를 어떻게 고칠 수 있는지 방법을 제시하세요.

서론과 결론에 대해 생각해 보세요. 성적에는 내용의 논점이 얼마나 정확하게 서술되었고 텍스트가 얼마나 정확한지, 그리고 각각의 문장과 단락이 언어적으로 얼마나 적절히 연결되었는지 등이 평가됩니다.
최소한 150 단어를 적으세요.

예시 답안

Viele Menschen haben heutzutage Probleme an ihrem Arbeitsplatz. Meiner Meinung nach ist dies ein Phänomen der modernen Gesellschaft, in der alle Arbeiter unter besonders großem Druck stehen.

Die Strukturen am Arbeitsplatz können ein Grund für Probleme sein. So kann zum Beispiel ein Vorgesetzter seine Macht über andere Mitarbeiter ausnutzen, um ihnen unbegründete Befehle zu geben und Aufgaben auf zu erlegen. Ebenso können kurzfristige Abgabetermine von Projekten zu Stress führen, welcher den Arbeiter unter Druck setzt und ihm Probleme am Arbeitsplatz bereitet.

Persönlich habe ich Probleme am Arbeitsplatz erfahren, weil ich nicht mit meinen Kollegen zurechtgekommen bin. Ich habe mich nicht besonders gut mit einem meiner Kollegen verstanden, weil er immer wieder versucht hat seine Aufgaben auf mich abzuwälzen.

Ich denke, dass Kommunikation eine gute Möglichkeit ist, Probleme am Arbeitsplatz zu lösen. In einem Gespräch mit den betroffenen Kollegen und einem Vorgesetzten sollte man offen darüber reden, was einem Probleme bereitet und gemeinsam einen Plan aufstellen, damit es allen am Arbeitsplatz besser ergeht. (162 Wörter)

🔍 해석

요즘 많은 사람이 그들의 직장에서 문제를 겪고 있습니다. 저는 이것이 특히 큰 압력을 받고 있는 노동자에게 현대 사회에서 일어나는 하나의 현상이라고 생각합니다.

직장의 구조가 문제의 원인일 수 있습니다. 예를 들어 한 상사가 그의 권력으로 다른 직원에게 근거 없는 명령을 내리고 과도한 업무로 쓰러트리기 위해 다른 직원을 이용합니다. 마찬가지로 프로젝트의 짧은 제출 기간은 스트레스를 유발할 수 있으며, 이로 인해 직원에게 압력이 가해져 직장에서 문제가 발생합니다.

저는 개인적으로 직장에서 제 동료들과 잘 어울리지 못했기 때문에 문제를 경험했습니다. 저는 특별히 한 동료를 잘 이해하지 못했습니다. 왜냐하면 그는 항상 그의 업무를 저에게 떠넘기려고 시도했기 때문입니다.

저는 소통이 직장 내 문제를 해결할 수 있는 좋은 방법이라고 생각합니다. 문제가 되는 동료와 한 명의 상사와 대화에서 문제의 원인에 대해 공개적으로 이야기하고 직장 내 모든 사람이 더 나은 방법으로 잘 지낼 수 있도록 함께 계획을 수립하는 것이 좋습니다.

어휘 **das Phänomen** [n.] 현상 **Druck** [n.] 압박 **pl. Strukturen** [n.] 구조 (die Struktur) **der Vorgesetzter** [n.] 상사 **die Macht** [n.] 권력 **ausnutzen** [v.] 이용하다, 착취하다 **unbegründet** [a.] 이유 없는, 사실 무근의 **pl. Befehle** [n.] 명령 (der Befehl) **erlegen** [v.] (적 따위를) 쓰러뜨리다 **ebenso** [adv.] 똑같이, 마찬가지로 **kurzfristig** [a.] 단기의 **die Abgabetermine** [n.] 단기의 제출 기간 **bereiten** [v.] 준비하다, 만들다 **zurechtkommen** [v.] 잘 해내다, 잘 다루다 **abwälzen** [v.] (부담이 되는 것을) 전가하다 **betroffenen Kollegen** [n.] 관계된, 문제가 되는 동료 **aufstellen** [v.] 세우다, 구성하다 **ergehen** [v.] (어떻게) 지내다

쓰기 유형 2 •• 권장 시간: 25분

당신은 독일 회사에서 직원으로 근무하고 있습니다. 프라이부르크로의 출장을 위해 당신은
많은 것을 준비해야 합니다. 약속 장소는 중앙역이었으나, 지금은 오히려 다른 장소에서 만나고
싶습니다. 사업 파트너 Müller 씨에게 편지를 적으세요.

당신의 상황에 대한 이해를 부탁하세요.	왜 다른 장소에서 만나기를 원하는지 이유를 적으세요.
다른 만남의 장소를 제안하세요.	상황에 대해 사업 파트너에게 이해를 구하세요.

내용의 논점을 알맞은 순서로 준비하세요. 내용의 논점이 얼마나 정확하게 서술하였는지,
텍스트의 정확도 및 각각의 문장과 단락이 언어적으로 얼마나 적절히 연결되었는지가
평가됩니다. 마지막 부분에 호칭과 안부를 생각하세요. 최소 100 단어를 적으세요.

예시 답안

Sehr geehrter Herr Müller,

es tut mir sehr leid, aber mir ist nicht möglich Sie wie verabredet, am Hauptbahnhof zu treffen. Durch die Baustellen, die es derzeit in der ganzen Stadt gibt, kommt mein Bus am Rathaus an und von dort aus komme ich nicht zum Hauptbahnhof.

Wäre es möglich, dass wir uns am Rathaus treffen? Dort gibt es ein kleines Café, in dem man sich gut unterhalten kann. Falls es Ihnen nicht möglich sein sollte zum Rathaus zu kommen, können wir auch einen anderen Treffpunkt ausmachen.

Ich bitte noch einmal vielmals um Entschuldigung für die Unannehmlichkeiten.

Freundliche Grüße,
Christine Mayer (101 Wörter)

해석

존경하는 Müller 씨,

정말 죄송합니다만, 제가 당신과 약속한 것처럼 중앙역에서 만나는 것이 불가능합니다. 현재 도시 전체에 있는 공사 현장으로 인하여 제 버스는 시청까지 가고 그곳에서부터 저는 중앙역으로 갈 수가 없습니다.

우리가 시청에서 만날 수 있을까요? 그곳에는 대화를 나누기 좋은 작은 카페가 있습니다. 시청으로 오는 것이 가능하지 않은 경우, 우리는 다른 만남의 장소를 정할 수도 있습니다. 불편하게 해드려 다시 한 번 진심으로 사과드립니다.

친절한 안부를 담아,
Christine Mayer

어휘 die Baustelle [n.] 공사장, 건축 현장 | derzeit [adv.] 지금, 현재 | ausmachen [v.] 결말짓다, 해결하다 | die Unannehmlichkeit [n.] 불쾌한 일, 귀찮은 일

참가자 A

MP3 03_05

말하기 유형 1 •• **프레젠테이션 하기** 두 명의 참가자 시간을 합쳐서: 약 8분

당신은 세미나에 참여하여 그곳에서 하나의 짧은 프레젠테이션을 해야 합니다. 하나의 주제를 선택하세요. (주제 1 또는 주제2) 당신의 파트너는 당신을 경청한 후 당신에게 질문을 합니다.

당신의 프레젠테이션을 서론과 본론 그리고 결론으로 구성하세요. 준비 시간 동안에 당신의 메모와 아이디어를 적어 두세요. 약 4분 정도 이야기하세요.

주제 1

> **주 4일 근무**
>
> - 다양한 방안을 설명하세요. (예시: 교대 근무).
> - 장점과 단점을 언급하고 그것에 대하여 평가하세요.
> - 하나의 방안을 더 자세히 설명하세요.

> 💬 **예시 답안**
>
> Die Idee der 4-Tage-Woche findet auch in Deutschland immer größeren Anklang. Viele Chefs machen sich jedoch Sorgen um ihr Geschäft und wie die Produktivität erhalten werden kann. Experten haben bereits mehrere Möglichkeiten beschrieben, wie die 4-Tage-Woche in die Realität umgesetzt werden könnte. Zu diesen Möglichkeiten gehören Schichtarbeit, sowie eine 4-Tage-Woche mit gleicher Stundenzahl oder aber auch mit geringerer Stundenzahl.
>
> Viele von Experten erwähnte Aspekte sprechen für eine Einführung der 4-Tage-Woche. Zu den klaren Vorteilen der 4-Tage-Woche sowohl auf Seiten des Arbeitnehmers als auch auf Seiten des Arbeitgebers gehören die deutlich weniger werdenden Fehltage der Angestellten.
>
> Mussten sich Mitarbeiter zuvor oft einen Tag freinehmen, weil sie einen Arzttermin oder einen Termin auf dem Amt wahrnehmen mussten, so könnte dies nun an dem freien

Wochentag erledigt werden. Ultimativ kann man sich so auch besser auf anstehende Arbeit und Projekte konzentrieren, da man seine Woche besser planen und strukturieren kann.

Würde man nur vier Tage die Woche arbeiten, so hätte man außerdem mehr Zeit für Familie und Freunde, sowie Freizeitaktivitäten. Experten gehen davon aus, dass man, wenn man so einen besseren Ausgleich zwischen Privatem und der Arbeit schaffen kann, letztendlich auch konzentrierter und produktiver während der Arbeitszeit sein kann. Immer wieder werden daher auch die gesundheitlichen Vorteile betont, da Krankheiten wie Burnout auf dem besten Weg ist, eine Volkskrankheit zu werden und somit aktiv nach einer Vorbeugung gesucht wird.

Viele Chefs bemängeln jedoch, dass eine kürzere Arbeitswoche nicht helfen kann, wenn ein Unternehmen unterbesetzt ist und zu viele Aufgaben oder Projekte auf einmal anstehen.

Eine 4-Tage-Woche muss jedoch nicht bedeuten, dass eine Firma einen Tag in der Woche geschlossen bleibt.

Hier müsste man lediglich die Schichtarbeit einführen, bei der z.B. Team A von Montag bis Donnerstag und Team B von Dienstag bis Freitag arbeitet. Auch könnte, für eine durchgehend gleichstarke Besetzung, jeder der Angestellten an einem anderen Tag frei bekommen. So können die Firmen weiterhin wettbewerbsfähig bleiben.

🔍 해석

독일에서도 주 4회 근무가 계속해서 더 큰 호응을 얻고 있습니다. 그러나 많은 경영자들은 그들의 사업과 생산성 유지 방법에 대해 우려하고 있습니다. 전문가들은 주 4일 근무를 현실로 바꿀 수 있는 더 많은 방법에 대하여 이미 설명했습니다. 이러한 방법에는 교대 근무와 동일한 시간 또는 더 적은 시간으로 주 4일 근무하는 것이 포함됩니다.

전문가들이 언급한 수많은 측면들이 주 4일 근무제 도입을 긍정적으로 이야기합니다. 직원뿐 아니라 고용주의 측면에서도 주 4일 근무의 명백한 이점 중 하나는 직원의 결근 일수가 현저하게 적어진다는 것입니다.

직원들은 병원이나 공공기관 예약 날짜에 방문을 해야 해서 그 전에 자주 자리를 비웠다면 이제는 휴무 때에 처리할 수 있습니다. 최종적으로 한 주를 더 잘 계획하고 구성할 수 있어서 긴급한 작업 및 프로젝트에 더 집중할 수 있습니다.

주중에 4일만 일한다면. 그렇게 여가 활동 및 그 밖에 가족과 친구들을 위해 더 많은 시간을 가질 수 있을 것입니다. 전문가들은 개인 생활과 업무 간에 더 나은 균형을 유지할 수 있다는 전제하에, 결과적으로 근무 시간 동안 더 많은 집중력과 생산성 또한 높일 수 있다고 생각합니다. 번아웃과 같은 질병이

국민 질병으로 확산되어 적극적으로 예방 방법을 찾고 있기 때문에 건강상의 이점이 계속해서 재차 강조되고 있습니다.

하지만 많은 경영자들이 회사에 인력이 부족하고 더 많은 작업이나 프로젝트를 한꺼번에 몰리는 경우 짧은 주당 근무 시간은 도움이 될 수 없다고 비판합니다.

그러나 주 4일 근무가 한주에 하루는 문을 닫아야 한다는 것을 의미하는 것은 아닙니다.

이 경우 교대 근무제만 도입하면 됩니다. 예를 들어 A팀은 월요일부터 목요일까지 일하고 B팀은 화요일부터 금요일까지 일을 하는 것입니다. 또 일관되고 같은 업무를 지속하기 위해, 모든 직원이 다른 날 휴무를 가질 수도 있습니다. 이렇게 기업은 계속 경쟁력을 유지할 수 있습니다.

어휘 der Anklang [n.] 호응 (finden과 함께 사용할 때 '호응을 얻다'라는 뜻을 가짐) ㅣ die Produktivität [n.] 생산성 ㅣ der Experte [n.] 전문가 ㅣ haben...beschrieben [v.] 설명했다 (beschreiben의 현재완료) ㅣ gering [a.] 적은 ㅣ erwähnt [p.a.] 언급된 ㅣ die Einführung [n.] 도입 ㅣ pl. Fehltage [n.] 결근 (der Fehltag) ㅣ wahrnehmen [v.] 알아보다 ㅣ werden...erledigt [v.] 처리되다 (erledigen의 수동태) ㅣ ultimativ [a.] 최종적으로 ㅣ anstehend [p.a.] 긴급한 ㅣ sich konzentrieren [v.] 집중하다 ㅣ der Ausgleich [n.] 균형 ㅣ betonen [v.] 강조하다 ㅣ das Burnout [n.] 번아웃 증후군 ㅣ die Volkskrankheit [n.] 국민 질병 ㅣ die Vorbeugung [n.] 예방 ㅣ bemängeln [v.] 비난하다 ㅣ unterbesetzt [a.] 인원 부족의 ㅣ anstehen [v.] 시급한 처리를 요하다 ㅣ die Schichtarbeit [n.] 교대 근무 ㅣ einführen [v.] 도입하다 ㅣ wettbewerbsfähig [a.] 경쟁력 있는

주제 2

유기농 열풍

· 다양한 원인을 설명하세요. (예시: 유기농 식료품)

· 장점과 단점을 언급하시고 이를 평가하세요.

· 하나의 원인을 더 상세하게 설명하세요.

예시 답안

Innerhalb des letzten Jahrzehnts hat die Diskussion um die „Bio-Welle" stetig an Aufwind gewonnen. Natürlich gibt es in einer solchen Diskussion nicht nur Befürworter, sondern auch Gegner. Die „Bio-Welle" umfasst nicht nur die viel umstrittenen Bio-Lebensmittel, auch Kosmetika, Reinigungsmittel, Textilien und Treibstoffe können unter den Begriff „Bio-Welle" fallen.

Die meist diskutierten Bio-Produkte sind jedoch bei Weitem die Bio-Lebensmittel. Man sagt, dass Bio-Lebensmittel eine bessere Qualität vorweisen als die „normalen" und weit verbreiteten Lebensmittel. Heutzutage stehen sie außerdem so gut wie überall zum Verkauf. In fast jedem lokalen Supermarkt kann man eine Bio-Ecke vorfinden, meist direkt neben den „normalen" Lebensmitteln. Es wird auch argumentiert, dass eine Umstellung auf reinen Bioanbau zu einer guten und längst überfälligen Landwirtschaftsreform führen würde.

Ob der Anbau von Bio-Lebensmitteln dem Schutz der Natur dient oder eher genau zu dem Gegenteil beiträgt, ist besonders umstritten. Die Meinung, dass Bio-Lebensmittel umweltschädlich sind, ist weit verbreitet. Denn oft können große Mengen von Bio-Lebensmitteln nicht direkt lokal angebaut werden, sondern müssen eine weite Reise zurücklegen, bevor sie in die Regale der Supermärkte gelangen.

Deshalb wird gesagt, dass die Abgase des Transports der Bio-Lebensmittel der Umwelt extrem schaden. Streng kontrollierte Bedingungen machen den Verlauf außerdem kompliziert. Einer der größten Nachteile von Bio-Lebensmitteln sind ohne Frage die erhöhten Preise. Nicht jeder ist in der finanziellen Lage sich Bio-Lebensmittel leisten zu können und unterliegen dennoch dem sozialen Druck.

Zuletzt ist außerdem der Begriff Bio-Lebensmittel selbst stark umstritten und ungenaue Definitionen können vermehrt zu Missverständnissen führen. So definiert die EU Bio-Lebensmittel als Produkte, die aus ökologisch kontrolliertem Anbau stammen, nicht genetisch verändert werden dürfen, und ohne Einsatz von chemisch-synthetischen Pflanzenschutzmitteln, Kunstdünger oder Klärschlamm angebaut werden müssen.

Gleichzeitig dürfen tierische Produkte nicht mit Antibiotika und Wachstumshormonen gefüttert werden und müssen nach einer Verordnung artgerecht gehalten werden. Jedoch kann ein anderer Verbund oder ein anderes Land diese Vorschriften ganz anders definieren.

Letztendlich denke ich, dass der Ansatz der „Bio-Welle" definitiv positiv und als anstrebenswert bewertet werden sollte. Es fehlt jedoch an einer Umsatzweise, die Bio-Produkte zugänglich für die breite Masse machen kann.

해석

지난 10년 동안 "유기농 열풍"에 대한 토론이 끊임없이 고조되고 있습니다. 물론 이러한 토론에는 지지자만 있는 것이 아니라 반대자도 있습니다. "유기농 열풍"은 논란이 많은 유기농 식품뿐만 아니라 화장품, 세제, 섬유 및 연료도 "유기농 열풍"이라는 개념에 포함됩니다.

그러나 지금까지 가장 많이 논의된 유기농 제품은 바로 유기농 식품입니다. 유기농 식품은 "표준(보통)의" 그리고 널리 보급된 식품보다 품질이 더 우수하다고 합니다. 뿐만 아니라 요즘 그것은 거의 모든 곳에서 쉽게 판매됩니다. 거의 모든 지역 슈퍼마켓에서 보통 "일반적인" 음식 옆에 유기농 코너가 있습니다. 또한 품질이 좋은 유기농 재배법으로 전환하면 오랫동안 늦어진 농업 개혁으로 이어질 것이라고 주장됩니다.

유기농 식품의 재배가 자연을 보호하는 데 도움이 되는지 혹은 엄밀히 반대 방향에 기여하는지에 대해서는 특히 논쟁의 여지가 있습니다. 유기농 식품이 환경에 해롭다는 의견은 널리 퍼져 있습니다. 왜냐하면 많은 양의 유기농 식품은 현지에서 재배될 수 없고, 슈퍼마켓 선반에 도착하기 전에 먼 거리를 돌아오는 시간을 보내야 하기 때문입니다.

그렇기 때문에 유기농 식품을 운송할 때 발생하는 배기가스가 환경에 매우 해롭다고 이야기됩니다. 그밖에도 엄격하게 통제된 조건은 생산 과정을 복잡하게 만듭니다. 유기농 식품의 가장 큰 단점 중 하나는 의문의 여지없이 높은 가격입니다. 모든 사람이 유기농 식품을 구매할 수 있는 재정적 상황에 있지는 않지만 사회적 압박에 지배되고 있습니다.

마지막으로 유기농 식품이라는 용어는 그밖에도 논란의 여지가 있으며 부정확한 의미가 오해를 확대시킬 수 있습니다. 유럽연합은 유기농 식품을 생태적으로 통제된 재배 환경에서 유래되고, 유전자를 변화시키면 안 되고, 화학 합성 살충제, 인공 비료 또는 하수 침전물의 사용 없이 재배되어야 하는 제품으로 정의하고 있습니다.

동시에 동물성 제품에는 항생제와 성장 호르몬이 포함되어서는 안 되며 종류에 적합한 규정으로 보관해야 합니다. 그러나 다른 협회나 다른 국가에서는 이러한 규정을 매우 다르게 정의할 수 있습니다.

마지막으로 저는 "유기농 열풍"의 시작이 결정적으로 긍정적이고 노력할 가치가 있다고 생각합니다. 그러나 더 많은 대중이 유기농 제품에 접근할 수 있는 판매 방법이 아직도 부족합니다.

어휘   der Aufwind [n.] 상승, 상승 기류 ㅣ der Befürworter [n.] 지지자 ㅣ der Gegner [n.] 반대자 ㅣ umfassen [v.] 포괄하다 ㅣ umstritten [a.] 논란이 많은 ㅣ pl. Textilien [n.] 섬유, 직물류 ㅣ pl. Treibstoffe [n.] 연료 (der Treibstoff) ㅣ vorweisen [v.] 제시하다 ㅣ verbreitet [p.a.] 보급된 ㅣ vorfinden [v.] 존재하다 ㅣ die Umstellung [n.] 전환 ㅣ überfällig [a.] 늦어진 ㅣ die Landwirtschaftsreform [n.] 농업 개혁, 농업 혁신 ㅣ der Anbau [n.] 재배 ㅣ beitragen [v.] 기여하다 ㅣ werden...angebaut [v.] 재배되다 (anbauen의 수동태) ㅣ zurücklegen [v.] (시간을) 보내다 ㅣ gelangen [v.] 도착하다, 도달하다 ㅣ die Abgase [n.] 배기가스 ㅣ der Transport [n.] 운송 ㅣ die Bedingung [n.] 조건 ㅣ unterliegen [v.] 지배되다 ㅣ der Druck [n.] 압박 ㅣ vermehrt [p.a.] 증대시키는, 번식하는 ㅣ ökologisch [a.] 생태계의 ㅣ stammen [v.] 유래되다 ㅣ genetisch [a.] 유전학의 ㅣ werden...verändert [v.] 변화되다 (verändern의 수동태) ㅣ chemisch [a.] 화학적인 ㅣ synthetisch [a.] 합성의 ㅣ der Kunstdünger [n.] 인공 비료 ㅣ der Klärschlamm [n.] 침전물 ㅣ gleichzeitig [a.] 동시에 ㅣ das Antibiotika [n.] 항생제 ㅣ das Wachstumshormon [n.] 성장호르몬 ㅣ die Verordnung [n.] 규정 ㅣ artgerecht [a.] 종류에 적합한 ㅣ die Vorschrift [n.] 규정 ㅣ anstrebenswert [a.] 노력할 가치가 있는 ㅣ werden...bewertet [v.] 평가되다 (bewerten의 수동태) ㅣ die Umsatzweise [n.] 판매 방법

말하기 유형 2 •• **토론하기** 두 명의 참가자 시간을 합쳐서: 약 5분 (MP3 03_06)

당신은 토론 클럽의 참가자이며 최근 시사 질문에 대한 토론을 합니다.

남자 아이들과 여자 아이들은 특정한 과목에서
상호 간에 따로 떨어져 수업을 받게 되어야 합니까?

- 당신의 관점과 논쟁들을 주고받으세요. (교환하세요.)

- 당신의 파트너의 논쟁에 적절한 반응을 하세요.

- 마지막에 요약하세요: 당신은 동의하십니까 아니면 반대하십니까?

이 주요 사항들을 사용하면 도움이 됩니다.

차별?
더 열린 토론?
세 번째 성별?
여전히 같은 주제로 수업을 하고 있습니까?
...

예시 답안

A Meiner Meinung nach ist es eine sehr gute Idee, dass Jungen und Mädchen in bestimmten Fächern getrennt voneinander unterrichtet werden. Besonders in einem Fach wie Biologie kann dies von Vorteil sein. In der Tat werden Klassen bereits häufig in zwei Gruppen, in Mädchen und Jungen, aufgeteilt, wenn es in Biologie um das Thema der Aufklärung geht. Warum sollte ein ähnliches System dann auch nicht bei heiklen Themen in anderen Fächern angewandt werden? Besonders in der Unterstufe kommt es doch immer wieder zu Situationen, in denen die Kinder eingeschüchtert sind, wenn sie ihre Meinung vertreten sollen. Ich denke, dass derartige Umstände verringert werden können, wenn die Kinder sich in der Diskussionsgruppe wohler fühlen. Dies kann zum Beispiel dadurch erreicht werden, dass die Schüler nach dem Geschlecht in Gruppen geteilt werden.

B Wenn es darum geht, dass Schüler dazu animiert werden sollen, dann stimme ich zu, dass es eine gute Idee sein könnte. Ich frage mich jedoch, wie entschieden werden soll, welche Fächer bzw. welche Themen in nach Geschlechtern geteilte Gruppen unterrichtet werden sollen. Auch wenn die Kinder so in zwei Gruppen aufgeteilt werden, sollen dennoch die gleichen Themen unterrichtet werden? Soll dann ein ganzes Fach in diesen zwei Gruppen unterrichtet werden oder in einem Fach nur zu bestimmten Themen diese Gruppenmethode angewendet werden? Ich denke, dass es schwierig sein würde, dafür eine geeignete Regelung zu finden. Bei bestimmten Themen, wie der Aufklärung im Biologieunterricht, macht es Sinn, für einen Teil des Unterrichts die Mädchen und Jungen in zwei Gruppen aufzuteilen. Doch denke ich nicht, dass deswegen der gesamte Biologieunterricht getrennt stattfinden sollte.

A Das stimmt. Natürlich macht es keinen Sinn zum Beispiel ein Fach wie Mathe getrennt zu unterrichten. Aber ich denke, dass Kinder im jungen Alter eine Hemmung davor haben könnten, ihre Meinungen vor dem anderen Geschlecht frei zu formulieren. Daher bin ich der Meinung, dass die gelegentliche Aufteilung in eine Mädchen- und eine Jungengruppe, die Kinder animieren und eine offene Diskussion ermöglichen könnte. Wenn sie es schaffen, in diesen Gruppen effektiv ihre Meinungen zu vertreten, dann können sie auch selbstbewusster dem anderen Geschlecht gegenübertreten.

B Genau darin sehe ich ein Problem. Ich denke, dass solch eine Teilung zur Diskriminierung und zu Streit zwischen den beiden Gruppen führen würde. Unsere Gesellschaft bringt Kindern schon von selbst bei, dass Mädchen und Jungen unterschiedlich behandelt werden. Dies sollte nicht auch noch von der Schule bestärkt werden. Im Gegenteil finde ich, dass die Gleichstellung der beiden Geschlechter auch im Unterricht besser gefördert werden sollte. Daher bin ich dafür, dass offene Diskussionen und das Engagement aller Schüler beim

Meinungsaustausch unterstützt werden muss.

A Letztendlich muss ich Ihnen wohl Recht geben. Zuerst schien es eine gute Idee zu sein, Mädchen und Jungen des Öfteren in unterschiedliche Gruppen im Unterricht aufzuteilen. Doch Ihre Argumente machen Sinn. Dennoch bin ich der Meinung, dass auch die Schüler davon profitieren könnten, wenn eine derartige Aufteilung vielleicht experimentell in einigen Fächern einmal ausprobiert werden könnte.

B Natürlich, gegen einen Versuch spricht nichts. Generell denke ich jedoch, dass sich eine solche Unterrichtsmethode nicht durchsetzen wird und es bei einer gelegentlichen Trennung, wie zum Beispiel im Biologieunterricht, bleiben wird.

해석

A 저는 남자 아이들과 여자 아이들이 어느 특정 과목에서 상호 간 따로 수업을 받게 되는 것은 매우 좋은 아이디어라고 생각합니다. 이것은 특별히 생물 같은 과목에서 장점일 수 있습니다. 사실 생물 시간에 성교육 주제와 관련된 수업에서는 이미 자주 여자 아이들과 남자 아이들을 두 그룹으로 나눕니다. 왜 다루기 어려운 주제의 다른 과목에서도 이런 유사한 시스템이 실질적으로 적용되면 안 되는 건가요? 특히 저학년 아이들이 자신의 입장을 주장할 때 위협을 받는 상황이 반복해서 일어납니다. 저는 토론 그룹에서 아이들이 스스로 더 편안하다고 느끼면 이러한 상황을 줄일 수 있다고 생각합니다. 이것은 예를 들어 학생들의 성별에 따라 그룹을 나눔으로써 이룰 수 있습니다.

B 학생들이 그렇게 하도록 활기를 불어넣는 것이 목적이라면 좋은 아이디어일 수 있다는 것에 저는 동의합니다. 그러나 저는 그것이 어떻게 결정되어야 하는지, 즉 어떤 과목 또는 어떤 주제를 성별에 따라 나눈 그룹으로 가르쳐야 하는지 궁금합니다. 또 어린이들이 이렇게 두 그룹으로 나누어져 있어도 같은 주제를 가르쳐야 합니까? 이 두 그룹에서 전체 과목을 가르쳐야 합니까, 아니면 특정한 과목에서 정해진 주제만 이런 그룹 방법이 적용되어야 합니까? 저는 이에 대한 적절한 규정을 찾기가 어렵다고 생각합니다. 예를 들어 생물학 수업의 성교육과 같은 특정 주제의 경우 수업의 한 부분을 여와 남을 두 그룹으로 나누는 것은 의미가 있습니다. 그러나 저는 그 때문에 전체 생물학 수업이 그것 때문에 개별적으로 이루어져야 한다고는 생각하지 않습니다.

A 맞습니다. 물론 수학과 같은 과목을 따로 가르치는 것은 아무 의미가 없습니다. 그러나 저는 아이들이 어린 나이에 그들의 의견을 이성 때문에 자유롭게 표현하는 것을 방해받을 수 있다고 생각합니다. 따라서 저는 때에 따라 여아와 남아 그룹으로 나누어 아이들에게 활기를 돋아 열린 토론을 가능하게 할 수 있다고 생각합니다. 그들이 이 그룹에서 자신의 의견을 효과적으로 표현할 수 있다면, 자신감을 가지고 이성과 대면할 수 있을 것입니다.

B 정확히 그 부분이 저는 문제라고 봅니다. 저는 그러한 분열이 두 그룹의 차별과 갈등으로 이어지리라 생각합니다. 우리 사회는 아이들에게 이미 스스로 여자 아이들과 남자 아이들이 다르게 대우받도록 가르칩니다. 이것은 학교에서 지지가 되지 않아야 합니다. 반대로, 저는 교실에서도 두 성별의 평등이 더욱 촉진되어야 한다고 생각합니다. 따라서 저는 의견 교환에 있어서 공개 토론과 모든 학생의 참여가 뒷받침되어야 한다고 생각합니다.

A 저는 결국 당신의 의견에 동의할 수밖에 없습니다. 처음에는 교실에서 여자 아이들과 남자 아이들을 자주 다른 그룹으로 나누는 것이 좋은 생각처럼 보였습니다. 그러나 당신의 주장은 의미가 있습니다. 그럼에도 불구하고, 저는 그러한 과목이 일부 과목에서 실험적으로 시도될 수 있다면 어쩌면 학생들도 이것으로부터 혜택을 얻을 수 있다고 생각합니다.

B 당연하죠. 시도를 반대하는 말은 전혀 하지 않았습니다. 그러나 저는 일반적으로 그러한 수업 방법은 실시되지 않으며 생물 수업과 같이 가끔 분리되는 상태로 유지되리라 생각합니다.

어휘 bestimmt [a.] 특정한 ㅣ getrennt [a.] 따로 ㅣ das Fach [n.] 과목 ㅣ die Biologie [n.] 생물학 ㅣ die Aufklärung [n.] 성교육 ㅣ heikel [a.] 어려운 ㅣ angewandt [p.a.] 실제적으로 적용된 ㅣ eingeschüchtert [p.a.] 위협을 받는 ㅣ vertreten [v.] 주장하다 ㅣ werden...verringert [v.] 줄이게 되다 (verringern의 수동태) ㅣ werden...animiert [v.] 활기를 불어넣게 되다 (animieren의 수동태) ㅣ werden...aufgeteilt [v.] 나누어지다 (aufteilen의 수동태) ㅣ werden...angewendet [v.] 적용되다 (anwenden의 수동태) ㅣ die Hemmung [n.] 방해, 제지 ㅣ gelegentlich [a.] 때에 따라서의 ㅣ animieren [v.] 활기를 돋우다 ㅣ ermöglichen [v.] 가능하게 하다 ㅣ selbstbewusst [a.] 자신감을 가지고 ㅣ gegenübertreten [v.] 맞서다 ㅣ die Diskriminierung [n.] 차별 ㅣ werden...bestärkt [v.] 지지되다 (bestärken의 수동태) ㅣ die Gleichstellung [n.] 평등 ㅣ der Meinungsaustausch [n.] 의견 교환 ㅣ profitieren [v.] 혜택을 얻다 ㅣ experimentell [a.] 실험적으로 ㅣ generell [a.] 일반적인 ㅣ durchsetzen [v.] 실시하다

참가자 B

MP3 03_07

말하기 유형 1 ●●   프레젠테이션 하기 두 명의 참가자 시간을 합쳐서: 약 8분

당신은 세미나에 참여하여 그곳에서 하나의 짧은 프레젠테이션을 해야 합니다. 하나의 주제를 선택하세요. (주제 1 또는 주제2) 당신의 파트너는 당신을 경청한 후 당신에게 질문을 합니다.

당신의 프레젠테이션을 서론과 본론 그리고 결론으로 구성하세요. 준비 시간에 당신의 메모와 아이디어를 적어 두세요. 약 4분 정도 이야기하세요.

주제 1

학교와 직업 교육

- 다양한 방안을 설명하세요. (예시: 김나지움)

- 하나의 방안을 더 상세하게 설명하세요.

- 장점과 단점을 언급하시고 이를 평가하세요.

🗨 예시 답안

Das Schulsystem und die Ausbildung junger Menschen ist ein wichtiger Schritt zur Bildung einer Gesellschaft. Das deutsche Schulsystem bietet unterdessen zahlreiche Möglichkeiten, sodass die Kinder nicht in eine universelle Bahn geschoben werden. Nach der Grundschule gibt es bereits eine breite Auswahlmöglichkeit und weiterführenden Schulen. So gibt es hier zum Beispiel das Gymnasium, die Realschule, die Hauptschule und die Gesamtschule.

Während man das Abitur nur auf dem Gymnasium ablegen kann, kann eine Ausbildung nach jeder Art des Schulabschlusses begonnen werden.

Da auch in Deutschland ein Studium immer anstrebenswerter wird, wählen heutzutage viele Schüler den Weg auf das Gymnasium. Zu den Vorteilen des Gymnasiums gehört eindeutig der direkte Abschluss mit dem Abitur.

Das Abitur erlaubt den Schülern einen direkten Einstieg in die Universität. Das Ablegen eines guten Abiturs ist die Grundlage für den Beginn des gewünschten Studiums. Aufgrund der hohen Nachfrage nach Studienplätzen wird hier jedoch die Konkurrenz immer größer und härter, sodass die Zeit auf dem Gymnasium nicht mehr so entspannt ist wie zum Beispiel noch vor 15 Jahren. Die ständigen Reformen des Schulsystems sind dabei eher weniger hilfreich.

So beschlossen die Regierungen der Länder zunächst die Schulzeit am Gymnasium auf 8 Jahre zu verkürzen, genannt G8, nur um wenige Jahre später das System wieder auf 9 Unterrichtsjahre am Gymnasium, sprich zurück zu G9, zu wechseln. Diese ständigen Änderungen setzen nicht nur die Lehrer, sondern auch die Schüler, welche sich diesen Änderungen anpassen müssen, vermehrt unter Stress.

Im Allgemeinen bin ich jedoch der Meinung, dass das deutsche Schulsystem gut funktioniert und mit den zahlreichen Möglichkeiten, die sich den Schülern bieten, doch recht sensibel auf die Bedürfnisse der jungen Leute eingeht und sie so charaktergerecht auf den folgenden Eintritt in die Arbeitswelt und in die Gesellschaft vorbereitet. Dennoch bleibt es fraglich, ob die Landesregierungen künftige Reformen zeitgerecht einführen und umsetzen können.

🔍 해석

학교 제도와 젊은 층의 직업 교육은 사회를 형성하는 데 중요합니다. 그 과정에서 독일의 학교 제도는 많은 가능성을 제공하여 아이들이 보통의 길로 떠밀려 가지 않도록 해줍니다. 초등학교 후에 이미 폭넓은 선택을 할 수 있고 지속할 수 있는 학교들이 있습니다. 예를 들어, 김나지움(독일의 중등교육 기관), 레알슐레(독일의 실업 중학교), 하웁트슐레(직업 학교) 및 게잠트슐레(새로운 종합제 중등학교)가 있습니다.

Abitur는 김나지움에서만 마칠 수 있지만, 직업 교육은 모든 유형의 학교를 졸업한 후에도 시작할 수 있습니다.

독일에서도 대학 공부를 위해 계속해서 더욱 노력하기 때문에, 많은 학생들이 오늘날 김나지움에 가는 것을 선택합니다. 김나지움의 확실한 장점으로는 Abitur 성적을 받아 졸업을 할 수 있다는 것입니다.

졸업시험은 학생들이 바로 대학에 입학할 수 있도록 허가합니다. 좋은 점수로 치른 졸업시험은 원하는 학업을 시작하기 위한 기초가 됩니다. 그러나 대학 진학에 대한 높은 수요로 인해 경쟁이 점점 치열해지면서 김나지움에서의 시간이 예를 들어 15년 전과 같이 느슨하지 않습니다. 그런 상황에서 학교 제도의 지속적인 개편은 별로 도움이 되지 않습니다.

연방주 정부들은 우선 김나지움에서의 수업 시간을 8년으로 단축하기로 결정하고 이를 G8라고 불렀습니다. 불과 몇 년 후에 김나지움의 시스템을 9년으로, 즉 G9으로 다시 전환하기로 결정했습니다. 이러한 끊임없는 변화는 교사뿐만 아니라 이러한 변화에 적응해야 하는 학생들에게도 스트레스를 가중시킵니다.

그러나 저는 일반적으로 독일 학교 시스템이 학생들에게 제공하는 수많은 가능성들과 함께 기능을 잘 발휘하고 있으며 젊은이들의 요구에 매우 민감하므로 차후 직업 세계로의 진입과 사회생활을 준비하기에 적합한 성격을 갖고 있다고 생각합니다. 그럼에도 불구하고 주 정부가 미래의 개혁을 시대에 알맞게 도입하고 시행할 수 있는지의 여부는 여전히 의문점으로 남아 있습니다.

어휘　das Schulsystem [n.] 학교 제도 | unterdessen [adv.] 그사이에 | universell [a.] 보편적인, 다방면의 | die Bahn [n.] 진로, 방향 | werden...geschoben [v.] 밀리다 (schieben의 수동태) | das Gymnasium [n.] 김나지움 (독일의 중등교육 기관) | die Realschule [n.] 레알슐레 (독일의 실업 중학교) | die Hauptschule [n.] 하웁트슐레 (직업 학교) | die Gesamtschule [n.] 게잠트슐레 (새로운 종합제 중등학교) | ablegen [v.] 마치다 | eindeutig [a.] 확실한 | die Konkurrenz [n.] 경쟁 | ständig [a.] 지속적인 | pl. Reformen [n.] 개혁들, 혁신들 (die Reform) | beschlossen [adv.] 결정한 대로 | verkürzen [v.] 단축하다 | wechseln [v.] 전환하다 | sich anpassen [v.] 적응하다 | sensibel [a.] 민감한 | eingehen [v.] 진입하다 | charaktergerecht [a.] 적합한 성격으로 | zeitgerecht [a.] 시대에 알맞은 | einführen [v.] 도입하다 | umsetzen [v.] 시행하다

주제 2

> ### 국회에서 여성 할당제
>
> - 다양한 형태를 설명하세요. (예시: 비율)
>
> - 하나의 형태 더 상세하게 설명하세요.
>
> - 장점과 단점을 언급하시고 이를 평가하세요.

예시 답안

Das Thema Frauenquote im Parlament ist schon seit vielen Jahren heiß umstritten. Viel diskutiert werden hier sowohl die Notwendigkeit als auch die Umsatzweise. Neben der Möglichkeit eine bestimmte festgesetzte Zahl einzuführen, ist die Möglichkeit, welche derzeit die meiste Zustimmungen erhält, ein festgelegter Prozentsatz an weiblichen Vertretern.

Diskutiert wird die Frauenquote, deren angestrebter Zweck es ist die Gleichstellungen von Frauen und Männern in der Politik und in diesem Fall im Parlament ist, bereits seit den 80er Jahren. Die Einführung einer Frauenquote in Form eines Prozentsatzes würde bedeuten, dass zum Beispiel 50 Prozent aller Abgeordneten im Parlament weiblich sein müssen.

Für eine derartige Regelung spricht vieles. Statistiken zu Folge beträgt die Prozentzahl der Frauen in Deutschland derzeit leicht über 50 Prozent. Daher macht es nur Sinn, dass Frauen auch im Parlament ein dementsprechendes Mitspracherecht erhalten. Nur, wenn Frauen in einer ähnlichen Prozentzahl wie in der Gesellschaft auch im Parlament vertreten sind, kann eine faire Repräsentation der weiblichen Meinung und Bedürfnisse garantiert werden.

Viele, besonders die männlichen Politiker, zweifeln jedoch daran, dass die weiblichen Politiker, die durch eine derartige Frauenquote einen Sitz im Parlament erhalten würden, auch dafür geeignet sind. Sie befürchten, dass aufgrund einer gesetzlich festgelegten Quote nicht qualifizierte Politikerinnen an den bundesweit greifenden Entscheidungen teilnehmen und dementsprechend ungebildete Entscheidungen treffen.

Außerdem wird gleichzeitig auch der Ruf nach einer Quote für Minderheiten, wie zum Beispiel die LGBTQ+-Mitglieder laut. Hier wird jedoch immer wieder erwähnt, dass es sich bei Frauen um keine Minderheit, sondern eigentlich eine Mehrheit gegenüber den Männern handelt.

Meiner Meinung nach sind beide Seiten nachvollziehbar. Es sollte darauf geachtet werden, dass solch eine große Gruppe wie die Frauen in der deutschen Gesellschaft angemessen repräsentiert werden, aber es sollte auch darauf geachtet werden, dass eine derartige Frauenquote angemessen umgesetzt wird.

🔍 해석

국회에서 여성 할당제에 대한 문제는 이미 몇 년 전부터 뜨겁게 논쟁되었습니다. 여기에서는 필요성뿐만 아니라 실현 방법에 대하여도 많이 토론되었습니다.

특정하게 정해진 수를 도입하는 방법 외에도 가장 많은 동의를 얻고 있는 방법으로는 여성 대표자에게 고정된 백분율을 도입하는 것입니다.

여성 할당제는 정치권 및 의회 내에서 여성과 남성의 평등을 위해 힘쓰는 것을 목표로 이미 1980년대부터 논의되고 있습니다. 예를 들어 여성 할당제의 도입이 백분율의 형식으로는 의회의 모든 국회의원 중 50%는 여성이어야 함을 의미합니다.

그러한 규정에 찬성하는 주장이 많습니다. 통계에 따르면 독일의 여성 비율은 현재 50%를 약간 넘는 정도입니다. 그러므로 여성들도 의회에서 그에 상응하는 발언권을 가진다는 것은 분명 타당한 이야기입니다. 오직, 여성이 사회에서처럼 유사한 비율로 의회에서 대변할 수 있을 때에 여성의 의견과 요구사항의 공정한 대변이 보장될 수 있습니다.

그러나 특히 많은 남성 정치인들은 여성 할당제로 인하여 여성 정치인들이 의회에서 자리를 차지하는 것이 적합한지에 대해 의심합니다. 그들은 법적으로 정해진 할당제로 인해 그에 따른 자격이 없는 여성 정치인들이 연방 전체에 걸친 결정에 손을 들어 참여하여 무지한 결정을 내릴 것을 우려하고 있습니다.

그밖에도 동시에 예를 들어 성소수자와 같은 소수 구성원을 위한 할당제에 따른 호소도 이루어지고 있습니다. 그러나 여기에서 여성은 소수자가 아니라, 실제로 남성에 비해 대다수라고 항상 다시 언급되고 있습니다.

저는 양측 모두 이해가 가능하다고 봅니다. 독일 사회에서 이렇게 여성과 같은 큰 그룹이 적절하게 대표가 되는 것에 주의를 기울여야만 합니다. 그러나 이러한 여성 할당제가 적절하게 이행되도록 하는 일에 있어서도 주의를 기울여야 합니다.

어휘 die Frauenquote [n.] 여성 할당제 | das Parlament [n.] 국회 | umstritten [a.] 논쟁의 여지가 있는 | die Notwendigkeit [n.] 필요성 | die Umsatzweise [n.] 실현 방법, 거래 방법 | festgesetzt [p.a.] 확정된 | der Prozentsatz [n.] 백분율 | angestrebt [p.a.] ~을 위해 힘쓰는 | der Zweck [n.] 목표 | die Gleichstellung [n.] 평등 | die Einführung [n.] 도입 | der Abgeordnete [n.] 국회의원

dementsprechend [a.] 그에 따른 | das Mitspracherecht [n.] 공동 결정권 | die Repräsentation [n.] 태도 | pl. Bedürfnisse [n.] 필요한 것 (das Bedürfnis) | werden...garantiert [v.] 보장되다 (garantieren의 수동태) | zweifeln [v.] 의심하다, 수상하게 여기다 | befürchten [v.] 두려워하다 | qualifiziert [a.] 자격 있는 | ungebildet [a.] 교양 없는 | bundesweit [a.] 연방 전체에 걸쳐 | greifend [p.a.] 손을 내일어 | pl. Minderheiten [n.] 소수 (die Minderheit) | die LGBTQ [n.] 성소수자 (레즈비언, 게이, 양성애자, 트랜스젠더를 합쳐서 부르는 단어) | erwähnen [v.] 언급되다 | nachvollziehbar [a.] 공감 가는 | angemessen [a.] 타당한, 적절한 | werden...repräsentiert [v.] 대표가 되다 (repräsentieren의 수동태) | werden...umgesetzt [v.] 변화되다 (umsetzen의 수동태)

말하기 유형 2 •• **토론하기** 두 명의 참가자 시간을 합쳐서: 약 5분

당신은 토론 클럽의 참가자이며 최근 시사 질문에 대한 토론을 합니다.

남자 아이들과 여자 아이들은 특정한 과목에서
상호 간에 따로 떨어져 수업을 받게 되어야 합니까?

- 당신의 관점과 논쟁들을 주고받으세요. (교환하세요.)

- 당신의 파트너의 논쟁에 적절한 반응을 하세요.

- 마지막에 요약하세요: 당신은 동의하십니까 아니면 반대하십니까?

이 주요 사항들을 사용하면 도움이 됩니다.

차별?

더 열린 토론?

세 번째 성별?

여전히 같은 주제로 수업을 하고 있습니까?

…